国家社科基金项目(项目编号：16SXZ007)

国家社科基金丛书
GUOJIA SHEKE JIJIN CONGSHU

近代川康地区仓储制度演变及其社会保障功能

The Evolution and Guarantee Function of
the Warehousing System in Modern Chuankang Area

李丽杰　著

人民出版社

自　序

　　仓储历来为学术界研究的传统领域,自民国至今学术成果斐然。国内学者如张弓、陈春生、吴韬、徐建青,海外学者如魏丕信、王国斌、李汾阳等社会史领域的专家,对于历史时期的仓储都有独到、深入的研究。本书与前人成果的主要区别在于:注重国家的宏观视角与区域性的微观视角相结合,对历史时期传统仓储制度及地方仓储实践进行系统研究,展现近代仓储嬗变的具体特征及转变轨迹。突破传统从荒政视角研究仓储,从社会保障这一更加广阔的视域研究仓储功能及其社会保障功能的近代化发展与社会影响。

　　近代川康地区社会保障仓储的发展演变表现为两个层面,即纵向的时间维度来看仓储制度的演变,以及横向的空间维度来看仓储的空间分布及变迁。

　　首先从纵向的时间维度来看,仓储制度的演变表现为以下两个方面:第一,近代四川仓储经历了晚清传统社会保障仓储的衰落,以及民国时期转型与发展两个重要阶段。清朝中期四川仓储发展到顶峰后,逐渐走向衰落。民国初年,由于四川军阀混战,仓储彻底毁灭。1935 年国民政府统一四川后,开始恢复四川仓储,社会保障仓储进入转型时期。1937 年抗日战争全面爆发,国民政府西迁重庆,四川成为抗战的大后方,四川仓储迎来了发展的新时期,仓储建设居全国之首,并实现了近代化发展。第二,经清朝及民国两个历史时期,近代四川仓储制度发生了重要变迁。清朝末年,四川社会保障仓储有常平仓、社仓、义仓和积谷仓等传统仓储。民国时期,四川仓储毁灭后,国民政府沿袭清制,恢复了传统仓储,改名为积谷仓。此外,大力兴建近代仓储,近代仓储主要有田赋征实需要的田赋征实仓、发展农村经济的农仓。随着四川仓储制度的转变,四川仓储也从古代的积谷备荒的唯一社会救济功能,转变为救荒备赈、支持抗战、发展经济等多种社会功能。

其次,从横向的空间维度来看近代四川仓储体系的空间格局变迁。清末,四川建立了从乡村、市镇到州县覆盖面广泛的仓储网,在地理空间上,州县设常平仓、市镇设义仓、乡村设社仓,官仓与民仓互为补充,充分发挥了仓储的社会救济功能。全民族抗战爆发后,为了收储、集中、转运巨额的田赋粮食,国民政府在四川建立起了新的仓储体系,农村设立收纳仓、县城设立集中仓、城市设立聚点仓,有效地实现了粮食的征收、储存及转运,支持了抗战时期军需民食需要。

本书共有五章:绪论对基本概念、研究现状、研究内容及研究方法等做综合概述;第一章对1840—1911年川康地区传统仓储常平仓、社仓、义仓和积谷仓的发展演变与社会保障功能进行研究;第二章分别研究民国时期川康地区社会保障仓储积谷仓、田赋征实仓、农仓的发展演变及其规律;第三章研究民国时期川康地区仓储的社会保障功能;第四章研究近代川康地区社会保障仓储的地理分布及其特征、规律;第五章探讨近代川康地区仓储与地方社会的关系,如绅士、保甲制度,以及仓储社会功能的历史困境;结语总结近代川康地区仓储制度及其社会保障功能的近代化,并剖析其近代化变迁之特征及规律。

作者致力于仓储领域耕耘十余年,无奈才疏学浅,研究之艰难,"如鱼饮水,冷暖自知",今日研究成果能够出版,得益于师友帮助,在此赘述几句,以表心意。

选题缘起。2010年,我考入西南大学历史文化学院攻读历史地理学博士研究生。在张文老师的历史区域地理课上,他提出仓储可以作为博士论文的选题,此后在博士生导师蓝勇教授的指导下,将近代四川社会保障仓储的地理分布特征作为博士论文的题目,经过 5 年的研究,博士论文顺利通过答辩,但是诸多问题还有待更深入地研究。2016 年,我在博士论文的基础上成功申报了国家社科项目,又经过 5 年的继续研究,社科项目得以结题,对仓储的研究也终于有成。

资料发掘。历史文献资料的搜集是成书的关键。本书研究近代仓储,时间横跨百余年,不仅要尽览晚清时期川康地区地方志等古代文献,同时还有民国时期出版的报纸、杂志、书籍,以及民国档案,资料浩繁、庞杂。在此感谢符必春教授多次和我赴重庆档案馆、重庆市图书馆、四川省档案馆、中国第二历史档案馆等地查找资料。唯一遗憾的是,第二历史档案馆所藏的四川粮食局档案资料由于在数字化无法查阅,书中利用的相关档案资料是西南大学历史学院谭刚教授当年在第二历史档案馆的手抄资料,在此感谢谭刚教授提供了珍贵的资料。

文稿修改。研究近代川康地区的仓储,既要把握宏观的历史脉络,又要着眼于微观之处,对我而言驾驭起来有些困难。我曾读硕士期间的研究生导师,中亚史研究专家蓝琪教授给予我非常重要的指导。蓝老师年过七旬,眼睛已老花,仅利用上午能看清字的时间帮我修改文稿,无论文稿的框架结构,还是文字表述、标点符号都倾注了老师的心血。经过 2020 年暑假一个多月的修改、打磨,文稿有了很大的提升,社科项目也得以顺利结题。

在本书即将付梓出版之际,心情甚是激动,也不免有些惶恐,激动的是很荣幸能在人民出版社出版我的学术成果,这是对我多年研究的最大肯定;惶恐的是作者中下之才,理论功底欠缺,成果尚有诸多不足,还望方家赐教!

目　　录

表 目 录

绪　　论

一、基本概念

（一）仓储的含义与分类

自古以来,我国以农立国,历代统治者无不以富国裕民为施政要旨。《尚书洪范》中的"洪范九畴",其中"三曰农用八政","八政,一曰食,二曰货",八政以农用为名,以食为先,可见其重农足食之思想。中国古代社会,"凡国用所资,私人所需,亦莫不仰给于农,盖农村社会之安定,系于农民经济之荣枯,农村经济之荣枯,又系于粮仓之盈虚"①。我国封建社会重农贵粟,仓储制度成为历代统治者养民之善政。

"仓储"在古代常以仓廒、仓储、仓廪、积储、积贮、积谷等词出现。普遍使用"仓储"始于民国时期。1928 年,为整顿仓政,国民政府内政部不仅制定法规,在各地方成立仓储委员会;此后,各省纷纷编制仓储报告书,内政部根据各省仓储报告书编制了《仓储统计》②一书;各地编印的仓政书籍也广泛采用"仓储",如庐山暑期训练团编印的《中国仓储问题》③,江西省地方政治讲习

---

① 于佑虞编著:《中国仓储制度考》,正中书局印行 1948 年版,第 1 页。
② 内政部统计处编印:《仓储统计》,1938 年版。
③ 庐山暑期训练团编印:《中国仓储问题》,1937 年版。

院编印的《仓储行政》①,四川省训练团编印的《仓储行政纲要》②,四川省政府民政厅编印的《办理仓储须知》③,等等。学术界也开始采用"仓储"一词,如闻亦博《中国粮政史》、邓云特《中国救荒史》、于佑虞《中国仓储制度考》④、冯柳堂《中国历代民食政策史》中对仓储都有专节研究。

关于仓储的类别,我国历代仓储可分为两大系统:军公粮仓与救济仓储。军公粮仓,在历史时期仓储名目、种类繁多,发展变化较大。如秦汉时期具有军事意义的漕仓、汉代的太仓、唐代设立于各道征收赋税的正仓,降及明清,办漕运的水次仓、京仓、通仓等。救济仓储,是封建政府为防止灾荒,在军公粮仓以外设立的仓储系统,救济仓储主要有常平仓、社仓、义仓等。以往学者对于救济仓储的分类,主要有以下几种观点:一是按照历史沿革和作用,将中国古代仓储制度主要分为三种类型,即常平仓、社仓、义仓,也可称为"三仓"。这种说法为学者们普遍接受,研究仓储制度的重要著作——于佑虞所著《中国仓储制度考》,亦是根据"三仓"模式阐述传统仓储制度。二是依据管理主体的不同,将仓储分为官仓和民仓,官仓主要以常平仓为代表,民仓是以社仓、义仓为主。三是按照仓储设置的行政层次不同,将仓储分为中央仓储和地方仓储。张文在《宋朝社会救济研究》一书中,将宋朝仓储分为两大类:"一种是由宋廷直接下诏建立,行政关系上直接隶属中央的仓种;一种是由各地自行设置,经费及管理都由地方负责的仓种。"⑤中央仓储如常平仓、义仓,地方仓储如社仓、平籴仓等各类仓储。

本书研究的是近代川康地区的社会保障仓储,即以社会保障为目的,通过谷物积蓄以备灾荒并济贫民的粮食储备。近代社会保障仓储,其发展经历了

---

① 江西省地方政治讲习院编印:《仓储行政》,1940 年版。

② 四川省训练团编印:《仓储行政纲要》,1940 年版。

③ 四川省政府民政厅编印:《办理仓储须知》,1939 年版。

④ 于佑虞编著:《中国仓储制度考》,正中书局印行 1948 年版,第 4 页。

⑤ 张文:《宋朝社会救济研究》,西南师范大学出版社 2001 年版,第 40 页。

晚清与民国两个历史时期,因此把近代社会保障仓储分为传统仓储和新式仓储两大类。传统仓储,分为官办仓储及民间仓储,其主要功能是积贮备荒。官办仓储,主要是常平仓、监仓,也可称为常监仓,设立于州县,由政府出资并行使经营管理权;民间仓储,主要是社仓、义仓、积谷仓,设立于乡村、市镇,由人民劝课,地方绅士自行管理。随着传统仓储之衰落,新式仓储应运而生。新式仓储主要有以下几种:第一,积谷仓。积谷仓上承古代仓储,继承了古代仓储的积贮备荒之功能,同时还扩大了社会保障范围。第二,田赋征实仓。田赋征实仓设立于抗战时期,是国民政府为实现田赋之征收、存储、调拨而设立的仓储。第三,农仓。农仓,"即受农民仓产物之委托,代为保管,调制,改装,打包,或为运送销售之仲介,或竟视为己物直接销售,并在相当条件之下,对于农产物发行仓单,或对外借款,举办储押贷款,藉以调剂金融之经济机关也"。①农仓是不以营利为目的,为发展农产运销及流通农村金融而设立的新式仓储。

(二) 四川的地理范围

四川省始于明代,清初四川省行政区划大体上承明代,设府、厅、州、县,嘉庆年间,在府、厅、州、县上设五道,即成绵龙茂道、建昌上南道、川南永宁道、川北道和川东道。1912 年,裁废道制,以府、州、厅直隶省政,后来废除府、州、厅,一律改县。1935 年,四川省正式实施行政督察区制,将全省划分成十八个行政督察区(另设西康行政督察区),每区设置专员公署作为省政府的派出单位,分辖各县。② 1938 年 9 月,将雅安、天全、荥经、芦山、汉源、宝兴、西昌、冕宁、盐源、昭觉、会理、盐边、越嶲、宁南等县及金汤设治局、宁东设治局划属西康省。

清代四川省辖境大致相当于"今四川省(除攀枝花市金沙江以南地区),重庆市全境,西藏自治区的江达、贡觉、江卡一线以东,青海黄河以南的久治、

---

① 君默:《中国食粮问题与农仓制度》,《中联银行月刊》1944 年第 8 卷第 3 期,第 91 页。
② 蒲孝荣:《四川政区沿革与治地今释》,四川人民出版社 1996 年版,第 492 页。

达日等县区域。"①1935 年,由于西康省的成立,四川省境缩小,"民国三十六年,四川省辖境包括今四川省大金川河流及宝兴、芦山、美姑、昭觉等县以东地区,重庆市大部(除渝中区外)"。②

本书考察的地域空间范围为现今的四川省、重庆地区,尽管 1938 年后原四川西部部分地方成立西康省,但为了地理单元的完整性和时空变迁研究的系统性,本书仍将西康省作为四川地域范围加以考察。

二、研究现状

自 20 世纪 80 年代以来,随着学术界对社会史、灾荒史研究的关注,仓储成为学者们研究的重要内容,研究成果可谓丰硕。下面对国内外的一些研究及其研究成果做一介绍。

(一) 仓储制度史的研究

仓储制度是我国古代社会一项重要的社会保障制度,因此从制度史角度切入仓储研究,一直是学者们关注的重点。这类研究在民国时期已出现,20世纪 80 年代以来,又得到了不小的发展。学者们重点考察仓储制度的历史沿革、仓类性质、社会功能。其中,于佑虞的《中国仓储制度考》是研究仓储制度的专著,全书系统阐述了历代仓储制度及其利弊,且分别论述了常平仓、社仓和义仓的历史沿革。李汾阳在《清代仓储研究》一书中将清代仓储分为中央仓储与地方仓储,并讨论了各省地方仓储间如何在"以有济无,以贱补贵"的原则下建立储备及流通系统,并将"京畿与省区二种不同需求层面的范畴视

① 周振鹤主编,傅林祥、郑宝恒著:《中国行政区划通史·中华民国卷》,复旦大学出版社2007 年版,第 220 页。
② 周振鹤主编,傅林祥、郑宝恒著:《中国行政区划通史·中华民国卷》,复旦大学出版社2007 年版,第 221 页。

为经过国家整体政略考量下的一种整合体"①。

　　以学术论文的形式出现的仓储制度研究成果比较丰富。其中吴忠起梳理了我国历史时期的仓储思想,分别详述了秦汉时期、魏晋南北朝时期、隋唐时期、宋元及明清时期的仓储思想及对社会生活的影响。②　张岩主要是从仓储制度角度研究清代仓储系统,他从仓谷来源、分布、管理以及社会功能等方面系统地研究了清代常平仓制度,且把常平仓与相关类仓进行了比较研究,提出各类仓储间的异同及对社会的作用。③　白丽萍专注于清代社仓制度的研究,她在《试论清代社仓制度的演变》一文中总结了清代社仓制度沿革及其特征,并肯定了社仓在赈济、救灾等方面弥补了官仓之不足,对于社会稳定发挥了积极的作用。但是由于"捐输的社谷毕竟数量有限,它的救济能力自然不可能太强"④。白丽萍还对清代长江中游地区的义仓及其与社仓的关系进行了研究,提出社仓与义仓在设置地点、管理运营及救灾手段等方面存在差异,但二者互为补充,与常平仓共同构成了地方社会救济网络。⑤

(二) 仓储与社会保障制度的研究

　　有关仓储与社会保障制度的研究主要是从社会史视角展开,关注重点是仓储在社会发展中的社会保障作用。这一研究既有全国的普遍考察,也有区域性的仓储研究。有的学者从荒政视角审视仓储制度,其中邓云特的《中国救荒史》是这方面比较系统的研究,该书认为仓储为中国古代之积极救荒政

---

　　① 李汾阳:《清代仓储研究》,台湾文海文艺出版社 2001 年版。
　　② 吴忠起:《秦汉仓储思想综述》,《物流技术》1994 年第 2 期;《魏晋南北朝仓储思想综述》,《物流技术》1994 年第 4 期;《隋唐仓储思想综述》,《物流技术》1996 年第 6 期;《宋元仓储思想综述》,《物流技术》1995 年第 1 期;《明清仓储思想综述》,《物流技术》1995 年第 5 期。
　　③ 张岩:《试论清代的常平仓制度》,《清史研究》1993 年第 4 期;《论清代常平仓与相关类仓之关系》,《中国社会经济史研究》1994 年第 4 期。
　　④ 白丽萍:《试论清代社仓制度的演变》,《中南民族大学学报》2007 年第 1 期。
　　⑤ 白丽萍:《清代长江中游地区义仓的设置、运营及其与社仓的关系》,《中国地方志》2009 年第 4 期。

策,并从仓储思想与仓储政策两个层面论述仓储,分析了仓储的种类及性质,并总结了仓储制度之利弊。① 冯柳堂的《中国历代民食政策史》侧重研究我国历代民食政策及传统仓储常平仓、社仓和义仓的兴衰,详细考察了清代常平、社、义诸仓之制度及其实况。② 近年来,侧重地区仓储功能研究的还有学者王卫平、黄鸿山,他们考察了晚清苏州府长元吴丰备义仓,并提出义仓在管理运营和社会保障功能等方面出现了近代化变迁,并分析了发展变迁的原因。③ 吴四伍从个案、区域与国家三个层面揭示清代仓储制度的运行机制与实践形态。此书以苏州丰备义仓为观察点,实证研究个案仓储的日常管理与赈济费用,分析管理成本与经济效益的内在矛盾,进而探讨江南区域仓储的地方实践形态,并且反思国家层面的仓储实践。④ 康沛竹从救荒角度提出晚清仓储制度的衰败是导致清末严重灾荒的重要原因,他认为晚清官办仓储常平仓积重难返,民办仓储亏空严重,因此仓储已无法起到赈济灾民的作用。

(三) 仓储与社会经济史的研究

从经济史视角对仓储进行的考察研究反映了仓储制度与社会经济发展的关系。学者们从各个方面对仓储进行了独到见解的经济学方面的研究,其成果主要集中在以下方面:

考察仓储与地方财政关系的研究。学者们探讨仓储在国家经济生活中的作用,其中张弓的《唐代仓廪制度初探》是重要代表作之一。该书从财政经济史的角度,研究了唐代仓廪系统的设置,以及仓廪系统如何通过收纳、储运、分配职能实现谷物的征收及再分配;提出仓廪系统与封建社会再生产各环节密切相连,从而在我国封建财政经济体制中占有重要地位。梁勇探讨了仓政与

① 邓云特:《中国救荒史》,商务印书馆 1937 年版。
② 冯柳堂:《中国历代民食政策史》,商务印书馆 1934 年版。
③ 黄鸿山、王卫平:《传统仓储制度社会保障功能的近代发展——以晚清苏州府长元吴丰备义仓为例》,《中国农史》2005 年第 2 期。
④ 吴四伍:《清代仓储的制度困境与救灾实践》,社会科学文献出版社 2018 年版。

四川财政的关系,认为在中国社会半殖民化的进程中,随着地方财政系统的建立,仓政被纳入地方财政体系,因此仓储也失去了社会救济的职能。赵思渊在《丰备义仓的成立及其与赋税问题的关系》一文中梳理了清代常平仓、社仓的废弛与地方政府的财政问题的关系,指出苏州丰备义仓的兴起,是由于地方士绅为了规避沉重的税负,将土地捐入丰备义仓,形成了义仓的经济基础;得出了"在清代的赋役制度中,荒政与财政的关系是密不可分的"①结论。

从中国封建社会积累角度,考察仓储在维护封建社会再生产等方面的作用。徐建青在分析仓储的产生原因、条件及作用基础上,认为在中国封建社会中,仓储是社会实物积累的形式。仓储积累的作用主要表现在为农民提供了生产周转资金,调节地区间粮食供需及市场价格及促进社会再生产等方面。在指出仓储制度存在着诸多弊端的同时,提出"与仓储所应起到和实际起到的作用相比,毕竟是利大于弊,否则它就不会以同一种形式存在如此之久"。②牛敬忠提出了由于常平仓仓谷来源于田赋,社仓、义仓仓谷来源于民间,因此从仓谷来源与使用上都具有公共性,是封建社会的一种实物积累形式。③

从物流学的角度,探讨仓储在粮食存储、运输过程中的作用。陈朝云考察了唐代河南地区仓储体系的建立与完善及其在粮食存储和运输方面的作用。④杨海民从现代粮食物流的基本理念出发,提出仓廪系统在唐代的粮食物流中扮演不同的角色,承担了不同的职能,对社会经济发展起到重要作用。⑤

(四) 仓储与国家政治制度的研究

从政治史的视角研究古代仓储制度,揭示仓储制度与古代国家政治制度

　① 赵思渊:《丰备义仓的成立及其与赋税问题的关系》,《清史研究》2013 年第 2 期。

　② 徐建青:《从仓储看中国封建社会的积累及其对社会再生产的作用》,《中国经济史研究》1987 年第 3 期。

　③ 牛敬忠:《清代常平仓、社仓的社会功能》,《内蒙古大学学报》1991 年第 1 期。

　④ 陈朝云:《唐代河南的仓储体系与粮食运输》,《郑州大学学报》2001 年第 6 期。

　⑤ 杨海民:《唐代粮食物流活动中的仓廪系统》,《贵州民族学院学报》2005 年第 5 期。

的关系成为学者们研究的新视角。仓储制度不仅在政策层面上作为古代封建社会农业经济的重要政策,也成为政府自身管理和维护社会安全的重要手段,与官僚机器本身关系十分密切。有关仓储管理及政府角色的评价,国内学者的主流观点持批判态度,认为传统仓储制度的实施不力,往往与政权的腐败和无能有很大关系。如康沛竹认为清代仓储制度的衰败以及越来越严重的仓储空虚,无法起到预防灾荒和赈济灾民的作用。不过,近年来讨论仓储制度与官僚机构比较深入的还有来自美国、法国等地的学者,如魏丕信、王国斌、李中清、濮德培等,他们共同完成了清代仓储系统研究的巨著《养民:1659—1850年中国之仓储制度》,作者认为 18 世纪的清代国家拥有一整套高效的荒政措施和以清朝仓储系统为基础的备荒政策。书中的观点如肯定清代官府的高效与积极,仍为今日影响广大加州学派理论的重要基石。[①] 澳大利亚学者邓海伦,探讨了乾隆十三年展开的一场有关常平仓制度的论战,论战中虽然皇帝在上谕中暗示了"物价腾贵是常平仓的过量储备造成的",但是各省大吏并非唯命是从,意见一致,而是持不同的看法,在总督和督抚的复奏中不乏具有相当高的市场意识。但是乾隆皇帝却忽视了大多数人的建议,不加选择地作出了粗率的决定,消减常平仓定额。而作出这样的决定与朝廷第一次对金川战争有关,是出于政府利益的考虑,为应付不测事件而作出的"最坏打算"。[②]

(五) 仓储与地方社会的研究

有关传统仓储区域研究的成果更是层出不穷,众多学者从区域社会史的角度研究了江南地区、长江中游地区、直隶、山东、福建、广东、两湖等地的仓储。关注仓储作为基层社会控制组织,在特定区域的演变和经营,成为近年来

---

① [法]魏丕信、[美]王国斌著:《养民:1659—1850 年中国之仓储制度》,美国密歇根大学中国研究中心 1991 年版。

② [澳]邓海伦:《乾隆十三年再检讨——常平仓政策改革和国家利益权衡》,《清史研究》2007 年第 2 期。

仓储研究的一个重大转向,重要代表如陈春声对于广东仓储的研究及吴滔对于江南地区仓储的研究。陈春声对广东地区仓储系统作了深入的研究,他通过对广东常平仓的研究,从地方仓储的视角说明封建社会仓储制度的运作及其社会功能①;此后又研究了清代广东社仓和义仓,认为民间仓储的兴起,揭示了中国传统社会后期社会结构和社会控制方式的变化,"官府和士绅共同发挥重要作用"。② 与自下而上的研究社会史的研究路径不同,马幸子试图纠正"华南学派"在区域社会史研究领域中对于国家角色的忽视,她从国家的视角研究清代的广东备荒仓储,把广东地方仓储的发展变迁纳入国家仓储建设和发展的历史进程中考察。③

吴滔对于江南苏松地区的仓储进行了深入的研究,在对明清时期江南苏松地区仓储的演进历程、管理和运营等体制和技术层面进行研究的基础上,进一步对其经济职能和社会职能进行了分析,也提出了仓储是封建社会重要的社会控制形式的观点。④ 此外,黄鸿山、王卫平考察了清代江南地区社仓,认为社仓的衰败,是由于其本身固有的弊端,"而清代后期吏治的腐败,更加速了社仓的衰亡过程"。⑤ 姚建平从社会学意义出发考察两湖地区的社仓,社仓与常平仓制度的结合,有利于社会控制和社会稳定。⑥

其他地区的仓储研究,如湖南、云南、江西、广西等地仓储也开始引起学者

---

① 陈春声:《清代广东常平仓谷来源考》,《广东史志》1988 年第 3 期;《论清代广东的常平仓》,《中国史研究》1989 年第 3 期。

② 陈春声:《清代广东社仓的组织与功能》,《学术研究》1990 年第 1 期;《论清末广东义仓的兴起——清代广东粮食仓储研究之三》,《中国经济史研究》1994 年第 1 期。

③ 马幸子:《养民的地方实践——国家视角下的清代广东备荒仓储》,《清史研究》2015 年第 2 期。

④ 吴滔:《明代苏松地区仓储制度初探》,《中国农史》1996 年第 3 期;《论清前期苏松地区的仓储制度》,《中国农史》1997 年第 2 期;《明清苏松仓储的经济、社会职能探析》,《古今农业》1998 年第 3 期。

⑤ 黄鸿山、王卫平:《清代社仓的兴废及其原因——以江南地区为中心的考察》,《学海》2004 年第 1 期。

⑥ 姚建平:《清代两湖地区社仓的管理及其与常平仓的关系》,《社会科学辑刊》2003 年第 4 期。

的注意。白丽萍考察了清代长江流域社仓的设置、分布与运营,并探讨了社仓与常平仓、义仓的关系,以及社仓与基层社会组织的内在联系。认为常平仓、社仓、义仓之间关系密切,"既有横向上的互通有无,又有纵向上的救济点面的互相补充,通过借贷、平粜和赈济等手段,共同构筑起了一个行之有效的基础社会救济网络"。①

三、研究内容

学者们通过不同的研究路径,对于仓储制度、仓储经营管理、仓储救荒作用以及地方仓储等方面的研究取得了丰硕的成果,但也存在着薄弱之处。学者们对于仓储的研究或从宏观视角研究仓储制度的演变,或以微观视角研究地方仓储运营与救灾实践。从国家宏观层面考察仓储制度很重要,但各地方的仓储实践具有鲜明差异,而从微观层面探究地方仓储又会造成国家角色的缺失,因此对于仓储研究,无论是自下而上的社会史研究路径,还是自上而下的政治史研究视角,都是各有千秋。在仓储研究中,找到国家宏观层面与区域性微观层面的契合点,把地方仓储放入全国仓储的整体历史发展脉络中考察,既能体现国家的宏观视角,又能挖掘仓储的区域特征。

正是在仓储研究方兴未艾的学术氛围下,本书选择了在全国有重要意义的川康地区仓储制度进行研究。本书的研究内容有四个方面:近代川康地区仓储的历史发展演变,近代川康地区仓储的地理分布变迁,近代川康地区仓储的社会保障功能,近代川康地区仓储与地方社会。

1. 近代川康地区社会保障仓储的发展变迁。研究近代川康地区社会保障仓储的发展演变过程及其规律,展现近代仓储转变的具体特征及转变轨迹,并从国家的宏观视角,研究在近代社会新陈代谢的历史进程中川康地区社会保障仓储逐步纳入国家的发展进程,讨论仓储的地方实践与社会制度演变之间

---

① 陈锋主编:《明清以来长江流域社会发展史论》,武汉大学出版社 2006 年版;白丽萍:《清代长江中游地区义仓的设置运营及其与社仓的关系》,《中国地方志》2009 年第 4 期。

的内在关系。

2.近代川康地区仓储的社会保障功能。探讨近代川康地区仓储的社会保障功能及对地方社会的影响,包括平抑粮价、赈灾备荒、社会优抚等,以及仓储的社会保障功能的近代化。

3.近代川康地区社会保障仓储的地理分布。以近代川康地区社会保障仓储的空间分布为研究对象,考察仓储的数量、规模、等级等方面,并分析空间分布特点及其原因,寻找出近代川康地区粮食储备的空间分布规律。

4.近代川康地区仓储与地方社会。从社会区域史的角度,考察近代川康地区仓储与地方社会的关系,仓储与地方保甲制度、地方绅士的关系,探讨仓储在实现社会控制等方面的作用以及面临的历史困境。

四、研究方法

本书主要采取文献研究法,对于近代仓储的研究与创新,很大程度上需要对大量历史文献的发掘。支撑本书研究的资料有三大类。

1.四川省地方志。清代是四川方志修撰的鼎盛时期,民国时期又有新修、重修、增修,新中国成立后再次新修四川方志。据统计历代所修之四川方志,迄至民国时期多达 510 多种。① 清至民国时期,以及新中国成立后修撰的四川地方志体例完善、内容广泛,在府、州、县志中对于仓储都有详细的记载,可见国家对于仓储的重视。

2.民国期刊。抗战时期是四川报刊的大发展时期,由于南京国民政府西迁,四川成为全国政治、经济、文化中心,一时四川文人荟萃,报馆林立,新闻事业出现以成、渝为中心,全省遍地开花的格局。几年间新出版的报刊总数达3000 多种,平均每年以 300 多种的速度递增。② 本书参考的民国期刊有《四川

---

① 何金文撰:《四川方志考》,吉林省地方志编纂委员会、吉林省图书馆学会 1985 年版,第 3 页。
② 王绿萍编著:《四川报刊五十年集成(1897—1949)》,四川大学出版社 2011 年版,第374 页。

月报》《四川经济月刊》《交通杂志》《农报》《复兴月刊》《四川公路月刊》《建设周讯》《中外经济拔萃》《地理学报》《商业月报》《四川省农情报告》《边事研究》《财政评论》《四川统计月刊》《经济周报》《经济周讯》《贸易月刊》《中农月刊》《西南实业通讯》《驿运月刊》《川康建设》《交通建设》《四川经济季刊》《驿政季刊》《经济建设季刊》《驿讯》《四川建设》《粮政季刊》《四川经济汇报》等。这些期刊对于民国时期,尤其是抗战时期四川省的仓储制度、仓储概况、粮食政策、仓储粮食运输有详细的记载,并且对于仓储相关因素如人口、交通、经济等问题都有详细的统计资料,因此为研究民国时期仓储提供了宝贵的资料来源。

3.民国档案。本书研究的档案资料主要源于中国第一历史档案馆珍藏的清代档案《实录》《圣训》《会典》《上谕档》;中国第二历史档案馆珍藏的《粮食部四川粮食储运局档案》《内政部档案》《农本局档案》;四川省档案馆珍藏的《四川省田赋粮食管理处档案》《四川省粮政局档案》《四川省政府档案》《四川省合作金库档案》《四川省稻麦改进所档案》《西康省粮政局档案》《西康省粮食局档案》《西康田赋粮食管理处档案》;重庆市档案馆珍藏的《四川田赋粮食管理处储运处重庆总仓库档案》《农本局档案》《重庆市警察局档案》《四川省政府档案》《四川田赋粮食管理处储运处档案》,这些档案中详细记载了抗战时期四川省仓储制度、仓储设置情况以及仓储粮食的调运等内容,为本书提供了重要的资料来源。

第一章 1840—1911 年川康地区仓储及其社会保障功能

第一节 川康地区社会保障仓储的发展演变

清代四川仓储始建于顺治年间,三藩之乱平定以后,四川农村经济得以恢复,粮食贸易在一定程度上得到发展,仓储也随之发展。从康熙中至乾隆初年,四川仓储发展到了极盛时期,清嘉庆年间,四川仓储受到白莲教起义的破坏,社仓储谷大量减少,四川总督常明兴办义学、恢复义仓。至光绪年间,义、社仓由于经营管理不善相继衰落。此时清朝政府财政拮据,仓储的重建只能依靠地方社会,在各省封疆大吏的积极倡导下,全国兴起了积谷仓建设的高潮。在四川总督丁宝桢的倡导力行下,四川积谷仓开始发展起来。

四川仓储制度的发展首先表现在地区各级仓储的建立。省城于满城建八旗永济仓,府有丰裕仓,州县设有常平监仓、籍田仓,乡村设立社仓,边远地区置营、屯仓等。其次,仓储种类的丰富也反映了仓储的发展状况。四川社会保障仓储主要有常平仓、义仓、社仓、积谷仓。按各类仓储仓谷来源的不同可分为:官办性质的仓储——常平仓,民办性质的仓储——社仓、义仓、积谷仓。下面将论述几种重要的仓储形式。

一、常平仓

常平仓是我国古代重要的救荒制度,战国时期魏国人李悝最早开始推行,汉宣帝时,耿寿昌请于边郡皆筑仓,谷贱时增价而籴,贵时减价而粜,名曰常平仓。[1] 四川常平仓始建于清顺治十四年(1657),但由于清初战乱,难以普遍建立。平定吴三桂战争之后,川省仓储才得以稳定发展。康熙三十七年(1698),规定四川常平积谷"三分以二分存贮,以一分遇粮贵时借给兵民。将此谷按年出易,周而复始"。[2] 康熙四十三年(1704),"覆准四川大州县贮谷六千石,中州县四千石,小州县贮谷二千石"[3],四川通省共贮谷 42 万石。[4]

常平仓在建立之初,仓谷主要来源于官民捐输。一是地方官捐俸。顺治十二年(1655)令各府州县立常平仓,初以赎锾,继由官民乐输购备贮存。[5] 如四川新宁县,"乾隆八年(1743),为量捐以裕仓储事,知县靳光祚、赵忻,典吏丁文明先后捐输谷四十五石,奉文归入常平仓"。[6] 二是绅民捐输。康熙十八年(1679)提准,"地方官整理常平仓,每岁秋收,劝谕乡绅士民,捐输米谷"。[7] 在雍正年间,常平仓储谷开监谷例,准由俊秀纳粟入国子监监生,其谷加储于常平仓廒,故又称常平监仓。仓谷捐监之例,最早于康熙四十九年(1710)由江南试办。四川省监仓,"起乾隆四年,令民纳谷,得入国子监,为诸生储谷,

---

① 祝世德纂修:民国《汶川县志》卷3,《仓储》,《中国地方志集成·四川府县志辑》,巴蜀书社 1992 年版,第 58 页。

② 杨芳灿等撰:嘉庆《四川通志》卷 72,《仓储》,清嘉庆二十一年重修本,台湾华文书局印行,第 2393 页。

③ 杨芳灿等撰:嘉庆《四川通志》卷 72,《仓储》,清嘉庆二十一年重修本,台湾华文书局印行,第 2393 页。

④ (清)李友梁纂修:光绪《巫山县志》卷 12,《仓储志》,光绪十九年刊本板存县署,第 1—2 页。

⑤ 庞麟炳、汪承烈等纂修:《四川宣汉县志》,成文出版社有限公司印行,1931 年石印本,第 832 页。

⑥ (清)周绍銮修:同治《新宁县志》卷 3,《仓储》,同治己巳秋镌县署藏板,第 1—2 页。

⑦ (清)昆冈等纂:光绪《大清会典事例》卷 189,《户部·积储》,光绪二十五年八月石印本。

甚富"。①"自乾隆四年(1739)俊秀捐谷起至十八年(1753)加捐谷六十万石，陆续收捐代捐,于二十八年(1763)收纳完足。"②四川俊秀纳捐谷踊跃,捐谷甚多,但由于仓厫有限,加之蜀地气候潮湿,米谷易于霉变,州县各官畏谷繁多,难于照料交盘,遇有赴捐之人,多方阻抑,后经方显等四川历任巡抚激励开导晓谕,并拨币兴仓,将仓米改易稻谷后,才得以解决。乾隆时平定金川,仓谷大量动碾,为保证及时填补仓额,未等户部发完谷价,各地捐纳极其踊跃,仅在第一次金川战事结束时,即乾隆十四年,四川"常监仓溢额谷九十六万六千八百六十八石四斗八升零",大大超过户部规定的常监额贮。经户部议复:四川溢额监谷,"不拘何时,得价即粜"。③ 由于四川仓储皆出于民捐,输纳踊跃,故未出现浙江、山东、陕西、甘肃等省实行按亩按粮强制摊捐仓谷情况,这是四川常平仓的特点。乾隆以后,四川常平监仓实以监仓为主体,如巴县、眉州、大足的捐监仓的比重分别占到73%、86%和99%。④

　　官民捐输在常平仓建立之初发挥了重要作用,但随着常平仓制度逐渐步入正轨,政府动库银采买成为常平仓谷最主要的来源。早在雍正九年(1731),川省积谷只有42万石,不足百万之蓄,"再拨夔关关税及盐茶赢余银六万两,增储四川常平谷石,以官价购储"。⑤ 分三年采买60万石米谷,"有百万之蓄,度足备用"。⑥ 常平额贮米由42万石增贮为1029800石。到乾隆五十一年(1786),全省130余厅、州、县各仓所贮基本保持在200万石以上。四

<hr>

① 朱世镛修,刘贞安等纂:民国《云阳县志》卷19,《仓储》,《中国地方志集成·四川府县志辑》,巴蜀书社1992年版,第185页。

② (清)王梦庚修,寇宗纂:《道光重庆府志》卷3,《食货志·仓储》,《中国地方志集成·四川府县志辑》,巴蜀书社1992年版,第111—113页。

③ 《清代档案》,乾隆十六年九月初五日议政大臣领侍卫内大臣兼管吏部户部事务傅恒等题本。

④ 鲁子健:《清代四川财政史料》,四川省社会科学院出版社1984年版,第81页。

⑤ 庞麟炳、汪承烈等纂修:《四川宣汉县志》,成文出版社有限公司印行,1931年石印本,第832页。

⑥ 杨芳灿等撰:嘉庆《四川通志》卷72,《仓储》,清嘉庆二十一年重修本,台湾华文书局印行,第2394页。

川总督保宁还认为全省贮额 280 万石不足备用,奏请在该年再买谷 30 万石,这样就可以保证"设遇拨济邻封,即可碾运,而本省额储不减,仍足以备不虞"。①

至乾隆年间,四川省常平仓发展至顶峰。据统计,乾隆时期,全国常平监仓储谷 33508575 石,四川为 2928662 石,约占全国 9%。全国人口为 361693179 人,四川人口为 21435678 人,约占全国 6%。全国人均仓储粮食为 0.09 石,而四川省人均仓储粮食为 0.14 石。② 从公共仓储所反映出的民食水平,四川远远高于全国的平均水平,四川省仓储在全国占有重要地位。在雍正、乾隆两朝,粮储遍蜀中,"巴蜀积贮遂饶天下"。雄厚的粮食储备,使四川一跃成为全国最重要的米谷供应基地。

清前期,四川的仓储系统与国家财政是严格区分开的。乾隆时两次平定大小金川,为就近碾助军需,乾隆三十六年(1771)至三十九年(1774),碾运四川仓谷 891026 石,占全省常监仓储谷额的 48%。但属于"借拨"性质,由藩司按时价发还谷价及时买补还仓。嘉道以来,国势日衰,财政窘迫,政府遂大规模肆意提占仓谷以弥补财政赤字。

首先,变卖常平仓仓谷,以弥补国用之不足。道光七年(1827)平定张格尔乱事,"重定回疆",动碾四川常监仓谷 644000 余石;咸丰七年(1857),京师粮食紧张,粜卖川省常平仓谷 120 余万石接济京仓。太平天国农民运动爆发,咸丰元年(1851)、三年(1853)、七年(1857),川省"三次奉文碾运广西军米,并粜借军饷及粜济京仓,共动用谷一百六十三万一千余石"。③

其次,咸丰年间,四川爆发了李永和、蓝朝鼎起义,同治元年(1862)石达开起义军入川。战争期间,四川兴办团练,军费激增,粜卖仓谷接济军饷,或者移作丁勇口粮。尤其是咸丰九年(1859),蓝、李农民起义期间,川督刘秉璋命

---

① 《清实录·高宗纯皇帝实录》卷 1263,第 24 册,中华书局影印 1986 年版,第 1023 页。
② 鲁子健:《清代四川仓政与民食问题》,《四川历史研究文集》,四川省社会科学院出版社 1987 年版,第 139 页。
③ (清)刘秉璋撰:《刘文庄公奏议》卷 8,民国 1912—1949 年,铅印本,第 2 页。

令尽数变卖解充军饷，仓谷"又被逆匪焚掠数万石；现在通省存谷无几"①，民间百余年之积储荡然无存。

最后，政府为支付战争赔款及办新政，粜卖仓谷以补充财政上的不时之需。"仓政之坏，一则借谷以济公私之用，一则提谷而列交代之外也。上年昭信股票教案赔款，团练城防等事，挪移甚钜，填补无期，迄来新政繁兴，办学办工艺办警察莫不需财动谷最便。"②

常平仓的职能逐渐超出了原有的平抑物价的社会保障范围，"仓政职能的扩大，也就意味着仓储的仓谷的动支比以前更加频繁，亏空的可能性越大"③，同时因为地方政府财政捉襟见肘，也使得常平仓仓谷的买补更加困难。川督刘秉璋虽然认为"常平监仓，乃国本所系，民命攸关，无论如何为难，总宜筹还原额，裨得稍有所恃"，但是"川库空虚，无款可拨，缺额至今，束手无策"。④ 由此可见，时至晚清，随着封建社会的日益没落，作为官办仓储的常平仓积重难返，而逐渐走向衰败。

二、社仓

古人云：备荒之仓莫便于近民，而近民则莫便于社仓。社仓创始于南宋朱熹，清代四川社仓始建于雍正初年。从平定三藩之乱到雍正初年，四川经济得以恢复，由于清政府采取了一系列的特殊措施，四川农村经济获得四十余年的休养生息，"荒田尽垦"，农村余粮增多。雍正二年（1724）下令在一部分州县试办社仓，一经试办，即捐贮社谷 49570 余石。⑤ 雍正七年（1729），清政府下

---

① （清）刘秉璋撰：《刘文庄公奏议》卷8，民国1912—1949年，铅印本，第3页。

② 《筹赈局详汇造各属仓谷分道列册呈核文》，《四川官报》，光绪三十二年六月中旬，公牍类，第18册，第6页。

③ 梁勇：《清代州县财政与仓政关系之演变》，《中国社会经济史研究》2008年第4期。

④ （清）刘秉璋撰：《刘文庄公奏议》卷8，民国1912—1949年，铅印本，第2—3页。

⑤ 杨芳灿等撰：嘉庆《四川通志》卷72，《仓储》，清嘉庆二十一年重修本，台湾华文书局印行，第2393页。

令裁减火耗银,用于采买谷石分贮社仓,极大地推动了民间社仓的建设。乾隆三年(1738),粜卖四川常平仓谷,将剩余的谷价银采买社粮建立社仓,以为民倡,社仓得到逐步发展。乾隆二年,"买贮谷二千九百七十余石,捐贮谷二万五千六百余石,又达州内江等三十余处旧存贮谷二万一千石,以上合计新旧谷凡四万九千五百七十石有奇,均令加紧收贮,照常平仓例,每谷四百石建廒一间"。① 到乾隆六年(1741),"川省社粮已积至一十一万四千七百余石"②。乾隆十五年(1750),经四川总督策楞奏准,复将俊秀捐监超额之溢谷"改归社仓收贮,同社粮捐输一例办理",③进一步充实了社仓积谷。

四川社仓的建立以民办自救为基本原则。雍乾年间,吏治整肃,倡捐社谷,劝课农桑,兴修水利,成为地方官员的德政善举,在官绅倡导和奖励之下,"寻士民相率乐捐"。④ 民间捐输主要是以自愿为原则,"社仓之法,原以劝善兴仁,不得苛派以资烦扰……其所捐之数不拘升斗,积少成多"。⑤ 为了鼓励民间捐输的积极性,对于捐谷达到一定数额者给予奖励,康熙五十四年(1715),"议定直省社仓劝输之例,凡富民能捐谷五石,免本身一年杂项差徭,多捐一二倍者,照数按年递免;绅衿能捐谷四十石,令州县给匾,捐六十石,知府给匾,捐八十石,本道给匾,捐二百石,督抚给匾;其富民好义比绅衿多捐二十石者,亦照绅衿例次第给匾,捐至二百五十石,咨部给以顶戴荣身;凡给匾民家,永免差役。"⑥

社仓虽属于民办性质的仓储,但在管理制度上执行了"绅为经理,官为稽

---

① 杨芳灿等撰:嘉庆《四川通志》卷72,《仓储》,清嘉庆二十一年重修本,台湾华文书局印行,第2394页。

② 《清代档案》,乾隆六年十月二十九日吏部尚书协助户部事务讷亲等题本。

③ 《清代档案》,乾隆十六年九月初五日议政大臣领侍卫内大臣兼管吏部户部事务傅恒等题本。

④ 杨芳灿等撰:嘉庆《四川通志》卷72,《仓储》,清嘉庆二十一年重修本,台湾华文书局印行,第2394页。

⑤ (清)熊履青总纂:道光《忠县直隶州志》卷4,《食货志·积贮》,道光丙戌年修,第30页。

⑥ 清高宗敕撰:《清朝文献通考》卷34,《市粜三》,商务印书馆1935年版,考5175。

查"模式。首先,在社首的选任上,由"各所在地团正加倍选举"①,并由"立品端方,家道殷实者"②充当,但是由"县知事委其资格"③。其次,官府对社首进行奖惩,"果能出纳有法,乡里推服,按年给奖,十年无过,亦请给以八品顶戴;徇私者,即行革惩,侵蚀者,按律治罪"。④ 最后,从对主管社长行为的监控,到对社谷发放,年底的盘查,乃至新旧交代申报等,都加大了官方权力的渗透和深入。"册籍之登记,每社设用印官簿二本,一社长收执,一缴州县存查,登载数目,毋得互异。其存州县一本,夏则五月申缴,至秋领出;冬则十月申缴,至春领出,不许迟延,以滋弊窦。每次更换社长,本县各将总数申报上司。凡州县官止听稽查,不许干预出纳。"⑤

社仓的运营方式是春借秋还,其收息之法,"借本谷一石,冬间收息二斗,小歉减半,大歉全免,只收本谷。至十年后,息倍于本,只以加一行息"。⑥ 但在实际的运营过程中,社仓往往因为经营不善,出现亏空。道光二十八年(1848),四川省布政使派人检查社仓,结果发现"社仓一亏于社首,二亏于顽户,三亏于衙门。社首营私舞弊,自行,是以一人累众人;社首善良,而借粮户中的奸顽之辈只借不还,则以众人累一人。至于衙门之弊,更为多端:推陈换新有费,呈请放借有费,收纳出结又有费,一年之中,别无事故,也须费钱数串,不十年而大仓亏、小仓空矣"。⑦ 因此,一些地区出现了变卖仓谷,置办社田,

① 王佐、文显谟修,黄尚毅等纂:民国《绵竹县志》卷 2,《建置》,《中国地方志集成·四川府县志辑》,巴蜀书社 1992 年版,第 428 页。
② 郑贤书等修,张森楷纂:民国《新修合川县志》卷 16,《仓储》,《中国地方志集成·四川府县志辑》,巴蜀书社 1992 年版,第 492 页。
③ 王佐、文显谟修,黄尚毅等纂:民国《绵竹县志》卷 2,《建置》,《中国地方志集成·四川府县志辑》,巴蜀书社 1992 年版,第 428 页。
④ 郑贤书等修,张森楷纂:民国《新修合川县志》卷 16,《仓储》,《中国地方志集成·四川府县志辑》,巴蜀书社 1992 年版,第 492 页。
⑤ 郑贤书等修,张森楷纂:民国《新修合川县志》卷 16,《仓储》,《中国地方志集成·四川府县志辑》,巴蜀书社 1992 年版,第 492 页。
⑥ 郑贤书等修,张森楷纂:民国《新修合川县志》卷 16,《仓储》,《中国地方志集成·四川府县志辑》,巴蜀书社 1992 年版,第 492 页。
⑦ 许宗仁主编:《中国近代粮食经济史》,中国商业出版社 1996 年版,第 89 页。

收租取息,"以息保仓"。社仓的经营方式由以前的谷物借贷发展到置田收租,通过置办田地、收租,以作为社仓稳定的收入。仁寿县社仓,"咸丰元年,县令史致康乃置社田,设局县城收租归还原额,即考棚间置仓廒十间,募仓夫一名,岁给工食钱八千文,其未经亏短"。① 井研县社仓,"同治九年,知县陈葆真奉文尽数粜卖,置业四区,此后岁入租谷,皆由县署仓廒存储,以社首二人经纪之,三年一更替。光绪二十六年,知县高承瀛增派副首二人,永远轮充以节,三年盘交值费,据档册,旧置田业岁进,各佃租谷五十七石,租钱十八千,自置业至今,二十五年实存京斗谷(四二折合京斗)凡三千二百八十九石一斗二升六合一勺零三撮"。②

嘉庆初年,四川爆发的白莲教起义,是四川社仓由盛而衰的历史转折。历时八年之久的川陕楚白莲教起义,纵横川东北数十州县,成都戒严,全川震撼。清朝中后期,四川政局动荡,农民起义此起彼伏,在混战中仓谷损失最为惨重。一方面,仓谷遭到起义军的劫掠,仓谷被焚,仓廒被毁。另一方面,各州县为了镇压起义军,组织团勇,各类仓廒积谷被挪用于城工勇饷、团寨口粮,且动用的社仓仓谷几乎都未填还买补。如四川省广安州社仓,"分建四乡,共六十六处,原贮谷一万七千六百九十三石九斗七升五合",在嘉庆二年"贼首王三槐入境滋扰,报支各隘乡勇口粮外,实存州社谷一万零四百七十四石五斗七升四合五勺,乡间未送社谷被贼焚烧一千七百八十一石八斗三升一合,现存乡仓社谷一千五百五十七石七斗六升九合五勺,统计城乡社谷一万二千零三十二石三斗四升四合"。③ 而四川省定远县社仓损失更加严重,"社仓仓斗谷一万二千一百四十石零九斗三升三合四勺二抄,内除嘉庆二三五等年因教匪滋扰,军粮不济,先后禀请动碾支发兵勇口粮,及被贼焚掠,共去仓斗谷一万八百零三

---

① (清)王履兴修:同治《仁寿县志》卷3,《食货志·仓储》,同治五年修,第43页。
② (清)高承瀛修:光绪《井研县志》卷4,《建置》,光绪二十六年修,第12页。
③ (清)周克堃修:光绪《广安州志》卷4,《贡赋志·仓储》,光绪十三年修,第3页。

石九斗八升三合七勺八抄外,实存仓斗谷一千三百零六石九斗四升九合六勺四抄"。①

此外,为了镇压农民起义,清政府推行"寨堡团练""坚壁清野"政策,通令将各乡社仓积谷移交县城常平仓管理。如,四川广安州社仓,自嘉庆二十五年(1820)起,"乡仓社谷并移州署,四乡无存"②,从此,"其出入亦掌之官,与常平同"③。社仓以就近积贮,便于救济农民,至此古义仓精髓尽失。嘉庆二十一年,川督常明以全省社仓名存实亡,不足济民食,正式奏请建置义仓。

三、义仓

义仓创始于隋代,隋文帝开皇五年(585),度支尚书长孙平奏称:"古者三年耕而余一年之积,九年作而有三年之储,虽水旱为灾,人无菜色,皆由劝导有方,蓄积先备。请令诸州百姓及军人,劝课当社,共立义仓。收获之日,随其所得,劝课出粟及麦,于当社造仓窖贮之。即委社司执帐检校,每年收积,勿使损败。若时或不熟,当社有饥馑者,即以此谷赈给。"④古代,以"廿五家为(里)社",社属于州县辖属的基层行政组织。

清代四川义仓之设,为总督阿尔泰首创,乾隆二十九年(1764),四川总督阿尔泰奏:"川省向有社仓……并未立有义仓,臣自上年八月到任,值秋成丰稔,因率同司、道首先捐谷一千余石,立为义仓,并通饬各属,量力倡捐,以为绅耆士民劝,俾有力之家,随宜建仓分贮。"⑤乾隆二十九年,据全省各属册报统计,通省官民共捐谷一十五万八千余石。⑥ 但是嘉庆年间,四川爆发了白莲教

---

① (清)王铺等修:光绪《续修定远县志》卷2,《仓庾志》,光绪元年修,第4页。

② (清)周克堃修:光绪《广安州志》卷4,《贡赋志·仓储》,光绪十三年修,第3页。

③ (清)何华元编辑:咸丰《资阳县志》卷6,《赋役考·徭役》,咸丰十年新镌本邑文昌宫藏板,第12页。

④ (唐)魏征等撰:《隋书》卷24,《食货志》,北京图书馆出版社2006年版,第684页。

⑤ 《清实录·高宗实录(九)》卷715,第17册,中华书局影印1987年版,第928—929页。

⑥ 《清实录·高宗实录(九)》卷715,第17册,中华书局影印1987年版,第929页。

起义,战争遍及全川,无论义军还是清军,每到一地,首先占领的目标就是能够获取粮食的仓廒,战乱中大量州县仓廒被毁,四川义仓亦不能幸免。

嘉庆二十一年(1816),四川义仓得以重建,四川总督常明"以川省常平社仓所贮谷石一罹凶荒尚不足以济民食,奏请按粮摊派购置义田以为济仓,盖即义仓意也"。① 常明饬属劝谕捐输谷石,酌定义仓章程,劝令绅民量力捐谷,"各厅州县传集绅耆者,面加开导,俱纷纷呈请乐输,其中有捐谷若干者,有捐银若干者,即地方官亦有倡捐数千两及数百两者,查看群情甚为踊跃"。② 并饬令地方官捐建仓廒,义仓的修建以就近散给为原则,"凡地方褊小,四乡距城在百里以内者,在城中建仓一处,由地方官设法捐修,以为民倡。如地方辽阔,设有分驻之员,即当于分驻之地分建仓廒,庶免饥民远道求食"。③ 在常明的倡导之下,四川省"通计各属中除近边不产米谷及山多田少之小县,间有数处不能照办外,现在据报办有端倪者已有十之六七,共捐输银二十四万余两,谷二万余石"。④

四川在义仓创办之初,就采取置田收租的形式,通过置办义田,收取租谷,使得义仓仓谷得到源源不断的补充,"捐置田亩则秋成所入,岁有常供,庶可源源接济,如遇频年丰稔,积谷过多,更可粜卖添置义田"⑤,避免了义仓只靠捐储谷石,"一遇荐饥之岁,悉罄所藏,此后无谷可赈"⑥的弊端。对于义田的

---

① 庞麟炳、汪承烈等纂修:《四川宣汉县志》,成文出版社有限公司印行,1931 年石印本,第832 页。
② 李良俊修,王荃善等纂:《新修南充县志》卷4,《舆地志·仓储》,《中国地方志集成·四川府县志辑》,巴蜀书社 1992 年版,第135 页。
③ 李良俊修,王荃善等纂:《新修南充县志》卷4,《舆地志·仓储》,《中国地方志集成·四川府县志辑》,巴蜀书社 1992 年版,第135 页。
④ 李良俊修,王荃善等纂:《新修南充县志》卷4,《舆地志·仓储》,《中国地方志集成·四川府县志辑》,巴蜀书社 1992 年版,第135 页。
⑤ 李良俊修,王荃善等纂:《新修南充县志》卷4,《舆地志·仓储》,《中国地方志集成·四川府县志辑》,巴蜀书社 1992 年版,第135 页。
⑥ 李良俊修,王荃善等纂:《新修南充县志》卷4,《舆地志·仓储》,《中国地方志集成·四川府县志辑》,巴蜀书社 1992 年版,第135 页。

置买也作出明确的规定,"置买义田须查明附近与分驻地方户口之多少,酌量均匀置买,并须在附近之处以便输纳",且"其置买之时,择殷实公正之绅民,看明实系无水旱之忧之田,议价立契,招妥实佃户耕种,议明每年租谷确数,丰歉两无增减,如事后交谷不清及收租不能如数,惟当初议买议佃之人是问"。①

至道光年间,川省各地义仓的发展完全取代社仓,成为乡里积储捐输的重要仓储形式。道光六年(1826),川省"统计买田收租者共有一百十八厅州县九姓一土司,内除成都府属十四州县田亩有都江堰灌溉无虞荒歉,又经前督臣蒋义田岁收租谷,奏准变价作为岁修都江堰水不敷之用并无存谷外,其余各厅州县土司收贮之谷,自数石起至数千石及万余石不等,统计共存仓斗有二十余万石"。② 同时要求各州,"按照各该地方岁收租谷之多寡及现在积谷之实数分别差等,自三千递至一万石止作为定额,以备赈恤动支,其定额之外,新收租谷易换陈谷,将价银解司库留为买谷还额及加赈之用"。③ 此后,历年剩余的义仓田租谷,均被变价成银上交藩库,自道光六年(1826)始至二十七年(1847),全省共收到义仓田租谷变价银两 16.8 万余两,内除赈济水灾、修理省城仓廒及培补河堤、帮贴膏火、提拨堰工、归补公费、越西军需等项借动之用外,现存银 5.4095 万两。④

义仓的经营管理,完全不同于常平仓,常平在官,义仓在民,由民间选出的士绅负责,"听民自司出纳,不准官吏主持"⑤,只需每年向官府申报,"每年各厅州县造具历年旧管谷数及本年新收谷数,及开除、实在四柱清册,出具实存无亏切结申报该管之府厅州,其分驻有仓之佐杂,亦造具四柱清册加结具报本

---

① 李良俊修,王荃善等纂:《新修南充县志》卷4,《舆地志·仓储》,《中国地方志集成·四川府县志辑》,巴蜀书社1992年版,第135页。
② (清)王瑞庆修:道光《南部县志》卷5,《食货志·仓储》,道光二十九年修,第5页。
③ (清)王瑞庆修:道光《南部县志》卷5,《食货志·仓储》,道光二十九年修,第7页。
④ (清)王树桐、徐璞玉修,米绘裳等纂:同治《续金堂县志》卷8,《民赋》,《中国地方志集成·四川府县志辑》,巴蜀书社1992年版,第4页。
⑤ (清)王煌修,袁方城纂:光绪《江津县志》卷4,《仓储》,光绪元年修,第13页。

厅州县,由该厅州县核明加结转申,复由该管之府厅州结报本管道员及总督、布政使司、衙门备案,如遇二官交代,亦与常、社二仓一体入于交代结报,以昭慎重"。①《江津县志》记载:"上谕济谷之设,系由民间公正绅耆自收自放,不涉胥吏之手,始无抑勒侵吞等弊。著各督抚各就地方情形妥为办理在案。咸丰二年,邑举人戴鸿泽、张树邠等禀请县官孙濂通禀各大宪,将济谷仍交绅粮经管。"②

义仓和社仓虽然都是民间仓储,仓首"听民间公举端正殷实士民充当"③,但在仓首的职责上却不同,鉴于"社仓之仓正仓副专司收储出纳之事,故不肖者因借粜而从中渔利,谨愿者恐赔累而视为畏途"④,因此义仓之仓正、仓副"只令于秋后收租或荒年赈济或谷多粜卖之时在仓监视,同仓书逐一登记印簿,出具开除、实在总数,切结存案。若经管之员私开粜碾,许赴该管府州禀告,倘扶同作弊,一体治罪罚赔,此外绝无遗累,自不至畏缩不前"。⑤

四、积谷仓

道咸以后,清朝深陷内忧外患,尤其咸丰年间国内爆发的长达十余年的太平天国运动,使中国传统的仓储体系遭受沉重打击。但是,中国的仓政制度并未就此彻底毁灭,清政府试图重新恢复仓政。光绪二十四年(1898)九月,通谕各省督抚"督饬各州县,将原有仓谷悉数买补足额,其向无仓谷之处,亦即设法筹办;按年查验,出陈易新,具报存仓实数"⑥。然而,基于客观

① 李良俊修,王荃善等纂:《新修南充县志》卷4,《舆地志·仓储》,《中国地方志集成·四川府县志辑》,巴蜀书社1992年版,第136页。
② (清)王煌修,袁方城纂:光绪《江津县志》卷4,《仓储》,光绪元年修,第13页。
③ 李良俊修,王荃善等纂:《新修南充县志》卷4,《舆地志·仓储》,《中国地方志集成·四川府县志辑》,巴蜀书社1992年版,第136页。
④ 李良俊修,王荃善等纂:《新修南充县志》卷4,《舆地志·仓储》,《中国地方志集成·四川府县志辑》,巴蜀书社1992年版,第136页。
⑤ 李良俊修,王荃善等纂:《新修南充县志》卷4,《舆地志·仓储》,《中国地方志集成·四川府县志辑》,巴蜀书社1992年版,第136页。
⑥ 《清实录·德宗实录(六)》卷430,第57册,中华书局影印1987年版,第642页。

形势的变化,中国传统的三仓体制已无法恢复,各地官府在建设中多以督导民间集捐乃至派捐为主,从而形成了一种合官民之力共建共举的积谷体制。光绪二十四年(1898)六月十九日,清廷上谕通饬全国,强调积谷、团练、保甲为当前三大要务①。不久,清朝政府再次阐发加强积谷、保甲、团练三事的办理,"积谷则歉岁足以救荒,保甲则常年足以弭盗,乡团则更番训练,久之民尽知兵自足"。② 在同光年间,中国兴起了三次全国性的积谷运动。积谷开始成为一个比较特定的仓储名称,它主要区别于原来的常平仓、社仓和义仓等仓储,不再强调春借秋还及推陈出新,而是强调以积谷为主的新式仓储。

四川积谷仓始建于光绪初年,丁宝桢在四川总督任上大力兴办积谷仓。光绪三年(1877),丁宝桢任四川总督,次年即委派官员清查四川省积谷,"惟常、监各谷尚不致大形亏短",而民间仓储社、济二仓仓谷,"自咸丰初年以来,有因奉文变价解银以充军需者,有被滇粤各匪焚掠全数无存者,有因经管各社首暗中侵渔、早已贫故难追者,兼有并不尽心经理以致霉变重蚀不堪应用者,遂令从前义举大半归于乌有"。③ 至清朝末年,四川民间仓储早已积重难返,无法重建,丁宝桢目击此情形,深为顾虑,他在《劝办积谷折》中写道:"窃查川省山多田少,户鲜盖藏,生齿日繁,民无积蓄。即比岁丰收,尚恐人多粮少,不敷使用,一遇水旱偏灾,更有不堪设想者。"④为"重振荒政",丁宝桢"通饬各属,一律劝办积谷,以备荒歉"。⑤

此次积谷,丁宝桢明定积谷章程,并迭次张贴告示,不准摊派,劝民捐输。

---

① 《清实录·德宗实录(六)》卷 430,第 57 册,中华书局影印 1987 年版,第 642 页。

② 《清实录·德宗实录(六)》卷 430,第 57 册,中华书局影印 1987 年版,第 645 页。

③ 《皇朝道咸同光奏议》卷 32,《户政类·仓储》,上海久敬斋石印,光绪壬寅秋,第 12—13 页。

④ 沈云龙主编:《近代中国史料丛刊第八辑——丁文诚公(宝桢)遗集》,文海出版社 1967 年版,第 2627 页。

⑤ 沈云龙主编:《近代中国史料丛刊第八辑——丁文诚公(宝桢)遗集》,文海出版社 1967 年版,第 2627 页。

"苦口劝谕,又令其从少捐输,俾其力能有余,不致畏难。"①章程规定"粮户每收谷百石,积谷一石,以次递推,百分捐一,不许颗粒苛派抑勒。"②"家中可收谷一石者即出谷一升,收谷十石者,即出谷一斗,收谷百石千石者由此递加其谷,不满一石者免出以省琐碎,由此行之,踊跃乐输,众擎易举,且以一石而出升,许在尔百姓原无捐输之苦,而在荒年则实有备救之资,岂非济贫保富,防患未然之妙策乎。"③积谷仓充分体现了民办的原则,仓谷"多置殷实人家经管"④,"不准地方官押勒,不准地方豪猾刁生劣监,把持、侵吞及一切多派讹诈等弊,札饬各州县选择场市乡村,公正绅耆,各办各地,妥为料理,就近存储,以备荒年,平粜至散赈之时,各场之谷办理各场之赈,各乡之谷办理各乡之赈,俾免老弱妇女领谷时往返奔走是尔"⑤。官府负有监督之责,"官吏只司稽查,不得挪用分毫"⑥。仓谷的发敛"均须禀官批准,年终报销一次,长官随时派人盘查"⑦。

在丁宝桢的劝谕之下,四川"大小粮户咸知此举为该民保卫身家,始各欣然乐从。现查一州一县至多者或捐至万数千石及数千石,至少者亦可数百石,均系绅民自愿随力捐纳,毫无勉强"⑧。四川各州县"业经办理者共有一百一

---

① 《皇朝道咸同光奏议》卷32,《户政类·仓储》,上海久敬斋石印,光绪壬寅秋,第12—13页。

② 《皇朝道咸同光奏议》卷32,《户政类·仓储》,上海久敬斋石印,光绪壬寅秋,第12—13页。

③ (清)许曾荫、吴若枚监修:光绪《永川县志》卷4,《赋役·仓储》,光绪甲午岁增修,宝兴公局藏板,第27页。

④ 柳琅声等修,韦麟书等纂:民国《南川县志》卷4,《食货志·仓储》,《中国方志丛书·华中地方》,成文出版社1926年版,第292页。

⑤ (清)许曾荫、吴若枚监修:光绪《永川县志》卷4,《赋役·仓储》,光绪甲午岁增修,宝兴公局藏板,第27页。

⑥ 《皇朝道咸同光奏议》卷32,《户政类·仓储》,上海久敬斋石印,光绪壬寅秋,第12—13页。

⑦ 柳琅声等修,韦麟书等纂:民国《南川县志》卷4,《食货志·仓储》,《中国方志丛书·华中地方》,成文出版社1926年版,第292页。

⑧ (清)丁宝桢:《丁文诚公奏稿》,贵州历史文献研究会2000年版,第690页。

十余处,计共已收仓斗谷五十五万三千二百石有奇。其未收之谷约有四万数千余石,饬催各牧令于秋收后次第赶收,限九月内一律上仓"。① "又因川北一带不产谷米,积谷为难,复经奏明,酌拨盐厘银两发给绵州、三台等十一州县分别买谷存仓,以资备御。"②此后,光绪七、八两年,四川连续丰收,粮价较低,丁宝桢又续办积谷,仍照上届积谷章程,百分捐一,不准苛派抑勒,酌量劝办。四川大小粮户捐粮踊跃,争先恐后,欣然乐从。除边瘠州县及偶被偏灾收成歉薄之区免办外,旋据各厅州县陆续禀报,二次共收仓斗谷二十九万一千七百七十一石七斗零,三次共收仓斗谷一十六万六千四百三十六石九斗零。③ 光绪三十二年,积谷仓储谷达到109万余石,据四川省筹赈局统计全省各类仓储:常平仓、籍仓、义仓、济仓、社仓、积谷仓,"通省共存京仓各斗谷三百二十八万四千五百余石,仓斗谷二百一十笭,积谷一百零九万五千余石即在其内"④,而在各类仓储储谷总额中,积谷仓储额占到三分之一,积谷仓发展成为主要的民间储谷形式。

仓储制度作为封建社会的重要社会保障制度,在清代社会的政治变迁及多元化的发展进程中,也随之出现多元化的演变趋势。清代四川省社会保障仓储在演变进程中主要表现出以下两方面特征:

其一,在社会保障仓储的演变进程中,呈现出明显的"官退民进"的发展趋势。传统观点认为,清代的仓储制度随着封建社会制度的没落而走向衰败,实际上,嘉道以降,清代四川社会保障仓储制度开始发生重大变化,虽然常平仓等官办仓储日渐衰微,但义仓、积谷仓等新型民间仓储随之兴起,并且成绩

---

① 《皇朝道咸同光奏议》卷32,《户政类·仓储》,上海久敬斋石印,光绪壬寅秋,第12—13页。

② 沈云龙主编:《近代中国史料丛刊第八辑——丁文诚公(宝桢)遗集》,文海出版社1967年版,第2627页。

③ (清)丁宝桢:《丁文诚公奏稿》,贵州历史文献研究会2000年版,第734页。

④ 《筹赈局详汇造各属仓谷分道列册呈核文》,《四川官报》,光绪三十二年六月中旬,公牍类,第18册,第5页。

斐然,成了晚清社会保障的主要部分。就仓储管理主体而言,地方绅士参与仓储管理日渐普遍,社会保障仓储制度表现出"官退民进"的转变趋势。这种趋势的出现,说明了地方绅士地位的提高,以及在地方事务中政府对于绅士的依赖。正如清政府在劝办积谷的谕旨中写道:"凡属地方应办事宜,虽在官为之倡,尤赖绅民共为襄理,方克相与有成,即如积谷、保甲、团练各事似属。"①此外,中央政府财政日渐拮据,也导致了救荒赈灾的社会责任由中央政府逐渐转移至地方社会。

其二,在社会保障仓储的演变进程中,仓储的经营管理模式发生了根本性的变化。常平仓、社仓运行的基本模式为以仓养仓、以官营仓。常平仓、社仓的运行都是通过仓储的本身参与市场,获得稳定的利润来维持自身的开支。对于常平仓而言,是通过粮食的价格差异,贵卖贱买,来获得利润。对于社仓而言,是通过春借秋还,贷谷收息的方式实现仓储的运营。而义仓突破了传统模式,实行以田养仓、发典生息等经营模式。义仓通过置买义田收租,所收租谷超出仓储定额,将剩余租谷变卖银两交至省藩库或是发典生息,以便赈济及维持运营。从仓储的经营模式的转变可以看出,传统仓储日渐退出了粮食调控和流通过程,成为专门的粮食贮备组织,常平仓的主要功能为平抑物价,社仓和义仓的兴起,主要是用来济贫和备荒,到晚清时期的积谷仓,虽然集以上三种功能于一身,但它并不与市场产生直接联系,通过派捐的形式专门储备粮食。在某种意义上讲,随着经济的发展,仓储的经济调控职能日益下降,而社会保障功能逐渐增强。"嗣后灾歉赈粜而外,无论公私或为善举,或为要务,概不得开仓售谷,以及提取租钱粜价。"②

---

① 《清实录·德宗实录(六)》卷430,第57册,中华书局影印1987年版,第645页。
② 《筹赈局详汇造各属仓谷分道列册呈核文》,《四川官报》,光绪三十二年六月中旬,公牍类,第18册,第6页。

第二节 川康地区传统仓储的社会保障功能

我国地域辽阔,历代灾患不断。晚清四川发生自然灾害的情况十分严重。如,四川江津县在光绪十年(1884)、十六年(1890)、二十一年(1895)、二十七年(1901)发生旱灾,光绪三十一年(1905)发生水灾;①四川綦江县在同治三年(1864)、七年(1868)、十年(1871),光绪十年(1884)、十一年(1885),宣统二年(1910)曾发生旱灾;在光绪四年(1878)、十五年(1889)曾发生水灾;在光绪十六年(1890)曾发生冰雹;在光绪十八年(1892)发生疫灾;在光绪十九年(1893)发生风雹、大水;在光绪二十二年(1896)、二十五年(1899)发生秋淫雨。② 灾害发生时,封建社会政府利用仓储救灾主要采取籴粜、赈济和借贷等方式。

一、平籴和平粜

平籴和平粜的思想源自战国时期的管仲。他首倡"敛轻散重",即贱时收买贵时售卖,管仲曰:"夫民有余则轻之,故人君敛之以轻;民不足则重之,故人君散之以重。敛积之以轻,散行之以重,故君必有什倍之利,而财之扩可得而平也。"③管仲还提出了"准平"、"万钟之藏"和"千钟之藏","凡轻重之大利,以重射轻,以贱泄平。万物之满虚,随财准平而不变,衡绝则重见。人君知其然,故守之以准平。使万室之都必有万钟之藏,藏繦千万;使千室之都必有千钟之藏,藏繦百万"。④ 这里的"准平",即使谷物价格平均;"万钟之藏"和"千钟之藏",即由官府设置仓库贮藏米谷。

---

① 聂述文等修,刘泽嘉等纂:民国《江津县志》卷 5,《荒政》,光绪元年修,第 30 页。
② (清)戴纶喆纂修:民国《綦江县续志》卷 2,《祥异》,梓人林子荣谨刊,1938 年,第 31—35 页。
③ 颜昌峣:《管子校释》,岳麓书社 1996 年版,第 545 页。
④ 颜昌峣:《管子校释》,岳麓书社 1996 年版,第 546 页。

其后,同属战国时期的魏国大臣李悝作平籴平粜法,视熟饥大小,定籴粜多寡,惠在济民,较之管仲进步。其办法:"估计岁收,分为大熟之年,中熟之年,小熟之年。大熟,则由公家收籴民粮四分之三;中熟,则收籴四分之二;小熟,则收籴四分之一;使人适足,价平而止。又区荒歉之岁为小饥,中饥,大饥。小饥,则发小熟所籴之量;中饥,则发中熟所籴之量;大饥,则发大熟所籴之量;复粜于民,以为调剂。"①所以虽遇水旱,粮食的供应仍能维持,粮价也不高涨,而人民亦无饥馑流离之苦。

西汉宣帝时,由大司农耿寿昌建议,于边郡建仓储谷,谷贱时,则增其价值,有政府收籴,以利农民;谷贵时,则减其价值,由政府出粜,以惠庶民。②因其作用在平衡粮价,所以叫作常平仓。西汉以后,各朝都取法这种完善的制度,平衡粮价,调剂民食。清顺治十三年(1656),始令各省修葺仓廒。③顺治十四年(1657),四川始建常平仓。

(一) 平籴,稳定粮价,保护农民利益

平籴,就是在丰年米粮价格过低时,官方用认定价格买补还仓储存,通过增籴仓谷,稳定物价,保护农民利益。平籴"不但可以维持米粮的价格不致过低而造成农民收益的减少,官方也可以因此囤储大量的廉价米粮,在社会民众方面,因为政府注意米粮供需与价格的管制,在基本民生需求方面,也就更加具有保障"。④

清政府重视仓储平籴功能,四川积极平籴仓谷。首先,政府规定了仓储贮额。常平仓存谷数,康熙四十三年(1704)复准:四川大州县存谷六千石,中州县四千石,小州县二千石,毋庸粜三;四川常平仓谷数以雍正年

---

① 陈醉云:《救灾政策与公仓制度》,《文化建设月刊》1936年第2卷第6期,第60页。
② (汉)班固撰:《前汉书》卷24,《食货志》,光绪癸卯冬十月五洲同文局石印。
③ 阴懋德:《泸县志》卷3,《食货志·仓储》,1938年版,第10页。
④ 李汾阳:《清代仓储研究》,《近代中国史料丛刊三编》第96辑,2006年版,第216页。

间旧额为准,贮谷一百二万九千八百石,督抚视所属府州县之大小而均匀存储。① 其次,清政府对购米谷所需款项予以支持。据雍正九年(1731)议准:"川省除现存米谷四十二万石外,再买储六十万石。分作三年,每年买谷二十万石,每石约价三钱,需银六万两,于夔关及盐茶赢余银内动支。"②最后,四川地方官买还仓谷。光绪十八年(1892)十二月,四川总督刘秉璋请留川东土税银两买还仓谷疏:"伏思常平监仓,乃国本所系,民命攸关,无论如何为难,总宜筹还原额,裨得稍有所恃;而川康空虚,无款可拨,缺额至今,束手无策。"③"因思土药乃川省土产,所收土税除照章开销一成公费,并支销三营勇饷外,尽数由川截留,通饬各属分年挨次买还奉文提用之常平监仓谷石,期复原额。此以应解之经费为国家买还借用之仓谷,仍以取诸川民者为川民作耕九余三之谋,上可纾九重西顾之忧,下可为百姓足食之望。一俟仓谷买填足额,仍将土税专款存储,听候指拨。"④下面列举近代四川部分地方买谷还仓的情况,其中不乏如数还额者。

表1-1　清政府平籴仓谷表

年代	地区	平　籴
咸丰年间	铜梁	咸丰十年,蓝逆逼城,发常监仓斗谷一千三百六十七石,作丁勇口食,已于同治二年如数买补,出济军饷外,现存仓谷四千三百四十七石七斗一升;咸丰十年,蓝逆窜境,知县佛保发各社仓斗谷二千六百十一石五斗三升,给丁勇口食;同治十一年,知县杨利川筹款如数买补;咸丰十年、十一年,知县佛保、尤瀚,因军务亏丰济仓斗谷三千五百十九石;同治十二年,知县杨利川筹款采买补填。⑤

①　(清)昆冈等纂:光绪《大清会典事例》卷190,《户部·积储》,光绪二十五年八月石印本,第1—2页。
②　(清)昆冈等纂:光绪《大清会典事例》卷189,《户部·积储》,光绪二十五年八月石印本,第2页。
③　刘秉璋:《刘文庄公奏议》卷8,清末铅印本,第2—3页。
④　刘秉璋:《刘文庄公奏议》卷8,清末铅印本,第2—3页。
⑤　(清)韩清桂、邵坤监修:光绪《铜梁县志》卷3,《食货志·仓储》,光绪乙亥镌版藏学署,第9—12页。

续表

年代	地区	平 粜
同治年间	眉山县	咸丰十一年,滇匪蓝李围城,将常监仓存谷六千四百石全数解济军饷;同治元年及三年劝募,将前谷京斗六千四百石填补足额。①
	万源县	原额常平仓贮谷二千九百四十石,监仓贮谷一千二百六十石,共仓斗谷四千二百石,咸丰三年七年两次奉文粜卖仓凑股三千三百二十石解济军饷,尚存仓斗谷八百八十石,同治元年,蓝逆陷城,焚毁颗粒无存,七年三月前县吴培棠买还仓斗谷八百八十石,实存县仓。②
光绪年间	简阳	督宪吴勤惠公棠丁文诚公宝桢先后饬填常平仓谷,现存仓斗谷六千四百七十一石。光绪六年,督宪丁文诚公饬办积谷分储城乡仓,存市斗积谷九千零六十六石九斗六升五合;城仓存市斗积谷八千七百二十六石四斗五升。③
	射洪县	光绪六年奉文劝办积谷分存四乡:丰乐乡劝办市斗积谷一百八十七石五斗零三合,太平乡劝办市斗积谷四百三十五石七斗八升八合,务本乡劝办市斗积谷五百八十五石一斗六升五合,怀德乡劝办市斗积谷四百二十石零三升八合。④
民国时期	大宁县	光绪九年奉文全数平粜社仓仓谷,十年将粜价如数买谷还仓。⑤
	四川	光绪二十六年奏准,"由司库筹拨银十万两,发交商号购谷六万八千五百一十三石零,分储川省水陆适中之资州、泸州、重庆、叙州等处"。⑥
	郫县	自常平、监两仓设后,其谷皆以京斗计,系以十斗两斛为一石,每一斛约合二十四斤,市斗二十二升。由县署管理。歉收或饥年,由县呈请大府以二成或三成出粜,其出粜之银,存贮县署或绅耆,秋收仍买谷填如旧数。⑦

① 王铭新等修,杨卫星、郭庆琳纂:民国《眉山县志》卷3,《食货志·杂税仓储》,《中国地方志集成·四川府县志辑》,巴蜀书社1992年版,第10页。

② 刘子敬等修,贺维翰等纂:民国《万源县志》卷3,《食货门·仓储》,《中国方志丛书·华中地方》,成文出版社有限公司印行1976年版,第37页。

③ 林志茂等修,汪金相、胡忠阀等纂:民国《简阳县志》卷19,《食货篇·仓储》,《中国地方志集成·四川府县志辑》,巴蜀书社1992年版,第59页。

④ (清)黄允钦等修,罗锦城等纂:光绪《射洪县志》卷5,《食货·仓储》,《中国地方志集成·四川府县志辑》,巴蜀书社1992年版,第10页。

⑤ (清)魏远猷、向志尹纂修:光绪《大宁县志》卷3,《食货·仓储》,光绪十一年修,第2页。

⑥ 中国第一历史档案馆编:《光绪朝朱批奏折》第91辑,财政,中华书局1996年版,第341页。

⑦ 李之清等修,戴朝纪等纂:民国《郫县志》卷2,《中国地方志集成·四川府县志辑》,巴蜀书社1992年版,第43页。

续表

年代	地区	平粜
民国时期	合川县	1913年、1914年办粜动拨常监仓后,所剩减价谷银三千三百五十两交绅等管领,俟价稍平购谷填还;1917年,两仓实存贮谷五千一百三十四石四斗五升七合。①

(二) 平粜,平抑物价,保护消费者利益

平粜就是政府在米粮贵时,利用各地区的存积米谷,或洽请其他地区提供低价米粮,甚至截留上供米粮,再以低于市面价格的方式,大量平价供应民众。② 通过平粜仓谷,调整米粮的供给不足,平抑物价,使米谷的价格趋近于官方认同的水准。平粜可以使米价相对稳定,保证广大百姓基本粮食需求,维护社会稳定。晚清仓储平粜抑价主要采用开仓平粜和购谷平粜。

晚清四川省有开仓平粜抑价的情况。同治年间,铜梁县米贵,发仓粜卖,"同治癸亥,数月不雨,收获仅十之二三,知县傅翼借发团防积谷三百六十石,平城中市价。次年,谷昂贵,知县于腾复发仓粜卖"。③ 光绪年,乐山县米价昂贵,民食维艰,县令沈秉坤禀请提济谷办理平粜,在其奏折中写道:"卑职到任时,每市斗米一斗,约需钱一千三四百文,民间已有米珠之叹! 目前每斗涨至一千七百文之谱,较之上年,几多一倍,贫民买食维艰。拮据情形,深堪悯恻! 且时方仲冬,距明岁小春成熟之际,为日尚远。卑职忝司民牧,亟应先事预筹。查卑前县张署令贤符任内,曾因米价昂贵,禀请酌提济仓市斗谷一千石减粜,以平市价,仰蒙各前宪批准照办在案。此次事同一律,拟请仍提济仓市斗谷一

---

① 郑贤书等修,张森楷纂:民国《新修合川县志(二)》,《中国地方志集成·四川府县志辑》,巴蜀书社1992年版,第5页。

② 李汾阳:《清代仓储研究》,《近代中国史料丛刊三编》第96辑,2006年版,第215页。

③ (清)韩清桂、邵坤监修:光绪《铜梁县志》卷3,《食货志·仓储》,光绪乙亥镌版藏学署,第11页。

千石,照市价八折合算,减价发售,以济民食。"①光绪十一年(1885)十二月,四川巴县,"因米价腾涨,民食维艰,经前任国令(姓国的县令)禀准督宪,动拨历年所存济谷三千五百余石,二十二年七月,又经国令请动拨二千一百余石,二十三年四月,又经蒋令请准动拨二千一百石,二十六年三月,又经张令请准动拨二千七百余石,以上四项,均系办理平粜,有案可察。至于粜获钱文,又复辗转买米,减价出粜,以所粜之钱折尽为度(限)"。② 光绪二十一年(1895),四川中江"雨迟米贵,减价粜谷一万三千六百二十三石五斗"。③ 宣统二年(1910),《四川布政司详定整顿仓谷章程》中规定:"兹拟遇有荒歉之岁及青黄不接粮价昂贵之时,准由地方官察酌情形,将存储之社、济、义、积等项谷石相机禀办平粜,或存七粜三,或粜四存六,所得粜价,一俟秋成价平,如数买补还仓,不得藉词延缓。粜价如有盈余,仍行添贮于仓,庶可稍余储蓄。倘遇灾荒情重,则于平粜之外,先尽社、济、义、积等项谷石充赈,如其不敷接济,再动常、监等项谷石,以救饥馑,统俟年谷顺成,再行劝积复额。此外如非荒歉,概不准再藉出陈易新为名,擅动颗粒;倘敢故违,定予追赔参处,以示炯戒,而重储备。"④可见,在一般荒歉之年及青黄不接出现粮价昂贵时,采用平粜平抑米价,而灾荒情重的年份实行赈粜。

晚清四川购谷平粜抑价的情况也时有出现。同治四年(1865)闰五月乙亥上谕:"昨据给事中赵树吉奏:川省因地方官闭粜,商民受困,幸各处发仓平粜,权济一时。今春又值天旱,米价复腾,自成都至夔巫,数千里间,斗米卖至五、六千,一、二千不等。若不早为之所,深恐激成变故。请饬四川总督,酌发仓谷,严禁闭粜,以济民食,各等语。即著骆秉章勘酌情形,如果必须平粜,即

① 鲁子健:《清代四川财政史料》,四川省社会科学院出版社1984年版,第764—765页。
② 向楚:《巴县志选注》,重庆出版社1989年版,第236页。
③ 谭毅武修,陈品金等纂:民国《中江县志》卷13,《仓储》,《中国地方志集成·四川府县志辑》,巴蜀书社1992年版,第27页。
④ 《四川布政司详定整顿仓谷章程》,《四川官报》,宣统二年五月上旬,专件类,第11册,第1页。

著饬令地方官酌发仓谷,以平市价。并出示严禁所属各州县地方,不得再行遏籴,俾商贾畅行,以资接济。其既发之仓谷,仍俟秋冬后饬属设法买补。"①光绪三十年(1904),巫山县赴湖北宜昌购谷,督宪批巫山县旱象已成拨谷平价禀:"前据夔州府方守电称,该县已得雨,究竟会否深透以及谷苕收成能有几分,补种者何时可熟,甚盼专差驰报。盛涨米船不至,民食艰贵,动谷办粜暨以粜价赴宜买运尚为切要。"②督宪批东乡县现得雨泽办理平粜禀:"该县米价奇贵,冉恒昇出银八千两运米办粜,甚知爱顾乡间可嘉之至。现在得雨尚透,而运米一事,该令当与绅耆循环筹办,勿致中缀。"③宣统年间的川东地区,"夔府现值青黄不接之时,米价每斗翔贵至二串文,前经府县先后开济仓及常平仓平粜,米价仍不能平。且仓存无多,民间仍望接济。经商董朱炳晖、刘用衡、王子玖等会议,筹拨公款银五千元,请雷康平赴万采买回夔,以资周转而济民食"。④

二、赈济救灾

(一) 粮赈

粮赈是遇到灾害后最流行的一种救济形式。灾荒发生以后,广大灾民生活困难,为解决灾民的生活难题和社会稳定,政府一般通过急赈的方式向灾民发放粮食。

清政府的粮赈过程,通常是先开仓放粮,赈济灾民;赈济的期限,一般而言,先急赈一个月,经勘灾、审户之后,依据灾情轻重和每户的贫富情况,给予一到四个月的赈济。现将晚清四川仓谷的典型赈济列于下表:

---

① 王先谦编:《东华续录》,同治卷 47,文海出版社 2006 年版,第 59 页。
② 《督宪批巫山县旱象已成发谷平价禀》,《四川官报》,光绪三十年八月上旬,公牍类,第 20 册,第 4 页。
③ 《督宪批东乡县现得雨泽办理平粜禀》,《四川官报》,光绪三十年八月中旬,公牍类,第 21 册,第 6 页。
④ 《成都商报》,宣统二年六月,第四册·新闻样,第 1 页。

表1-2　清朝晚期仓谷赈济表

年代	地区	赈　　济
咸丰年间	川南	咸丰二年川南大旱,乐山县"饥民食蓬草,草尽食白泥。县令发仓赈济"。①
	铜梁县	咸丰乙卯,岁歉;明年,大雪损春粮,谷贵民饥,至于博土果腹,死者载道。总督黄宗汉饬有司设法赈济,全活者多。②
	松潘县	咸丰庚申前,"松潘常平仓约存粮一万七千数百石,此外尚有武营中之左豫仓中孚仓存粮尚多,其时城中困守,悉数散赈以济民食"。③
	夹江县	清咸丰十年十一月,二次详请动碾社仓斗谷四千四百九十九石三斗二升二合散给贫民暨守城防堵口粮。④
同治年间	古宋县	同治十年大旱三月,米价骤增,官为开仓散赈,会成都粜,舟由纳溪大进。⑤
	綦江县	同治六年,市场乏米,知县杨铭赈之。同治七年,田渴秧老,米仍贵,知县杨铭赈之(斗值千余……)。同治十年,春旱,知县杨昌铈募赈。光绪四年,六月六日,大雨,田崩塌。十八日大水,知县英溥赈之。⑥

　　① 唐受潘修,黄镕、谢世瑝等纂:民国《乐山县志》卷12,《中国地方志集成·四川府县志辑》,巴蜀书社1992年版,第41页。
　　② (清)韩清桂、邵坤监修:光绪《铜梁县志》卷3,《食货志·仓储》,光绪乙亥镌版藏学署,第11页。
　　③ 张典等修,徐湘等纂:民国《松潘县志》卷2,《仓廒》,《中国地方志集成·四川府县志辑》,巴蜀书社1992年版,第68页。
　　④ 罗国钧修,刘作铭、薛志清纂:民国《夹江县志》卷3,《仓储》,《中国地方志集成·四川府县志辑》,巴蜀书社1992年版,第14页。
　　⑤ 佚名纂:民国《古宋县志》初稿卷4,《中国地方志集成·四川府县志辑》,巴蜀书社1992年版,第11页。
　　⑥ (清)戴纶喆纂修:民国《綦江县续志》卷2,《祥异》,梓人林子荣谨刊,1938年,第31—35页。

续表

年代	地区	赈　济
光绪年间	綦江县	光绪十年,秋老,旱灾,秋无获,民间至剥树皮挖草根。冬尤甚。知县刘善出糠粃赈之(众募劳平粜)。光绪十五年,知县赵履以水灾请赈。光绪十九年,风雹,大水,知县沈璘庆募赈。光绪二十二年,秋淫雨,夔府一带灾尤甚,大府檄运仓谷京斗万五千石济之(斗值千五六百钱)。光绪二十六年春,米贵,知县庄定域出谷赈之(斗值千金,共谷五千余石,贡生屈纯忠复募赈)。①
	夹江县	光绪十五年夹江县知县奉文赈济水灾,动用五百石。②
	峨边县	光绪十九年,通判耿斯立因赈济灾民动用社仓谷五百四十七石五斗。③
	大竹县	光绪二十二年,灾情严重:春季,粮歉收;入夏亢旱;至七月收获开始,积雨五十余日,田谷生芽,遍地糜烂,时银价低落,斗米几值银一两。知县玉启以灾民嗷嗷待哺,吁请年前开办赈粜。十二月,城乡一律开局,对极贫和流民乞丐赈米,"次贫,三日粜米半升,减市价四成;极贫,五日赈米一升,小口均各减半。严稽户口,计城乡极贫小口折大,共一万四千九百人,次贫小口折大,共九万六千八百人。流民乞丐,三日给半升,共二千八百人"。④
	德阳县	光绪二十八年知县陈洪材禀米价骤涨、穷民艰食,请将积谷碾米散赈极贫户口。⑤

　　但晚清四川仓谷赈济有限。晚清的赈济已不能达到赈济标准,如光绪二十二年(1896)的大竹县,"极贫,五日赈米一升,小口均各减半"⑥,而关于赈济标准,"乾隆四年(1739),正式制定出统一标准:每天每个成人半升米,儿童减半。这个标准自1740年开始执行。"⑦

　　①　(清)戴纶喆纂修:民国《綦江县续志》卷2,《祥异》,梓人林子荣谨刊,1938年,第31—35页。
　　②　罗国钧修,刘作铭、薛志清纂:民国《夹江县志》卷3,《仓储》,《中国地方志集成·四川府县志辑》,巴蜀书社1992年版,第12页。
　　③　李宗鍠等修,李仙根等纂:民国《峨边县志》卷2,《建置志·仓储》,《中国地方志集成·四川府县志辑》,巴蜀书社1992年版,第325页。
　　④　陈步武、江三乘纂:民国《大竹县志》卷7,《职官志·政绩》,成文出版社1928年印,第34页。
　　⑤　熊卿云、汪仲夔修,洪烈森等纂:民国《德阳县志》,《仓储》,《中国地方志集成·四川府县志辑》,巴蜀书社1992年版,第18页。
　　⑥　陈步武、江三乘纂:民国《大竹县志》卷7,《职官志·政绩》,成文出版社1928年印,第34页。
　　⑦　周全霞、徐兴海:《中国古代的赈济标准与民食安全》,《江西社会科学》2008年第2期。

（二）煮赈

施粥是临灾时最急切之救济措施之一,它对受助者施粥以维持最低生存需要,是救济灾民的良好办法。救济赤贫莫若粥厂,"平粜转运之米只足接济次贫,而不足以救赤贫,欲救赤贫莫如粥厂(公家转运之米即可用之粥厂,由官绅设法益之),而粥厂只宜收养老幼妇女病夫,如强壮青年之人应由官绅各就地方设法以工代拯,并劝富室挑塘浚堰及修河岸等事,供饭食外照平时给半工资。既已拯贫又足防灾,盖人已两便之道也"。① 施粥成效最显著,它能救急、花费少而活人多、方法简便易行。② 清代,通过施粥救济灾民较常见。"施粥之法,推行亦力。据黄彭年畿辅通志所载,当时粥厂分区林立,颇具规模。"③

四川省有关施粥的记载也很多。同治三年(1864),"川省渐觉肃清。而夏间米价顿昂,一石卖至十五六两,为从前所未有。省城因设局平粜,予于满城复开厂施粥,全活甚众"。④ 同年,射洪县添办粥厂赈济,"署内原建常监、社、义各仓共六十七厫,均被蓝逆折耗无存。自咸丰十一年起以后历任至光绪九年止,仍于署内西边陆续补建仓厫十四间,现存常监社义仓斗租谷四千三百一十四石四斗七升三合。同治三年,前任县曹禀准奉文动碾义仓市斗谷四十四石添办粥厂赈济"。⑤ 同治十年(1871),岳池县大旱,面对灾情,县署采用发赈仓斗米给贫民、借粜济仓谷半粜半赈以及施粥,"城内复设粥局,俾奇贫无炊者得以延活性命。爱(朱令元钊)首捐廉银一百两,米四石,县幕余吉卿亦倡捐银一百两,城乡官绅复共捐银七百二十两零、捐钱二千四百三十缗有奇、捐米十三石五斗。由辛未十二月初二日起至任申四月初十日止,共计发粥五

---

① 《李仲壶部郎筹赈刍言》,《四川官报》,光绪三十年八月下旬,事件类,第22册,第8页。
② 邓云特:《中国救荒史》,商务印书馆1937年版,第342页。
③ 邓云特:《中国救荒史》,商务印书馆1937年版,第327页。
④ 崇实:《惕庵年谱》,广文书局1971年版,第62—63页。
⑤ (清)黄允钦等修,罗锦城等纂:光绪《射洪县志》卷5,《食货·仓储》,第9页。

十二次,每次约用米五石,食粥者三千余丁口"。① 岳池县对发粥善举予以褒扬,此次赈粜、发粥、施药、捐户各姓名、银钱米数若干,均竖碑于城东门外康济亭,以彰善举。② 同治十年(1871)、十一年(1872),铜梁县知县杨利川施粥,该县"先涝后旱,升米值百六十钱,流离于秦汉中、黔遵义者约万人,无力者或阖门瘃死! 而无赖子诱聚多人,纷扰乡间,名曰'吃大户',白昼行劫,邑中嚣然。大户或远徙郡城以避。知县杨利川捐奉施粥,发常、社各仓平粜;虑其不继,又请于大府发帑银三千两,散给各场镇,令富民捐资,分赴绵州、江津等处买米接济。每一场镇捐资粜赈多者费钱数千缗,少亦数百缗。幸明年大熟,谷价平减,流亡者稍复业焉"。③

光绪年间,四川峨眉县"济田仓原数三千石,除咸粜折解光绪四年奉文会委风盘折耗外,实存谷一千四百五十三石九斗六升,又岁入租五百九十八石五斗四升,向由仓正副遵章于隆冬碾米煮粥施济贫民,今已拨动工习艺工厂支应矣"。④ 光绪十年(1884)夏,古宋"大旱,禾不熟,至秋,田无获者十居五六。分州刘启英,谙练才也,秋八月,令民多种蔬菜为御冬及春夏,备举灾情报上峰,请以城乡各仓挨次散赈。是年抵腊,督城中绅团开仓碾米,捡贫民丁册,减价发售;孤老,煮粥分给之"。⑤ 光绪十二年(1886),德阳知县张瑞麟济穷困,以四百余石积谷煮粥散赈。⑥ 光绪二十九年(1903),夹江县知县禀办施粥厂

---

① (清)何其泰、范懋修:光绪《岳池县志》卷4,《田赋志·赈济附》,光绪纪元年修,第52页。

② (清)何其泰、范懋修:光绪《岳池县志》卷4,《田赋志·赈济附》,光绪纪元年修,第53页。

③ (清)韩清桂、邵坤监修:光绪《铜梁县志》卷3,《食货志·仓储》,光绪乙亥镌版藏学署,第12页。

④ (清)李锦成撰:宣统《峨眉县续志》卷2,《建置·仓廪》,宣统辛亥年刊本,丹棱少筠署板,第17页。

⑤ 佚名纂:民国《古宋县志》初稿卷4,《中国地方志集成·四川府县志辑》,巴蜀书社1992年版,第47页。

⑥ 熊卿云、汪仲夔等修,洪烈森等纂:民国《德阳县志》,《仓储》,《中国地方志集成·四川府县志辑》,巴蜀书社1992年版,第17页。

动用三百一十六石。①

　　（三）赈粜

　　有关清代赈粜，下面分别考察常平仓、义仓、社仓和积谷仓的赈粜情况。

　　常平仓虽以平价为主旨，但事实每偏重于拯饥，此种制度，数千年来，未曾或变。② 咸丰年间，粜卖南溪县常监仓谷，"旧任或急赴他任，亦须留人及款，并请士绅中之殷实者承担，必升合无差，始由新任出具总结缴呈藩署备案。此项储谷除每年夏月存七粜三，遇有旱灾存三粜七，外非有大故不敢轻动。道光七年，奉文粜卖仓谷一万二千石；咸丰三年，奉文粜卖仓谷一万四千石；咸丰七年，奉文粜卖仓谷八千四百石"。③ 渠县，"道光七年岁饥，粜卖京斗谷一百石，咸丰三年大饥，粜卖京斗谷五千五百石，二次又粜卖京斗谷三千三百石，实存京斗二千二百石"。④ 同治年，合江县拨常监仓谷拯饥，"同治三年（1864）夏，大饥，斗米钱二千，道殍相望，胥赖历任知县饬发社谷赈粜并详大府动拨常监仓谷以辅助之，故虽饥不害"。⑤

　　义仓以预备荒年救济贫民为其直接的目的，在灾害救济时，义仓谷主要用于平粜，灾情严重时才酌量赈济，一般情况不出借。金堂县"民赋"附规条："义仓积谷，原为备荒起见，如是凶年，常平仓发谷赈济，义仓亦将积存谷石减价发卖，以济贫民。"⑥同治十年（1871），岳池县遭遇旱灾和虫灾，半粜半赈救济饥民，

---

① 罗国钧修，刘作铭、薛志清纂：民国《夹江县志》卷3，《仓储》，《中国地方志集成·四川府县志辑》，巴蜀书社1992年版，第14页。
② 徐渊若：《农业仓库论》，商务印书馆1937年版，第175页。
③ 李凌霄等修，钟朝煦等纂：民国《南溪县志》卷2，《食货》，《中国地方志集成·四川府县志辑》，巴蜀书社1992年版，第28页。
④ 杨维中等修，钟正懋等纂，郭奎铨续纂：民国《渠县志》卷2，《食货志五》，《中国地方志集成·四川府县志辑》，巴蜀书社1992年版，第187页。
⑤ 王玉璋修，刘天锡、张闻文纂：民国《合江县志》卷2，《食货》，《中国地方志集成·四川府县志辑》，巴蜀书社1992年版，第21页。
⑥ （清）王树桐、徐璞玉修，米绘裳等纂：同治《续金堂县志》卷8，《民赋》，《中国地方志集成·四川府县志辑》，巴蜀书社1992年版，第7页。

"禾稻剥蚀殆尽,收获仅十分之一,捐赈难继,乃与绅粮筹议借粜济仓谷八百三十一石零,半粜半赈,即以所获粜谷赢余钱陆继增米,源源接济,诚属法良,恩普惠而不费。由冬月二十五日起至壬申七月初一日止,共平粜十四次,统计饥民二万二千二百二十八丁口"。① 光绪九年(1883),大宁县春夏荒歉,社局平粜,粜出市斗谷七百九十三石六斗一升,并于极贫各户散赈谷三十一石八斗二升,共粜赈谷八百二十五石四斗三升。② 宜宾县,"光绪甲申、乙酉,岁旱歉收,斗米钱数千,数百邑绅请于府县,开济仓谷平粜。县府先集殷实粮户,议平粜米价,即照价二谷一米向粮户买谷,某某认卖秋谷若干石,按仓中存谷,粜十之三"。③

社仓的赈粜是通过灾年直赈、平粜等方式救助贫民。灾荒岁月社谷的出粜:每遇荒年,各甲不仅要"查核所贮社谷若干,通盘算计,能够赡给本甲贫民口食不致歉缺",④还"必须统计甲内大小丁口人数若干,每日需米若干,约计仓内之谷可以赈发若干日,预先知会贫民,使伊早自会计,另行设法免致临时吵嚷。"⑤"饥荒之岁,减价平粜或议五日一期,三日一期,临时酌量,免致饥民日日奔走。""发粜仓米,先期出告白,通知将谷粜出,一面逐户清查本甲内实係家无产业之贫民,方许买粜,将应食仓米之贫民造具清册,注明男妇大小,丁口若干,应买米若干,照清册填写合同串票,应领米若干,应缴钱若干,编列字号,将发票裁给领米之人,存票留局以便稽查。当粜米之期,贫民执票来仓,发米处另设一局,验明票,将钱数清,载明账簿,即将所给合同原票盖用红印圈记批明钱已如数收清,交发米局所经管首人验明票据,照票即过秤发米,随到随发,以免等候耽延并可免拥挤之患,临时酌量即将应领米之斤两估折合算谷子若干,发给贫民更为简便。"⑥

---

① (清)何其泰、范懋修:光绪《岳池县志》卷4,《田赋志·赈济附》,光绪纪元年修,第52页。
② (清)魏远猷、向志尹纂修:光绪《大宁县志》卷3,《食货》,光绪十一年修,第3页。
③ (清)王麟祥总纂:光绪《叙州府志》卷18,《矜恤》,光绪二十一年新镌版存公局,第7—8页。
④ (清)江锡麒纂修:咸丰《云阳县志》卷3,《仓储》,咸丰甲寅年镌版存学署,第16页。
⑤ (清)江锡麒纂修:咸丰《云阳县志》卷3,《仓储》,咸丰甲寅年镌版存学署,第15页。
⑥ (清)江锡麒纂修:咸丰《云阳县志》卷3,《仓储》,咸丰甲寅年镌版存学署,第14—15页。

　　同治年,丰都社仓以平价代赈粜谷,"同治元年,发逆,警署知县孟书城碾谷二千二百六十一石三升六勺二抄为城守防隘勇食,后岁歉,米贵民饥几变,知县吴锦铨以平价代赈粜谷八百零六石八斗三合七勺五抄,交绅承领买补粜数贮仓"。①　光绪年,南溪县社仓平粜,"至同治十三年,社仓实储仓斗谷一万零四百四十五石二斗零四合五勺;光绪十年十一年,天旱,仓谷平粜几尽"。②

　　积谷仓的赈粜,在光绪年间清溪县积谷章程中对荒歉之年应出粜平价规定:"如粜卖则照市酌减定价,由官张示,不得买以囤积,其钱另选妥实粮户商铺收存,官吏不得提挪分文,秋后派绅如前买补。"③光绪年,大宁县积谷仓救荒平粜,"九年荒歉,发给平粜谷三百七十八石五斗零。十年将粜价买谷还仓,因仓廒不敷,积储将余价合济谷余价共钱一百三十三千二百九十三文提用积谷十五石三斗共钱二百零二千一百四十三文,添修仓廒三间,实共储谷四百八十四石"。④　德阳县赈粜,"光绪十二年知县张瑞麟禀因米价昂贵、青黄不接,亟应赈粜兼施以济穷困,请于现存积谷内酌拨七成,社谷酌拨一成,计共六千四百余石,以六千石碾米减价平粜"。⑤　光绪二十六年(1900),川东道筹款于重庆府城内建仓一百四十九廒,实存市斗积谷二万七百六十六石五斗,已于夏季全数动粜拨赈,又由司库拨银十万两,发交商号购谷六万八千五百一十三石零,分储川省水陆适中之资州、泸州、重庆、叙州等处,先后拨济各属分别赈粜,共用过仓斗谷三万三千九百三十三石零。⑥　简阳积谷开仓平粜,"光绪二

　　①　黄光辉等修,郎承诜、余树堂等纂:民国《重修丰都县志》卷3,《中国地方志集成·四川府县志辑》,巴蜀书社1992年版,第7页。
　　②　李凌宵等修,钟朝煦等纂:民国《南溪县志》卷2,《食货》,《中国地方志集成·四川府县志辑》,巴蜀书社1992年版,第29页。
　　③　《清溪三费章程》,《清代四川财政史料》,四川省社会科学院出版社1984年版,第757页。
　　④　(清)魏远猷、向志尹纂修:光绪《大宁县志》卷3,《食货》,光绪十一年修,第3—4页。
　　⑤　熊卿云、汪仲夔修,洪烈森等纂:民国《德阳县志》,《仓储》,《中国地方志集成·四川府县志辑》,巴蜀书社1992年版,第18页。
　　⑥　中国第一历史档案馆编:《光绪朝朱批奏折》第91辑,财政,中华书局1996年版,第300页。

十八年,大旱成灾,开仓平粜,斗米千钱有奇,民食虽艰,未至流亡者,积贮之力也"。[1] 光绪二十八年(1902),夹江县平粜动用积谷二千七百六十石零两斗五升六合,光绪二十九年(1903),平粜动用积谷六百二十四石八斗一升一合一勺。[2] 同年,中江县出现旱饥,光绪二十九年(1903),该县"奉文赈粜发仓斗谷三千二百四十三石三斗七升二合八勺七抄五撮,提粜钱七千八百八十六千六百九十文分赈各乡,展期三年饬绅捐还原额"。[3]

在赈粜过程中,常平仓、义仓、社仓、积谷仓通过平粜,以粜代赈,在救济灾民的过程中发挥了重要作用。

三、借贷

借贷是清代备荒救灾的具体措施之一,借贷的目的是维持灾民生活和恢复灾后农业生产,"清朝荒政则例,原有贷粟之法。凡歉收之后,方春民乏籽种,贫不能耕。或旱禾初插,夏遇水旱,及既雨既需,民贫不能耕种。速命州、县开常平仓或社仓,出谷贷之。俾耕种有资,以待秋熟"。[4] 传统仓储的借贷是晚清借贷的重要组成部分,"考清代放贷救荒之例甚多,有平粜而兼出借者;有以隔府之米借给者;有以存仓米出借,并许动支截留漕米者;有拨解库银供给者;有酌量丰歉分别贷谷免耗加耗者;有灾年免息,余按收成分数酌量收免者;有按收成分数,折量分年征还加免者。有借给籽种口种,并牛草费之例;有借贷永不加息之例;有概不征还之例;有本色折色兼借之例,不胜枚举"。[5]

常平仓的借贷。常平仓以籴粜之法,平准粮价,调节民食,这是常平仓本

---

① 林志茂等修,汪金相、胡忠阀等纂:民国《简阳县志》卷19,《食货篇·仓储》,《中国地方志集成·四川府县志辑》,巴蜀书社1992年版,第59页。

② 罗国均修,刘作铭、薛志清等纂:民国《夹江县志》卷3,《仓储》,《中国地方志集成·四川府县志辑》,巴蜀书社1992年版,第12页。

③ 谭毅武修,陈品金等纂:民国《中江县志》卷13,《仓储》,《中国地方志集成·四川府县志辑》,巴蜀书社1992年版,第27页。

④ 邓云特:《中国救荒史》,商务印书馆1937年版,第398页。

⑤ 邓云特:《中国救荒史》,商务印书馆1937年版,第398—399页。

来的性质。到了清朝，遇到荒年，其开仓散放米谷，以售卖为原则；有时贷谷给人民，规定一定时期或待丰年时返还；有时对于贫人进行单纯的赈济。① 借贷成为常平仓的社会功能之一。

社仓借贷。社仓实行春贷秋偿，即春时支借，秋成还仓，收息加贮，"每石收息二斗，小歉减息一半，大歉全免其息，只收本谷。十年后，息已二倍于本，只以加一行息"②，以救济贫民。关于社谷使用的宗旨："社谷原备农民籽种，耕田之家，无论佃田自田，凡无力者皆许借领"③，即社谷借贷给无力农民以籽种和口粮之用，而富家不得借谷。"仓谷原为拯贫而设，富家自有仓箱，岂容与贫民争食，故必中户、下户方准借谷。但须令觅妥实保人承担，每户所借不得过多，自易收还。如势豪估借，准首事禀究。"④社仓的借贷使农民的农业生产能进行下去，对于恢复农业生产和稳定社会秩序发挥着积极的作用。

光绪年的四川宣汉，"光绪丁丑大旱，丙申丁酉又旱，潦相仍县，人之死者枕藉道路，而治城诸仓有粟红之叹，惟鲲池兴禅两社贮在民间，活全甚众，此石良之所为有功于桑梓也。民国初诸仓先后以本地公务拉移无存，有由来矣，今惟积谷尚贮各地，昔则借以救荒，今实资以播种，可不慎哉。吾尝总理朝阳寺积谷，每春间开放，见乡人之囊橐而至者，所得不过升斗，咸欣欣然而有喜色，曰今幸有谷种矣"。⑤

义仓借贷。清之义仓设于市镇，平时着重于借放，春贷秋偿，每石取息谷一斗。⑥ 如蓬州县义仓借贷，"光绪十有五年，雨雹水潦为灾，前知州杨昶于布

① 于树德：《我国古代之农荒预防策——常平仓义仓和社仓》，《东方杂志》1921年第18卷第14号，第27页。

② （清）熊履青总纂：道光《忠县直隶州志》卷4，《食货志·积贮》，道光丙戌年修，第30—31页。

③ 徐栋编：《牧令书》卷12，《筹荒上》，道光戊申秋刻本，第27页。

④ 《谨将拟定整顿积社仓谷章程恭折录呈》，《四川官报》，光绪三十二年闰四月下旬，公牍类，第13册，第9页。

⑤ 庞麟炳、汪承烈等纂修：《四川宣汉县志》，成文出版社有限公司印行，1931年石印本，第831页。

⑥ 陈醉云：《救灾政策与公仓制度》，《文化建设月刊》1936年第2卷第6期，第61页。

政司得津贴银四百两易钱赈之,计被灾民口极贫者千九百十九,各予钱二百二十四,次贫之口千五百四十四,各予钱百六十二,并贷以义谷八百石,秋后收还,不令加息。二十有一年春,雨雹并降,蓝溪陡溢,苗稼损伤,蚕僵畜毙,既驰诣勘明,乃具禀请以济谷贷之,而就近借发积谷,缓为拨还,委吏目梁禧年监散,计用谷七十余石,继察民情艰苦,禀准免其征偿"。①

积谷仓借贷。清光绪初年,川督丁宝桢以县州仓储无多,御荒难恃,札饬各地劝办积谷,以备荒歉,南川县,"邑令黄际飞奉札协同官绅劝办,至八年,乃告藏事,统计全县储谷九千零八十三小石,常年交夏,一半存仓一半出贷,保内贫农秋收加息二分填还;凶年一半贷农一半平粜(照市价减十之四五)"。②

四、支济孤贫

孤贫人员属于社会弱势群体,处在社会底层,面临生存危机,需要社会救济。对他们的优抚,使老有所终、幼有所长、鳏寡孤独残疾各有所养,实现社会安定。从清政府支济孤贫的情况来看主要采取以下措施:

粜卖仓谷以抚恤孤贫。永川县义仓的仓谷,"自光绪十一年起至光绪十九年,及光绪三十三年存谷加上岁收租谷共一万零四百一十一石五斗,而实存仓斗谷七千四百四十三石零六合"③,部分已用于孤贫支济。庆符县,"每年提谷四十石给发孤贫,以五十七石存济仓"。④ 光绪十年(1884),雷波厅黄乡常监两仓变卖仓谷之款拨五百余两添养孤贫。黄乡常平、常监两仓"额存仓斗谷四千五百七十二石三斗九升五合五勺,咸丰十年通判周倬因防剿夷匪,禀请

---

① （清)方旭修:光绪《蓬州志》,《惠鲜篇第六》,光绪二十三年岁次丁酉十月既望新镌,第2—3页。

② 柳琅声等修,韦麟书等纂:民国《南川县志》卷4,《仓储》,《中国方志丛书·华中地方》,成文出版社1926年版,第294—295页。

③ （清)许曾荫、吴若枚监修:光绪《永川县志》卷4,《赋役·仓储》,光绪甲午岁增修,宝兴公局藏板,第27页。

④ 光绪《庆符县志》卷14,《公署》,《中国方志丛书·华中地方》,成文出版社有限公司印行1976年版,第67页。

变卖三千七百五十七石八斗九升六合八勺七抄,准于事后筹款补还,后因谷价过昂,不能买足原卖之额,将款缴存藩库。至光绪十年,通判周凤藻奉文动办积谷,乃将周倬缴存藩库价银二千七百余两备文请领回厅,除拨五百余两添养本城孤贫三十名,黄乡恤孤局添养孤贫八名外,余银二千二百两即在本地当田收租"。①

慈幼的救济与照顾在史书中也有记载,清光绪四年(1878),叙永县"叙永同知吴之桐、知县钱泽远禀请创建(育婴堂),嗣经督宪丁提拨义仓租谷为常年经费"。②

利用仓谷支持养济院。养济院是清政府设立的一种救济机构,救助的对象主要是老弱孤贫残且无法自我生存之人,性质主要为官办的慈善机构。养济院的经费来自地方政府的地丁银、州县官的养廉银和民间捐赠。③ 实际上,仓谷对养济院亦有一定的支持。粜卖仓谷支持养济院的情况如下:射洪县,"同治六年,前署县邵禀准奉文粜卖义仓仓斗谷四百石培修养济院"。④ 同治十三年(1874),彭山县知县吴齐源奉设养济院一所,收养孤老废疾百人,详准月由仓支,放谷一十五石作该院口粮。⑤

---

① 秦云龙纂:光绪《雷波厅志》卷15,《仓储》,光绪癸巳年孟秋月镌,板存锦屏书院,第1—2页。

② 赖佐唐等修,宋曙等纂:民国《叙永县志》卷2,《政治篇·慈善》,《中国地方志集成·四川府县志辑》,巴蜀书社1992年版,第25页。

③ 唐琴:《清代四川地方志中的养济院事业初探》,《卷宗》2020年第6期。

④ (清)黄允钦等修,罗锦城等纂:光绪《射洪县志》卷5,《食货·仓储》,《中国地方志集成·四川府县志辑》,巴蜀书社1992年版,第547页。

⑤ 刘锡纯纂:民国《重修彭山县志》卷3,《仓储》,《中国地方志集成·四川府县志辑》,巴蜀书社1992年版,第15页。

第二章 民国时期川康地区社会保障仓储发展演变

第一节 川康地区积谷仓发展变迁

一、仓储制度之恢复

清末以还,仓政废弛,各地仓储,名存而实亡。南京国民政府成立后,对仓储的建设、管理出台了一系列政策。从机构上看,国民政府设立了内政部,负责管理全国积谷事宜;同年内政部颁行《义仓管理规则》,将各地旧有之常平仓、储备仓、社仓及其他各仓,一律改为义仓,以为备荒恤贫之用。《义仓管理规则》仅限于监督慈善团体私仓,范围甚狭,但嗣以民食问题,关系异常重大,各地仓储宜加以整理恢复,其未经设仓之地方,亦应从事设置,遂于 1930 年 1 月,《义仓管理规则》修订为《各地方仓储管理规则》,并通令施行。① 按此项规则,地区各级的仓储制度完善起来,积谷仓分为"县仓、市仓、区仓、乡仓、镇仓、义仓六种,县乡镇各仓,为必设仓,市仓、区仓之设立,由民政厅就地方情形定之,各仓各就所在地之县市区乡镇设立之,义仓由私人捐办"。② 其"立法要

---

① 内政部统计处编:《仓储统计》,战时内务行政应用统计专刊第 3 种 1938 年印,第 1 页。
② 庐山暑期训练团编印:《中国仓储问题》,1937 年版,第 23 页。

旨,侧重备荒恤贫,对于积谷数量,规定仅以每户积谷一石为最高额,仓谷之收集,概以地方公款为主,其无地方公款者,始得以派收捐募之方法行之。关于管理监督方面,由县市政府按年造具积谷总数清册,逐级呈送内政部核查。"①仓谷之用途,县市仓谷之使用,为平粜与散放,其性质类乎古制常平仓,区乡镇仓谷之使用,则除平粜散放外,尚有贷与办法,其性质则系糅合古制社仓与义仓二者而成。②

　　1931年九一八事变之后,吾国粮食最大产地沦入敌手,而侵略者之野心犹无止境,深感仓储行政,于救灾恤贫之外,尤应注意军事之积储。1931年秋,东南大水为灾,长江流域,绵亘数省,素称富庶之区,数年以来,亦复农村破产,遍地哀鸿,因是仓储行政,更须兼顾农村生产事业之辅助。鉴于此,内政部将原颁仓储规则,改订为《各地方建仓积谷办法大纲》,于1936年11月公布。③《各地方建仓积谷办法大纲》较此前积谷法规有很大不同。

　　关于积谷仓的作用,仓储除备荒恤贫外,兼促进农村经济之作用。在"总纲"中规定:"各地积谷仓除备荒恤贫外,必要时应运用于辅助农村生产事业之发展。"④在"关于积谷部分"中规定了仓谷的使用为"贷谷、平粜、散放"三种,除备荒恤贫功能外,"认为有辅助农村生产事业发展之必要时,得以存谷向金融机关抵押借款,办理农村贷款并须呈经省政府之核准转报内政部备案"。⑤

　　关于积谷数量较原规则为高,而尤注重于积谷不积款之精神。"各仓积谷数量应比照县市区域内人口总数积足三个月食粮为最高额数"⑥,"募集之仓谷应以收取本色为原则,但有特殊情形时呈明该管省政府得谷款,并取所收

①　内政部统计处编:《仓储统计》,战时内务行政应用统计专刊第3种1938年印,第1页。
②　庐山暑期训练团编印:《中国仓储问题》,1937年版,第23页。
③　内政部统计处编:《仓储统计》,战时内务行政应用统计专刊第3种1938年印,第1页。
④　内政部统计处编:《仓储统计》,战时内务行政应用统计专刊第3种1938年印,第51页。
⑤　内政部统计处编:《仓储统计》,战时内务行政应用统计专刊第3种1938年印,第53页。
⑥　内政部统计处编:《仓储统计》,战时内务行政应用统计专刊第3种1938年印,第53页。

之款仍应随时籴谷归仓呈报备查。"①

关于建仓有明确规定,"各地方建仓积谷应本有谷有仓原则,对于建筑仓廒按照每年应积谷数量容积由县政府拟定分年建筑计划,呈请省政府核定分期建筑,并由省政府汇报内政部备案。各地仓廒应先尽旧有仓廒,或就公有寺庙,公有房屋改建,如旧有仓廒设备不良,应积极修葺完整"。② 关于仓廒的修葺费用"由县市政府指定的款开支呈请省政府核准列入地方预算,如无款所供指定或指定的款不敷开支时,得呈准省政府拨现存谷款或变卖积谷一部分充之,但以不超过现存积谷总额三分之一为限"。③

1936 年 12 月,制订《各省建仓积谷实施方案》,对于建仓、积谷、查验、管理诸方面,有更严密而具体的规定。关于监督方面,亦另订《全国建仓积谷查验实施办法》,于 1937 年 4 月公布,树立仓谷查验之法律基础。

二、四川积谷仓的变迁

自 1911 年辛亥革命爆发,至 1935 年国民政府统一川政,其间四川政局经历了 1911 年大汉军政府,1912 年民国四川都督府,1918 年防区制即军阀割据时期,政局动荡,原有仓谷,因管理不善,或为驻军提用,或为团保亏挪,损耗殆尽,所有仓廒,亦多损毁,徒有仓储之名,而无备荒之实。"民国以来,防区制起,军政长官自由提用,有司莫敢抗违,未几颗粒无存,其最不肖者乃取仓廒以代薪,设仓之地亦以为官产而斥卖无余,言之十足痛心。"④

1935 年 2 月,四川省政府改组后,"对于仓储,始从事清理,力谋改进"。⑤
四川省政府先后就募集积谷办法、清理积谷办法、保管积谷办法、使用积谷办

---

① 内政部统计处编:《仓储统计》,战时内务行政应用统计专刊第 3 种 1938 年印,第 52 页。
② 内政部统计处编:《仓储统计》,战时内务行政应用统计专刊第 3 种 1938 年印,第 52 页。
③ 内政部统计处编:《仓储统计》,战时内务行政应用统计专刊第 3 种 1938 年印,第 52 页。
④ 陈法驾、叶大锵等修,曾鉴、林思进等纂:民国《华阳县志》卷 3,《建置·仓储》,第 75 页。
⑤ 何南陔:《四川省仓储概况》,四川省政府印 1947 年版,第 1 页。

法、查验积谷办法、培建仓廒办法及奖惩办法制订了明确法令。

第一,积谷募集办法。由于各县市地方收入,均属支绌,无法指定的款,乃采用募集方式,规定分期募集办法,并制订《各市县屯局筹设镇乡仓及分期募集谷石办法》七项。该办法规定"以全省户口为标准,比照一户积谷一石为定额,分三期办理,以一年为一期,第一期派募十分之四,第二第三两期,各派募十分之三,预定自二十四年起,至二十六年,为全部募足期限,嗣因匪旱灾祲,二十四年全年未募集。直至二十五年,乃开始征集,其征募办法,系照收租数目多寡,以累进法计算,凡收租不满二十石者,即免予摊募,多数县份,系照此规定办理,但少数例外,改行按粮派募,或将起征标准,降低为收租五石至十石,即行征募者"。①

第二,清理积谷办法及数量。"各县市旧有积谷,前因管理不善,侵挪亏蚀,耗散一空,本府曾规定清理办法,由各县市政府,派员分区,逐仓清理,凡过去经管积谷之仓首,应于一定期限内,将任内经管积谷及财产,分别旧管,新收,开除,实存,列具四柱清册,连同赈项谷款,尽数移交各仓保管委员会接收保管,截至二十八年止,各县历年清厘旧有积谷,合计四十万零三千三百九十石。"②

第三,积谷保管办法。"积谷募集完竣后,即须扫数归仓,统一保管"③,四川省政府于 1937 年 9 月制订《四川省各县市区乡镇仓保管委员会组织规程》,"通令各县市政府遵照,分别组织各仓保管委员会,慎重保管,不得变价握存,及非法挪用,并应依照规定,推陈出新,逐年翻晒,以免积谷霉变折耗"④。该组织规程在积谷仓的管理、监督方面均作出了详细规定。在仓首选任方面的规定,"第四条 县市仓保管委员会,由县长、市长,为主任委员,并

---

① 何南陔:《四川省仓储概况》,四川省政府印 1947 年版,第 1 页。
② 何南陔:《四川省仓储概况》,四川省政府印 1947 年版,第 14—15 页。
③ 何南陔:《四川省仓储概况》,四川省政府印 1947 年版,第 17 页。
④ 何南陔:《四川省仓储概况》,四川省政府印 1947 年版,第 18 页。

于殷实士绅中,遴选五人为委员;第五条　区仓保管委员会,由区长为主任委员,并于殷实士绅中,遴选五人为委员;第六条　乡镇仓保管委员会,由乡镇长为主任委员,副乡镇长,名誉副乡镇长,得为当然委员,并于殷实士绅中,遴选二人至五人为委员"。① 并规定县市局长,区长,乡镇长交卸时,应将经手管理之积谷及谷款,按照公务员交代条例,正式造册移交,并与新任会衔呈报县市政府,或设治局备查。② 保管委员会之职权有如下四点:"(1)仓谷之出纳,及推陈出新事项。(2)仓谷与谷款之管理,及使用事项。(3)仓廒之建筑及修葺事项。(4)其他有关仓储事项。"③在积谷的管理方面规定:"保管委员会所经管之积谷或谷款,未经呈报核准,不得挪作别用,否则应由全体委员,负连带赔偿之责。积谷及谷款,因管理不善,所受损失除系天灾事变不可抗力者外,应由各委员负责赔偿。另外,保管委员会,应设置各种簿册,关于派募,贷放,建仓,及开支必要经费等项,应分别记载于每年年终时,呈报县市政府,或设治局查核,并一面公布周知。"④

第四,积谷使用办法。"积谷使用,依照法令规定,本限于贷谷,平粜,散放三种,本省除此法定使用范围之外,尚有扩充建仓经费,保管经费,转入军粮,及救济民食等项,但大宗消耗,厥为优待谷之拨用,自二十七年下季起,本省为移缓济急,便利役政推行,实施救济出征抗敌军人家属起见,依法应予以物品救济者,即每季发优待谷二市石,所有拨用数量,由各县市政府,按月表报,连同单据,汇呈军管区司令部查核,转送本部备查。"⑤

第五,查验积谷办法。"各县乡镇,于积谷募集归仓后,应将派募数量,已收数量,储谷地址,保管人员,分别表报该管县府;县府据报后,即派员分区前往,逐仓查验,依照规定表式,呈报本府,再行派员抽查,以昭覆实。二十八年

---

① 何南陔:《四川省仓储概况》,四川省政府印 1947 年版,第 18—19 页。
② 何南陔:《四川省仓储概况》,四川省政府印 1947 年版,第 20 页。
③ 何南陔:《四川省仓储概况》,四川省政府印 1947 年版,第 19 页。
④ 何南陔:《四川省仓储概况》,四川省政府印 1947 年版,第 20 页。
⑤ 何南陔:《四川省仓储概况》,四川省政府印 1947 年版,第 23 页。

六月,本府曾派员分往成都市,温江,华阳,成都,新都,郫县,双流,新繁,简阳,金堂,泸县,隆昌,富顺,叙永,合江,纳溪,古宋,古蔺等县抽查,并规定四川省政府抽查各县市建仓积谷注意事项十六条颁发遵行。"①

第六,培建仓廒办法。"自民国二十五年起,本府即本有谷有仓原则,规定培建新旧仓廒办法,分令各县市政府遵照办理。民国二十七年复拟定补充建仓办法七项,令颁各县市遵行,凡修建新仓,每容量一市石,所需经费,不得超过四角,培葺旧仓,不得超过二角,其经费应就地方公款,指定筹拨,列入预算内报支,如地方款项支绌,无法筹拨时,得于积谷总量三分之一以内,提售充用,无论多寡,均须事先造报预算,图说,核准,招标建修,事后并应切实验收,具报计算粘据核销,以昭覆实。近因物价高涨,原定经费标准,殊不敷用,已改为新建每容量一市石,不得超过一元,培修不得超过五角,并限于二十九年终,各县市政府,应比照实储谷量,建修完竣。所有积谷,均须入仓保管,不得租用民仓,及分存保甲人员家中,以杜流弊。"②

1940 年,四川省政府为继续募集积谷,拟定《二十九年度各县市区办理仓储注意事项》七条,于 1940 年 1 月通令各县市遵照。四川省自 1936 年开始募集积谷,截至 1939 年止,共计四百余万石,除去优待谷等项拨用外,所余不过二百万石左右,与一户一石定额数量相较,所差甚巨。1940 年仍须继续办理积谷,"凡上年度未募足一户一石定额者,应按照欠数,募足定额,其已募足定额者,应视优待及建仓等拨用积谷之多寡,照数补募,以足一户一石之定额"③。1940 年 10 月 29 日,四川省政府奉委员长手令,拟定整顿积谷办法,于 11 月 15 日颁发《四川省各县市整理仓储暂行办法》。

1941 年,四川省政府民政厅又拟订了《改进各县仓储计划纲要草案》,对于此前积谷办法进行了修改。原定分期募集积谷办法,系按各县市户口人数

---

① 何南陔:《四川省仓储概况》,四川省政府印 1947 年版,第 25 页。
② 何南陔:《四川省仓储概况》,四川省政府印 1947 年版,第 29 页。
③ 何南陔:《四川省仓储概况》,四川省政府印 1947 年版,第 26 页。

之多寡,以一户积谷一石为标准,与部颁法令规定,应积足人口总数三月食粮额数不符。且原办法系按租摊募,弊多效鲜,其建仓及保管经费,均系拨售积谷,消耗尤大,亟应设法改进,以臻完善。①"草案"在以下四个方面进行了修改:

第一,积谷募集定额改为以人口为比例一人积谷一石。按照内政部《各地方建仓积谷办法大纲》第十六条规定:"各仓积谷数量,应比照县市区域内人口总数,积足三个月食粮为最高额数。"②人口总数三个月之食粮数目,相当于以人口为比例,一人积谷一石。本省所订积谷募集数额,以户口为标准,一户积谷一石,较前项定额,相差甚巨。本省上年各县市整编保甲后之人口数字,共计七百五十三万六千八百四十户,四千六百三十八万四千零八十七口,就以上数字观察,户口仅为人口六分之一强,为切合法令,充实储谷,加强备荒力量期间,积谷募集定额,应改为以各该县市人口为比例,一人积谷一石。③

第二,募集积谷办法改为一律比照粮额标准派募。本省原定募集乡镇仓谷办法,系照所收租石数目为标准,因地亩租谷收益,各县平时,全无等级,从新调查,极感困难,率多化整为零,隐匿规避,而保甲人员,又复畏权徇私,办理难于彻底,故行之数年,弊实多而成效鲜。为杜绝流弊,推行顺利起见,应一律改为比照粮额标准计算摊募,以宏效益。④

第三,创行仓储示范区制度。为推行尽利,贯彻计划起见,拟创行仓储示范区制度,选择本省土地膏腴,物产丰裕,不易受灾,及人事健全,便于督饬各县,以为推行之模范。⑤

第四,建仓及保管经费一律列入地方预算内报支。按照《各地方建仓积谷办法大纲》第十三条规定:"仓廒之建筑及修葺费,由县市政府指定的款开

①　何南陔:《四川省仓储概况》,四川省政府印1947年版,第31页。
②　内政部统计处编:《仓储统计》,战时内务行政应用统计专刊第3种1938年印,第52页。
③　何南陔:《四川省仓储概况》,四川省政府印1947年版,第32页。
④　何南陔:《四川省仓储概况》,四川省政府印1947年版,第32—33页。
⑤　何南陔:《四川省仓储概况》,四川省政府印1947年版,第33页。

支,呈请省政府核准,列入地方预算。"①《各省建仓积谷实施方案》第十一条规定:各仓之保管经费,由地方公款项下列入,编入地方预算,不得于仓谷或谷款项下开支。本省建仓及保管经费,过去以各县财政,未加整理,收支不符,故权准提拨积谷,变卖充用,现在各县地方财政,正积极从事整理,以后收入,当可增加,为适合法令规定,免除积谷消耗起见,各县建仓及保管经费,应一律列入地方预算内开支,不得再行变卖积谷充用。②

1947年粮食部为了进一步推进各省积谷建设,颁布了《田粮业务检讨会议本部提示事项关于加强推进积谷部分决议案》③。第一,为明了各积谷仓廒分布情形及清理1945年以前的积谷实存数量,制定"各省清理仓储积谷注意事项",并于本年度八月底以前查竣列表据报,关于积谷仓廒部分应详细填明仓址来源(新建利用公屋修建租用借用)及容量(以市石为计算单位)。第二,"各省市三十五年度积谷,前奉院令暂从缓办,当经分行遵照并提示已经派募并收有成数者,可列抵三十六年度积谷配额。"其经地方民意机关同意自动办理者,应仍照旧办理。第三,关于派募积谷之方法,仍照往年成例,以十分之七,就土地收益多寡酌情派募,十分之三按营业税、房捐及其他产业上之孳息,按累进率收取,并应斟酌实际情形规定起点,小户一律免募。第四,推进积谷设置,仓廒最为重要。必须做到有谷有仓,力祛浮收虚报亏挪盗卖诸习弊。"三十六年度积谷,对于仓廒之配置修建务须事先准备妥帖,修建仓廒经费如各县市预算内无法列支得呈准变卖仓存积谷或酌拨谷款,但以不超过积谷及谷款总额百分之三十为度"。第五,积谷之使用范围:贷放、平粜、散放、优待征属、提拨修建仓廒,非经各级主管机关之核准及颁发拨谷命令,不得擅自动

---

① 内政部统计处编:《仓储统计》,战时内务行政应用统计专刊第3种1938年印,第52页。
② 何南陔:《四川省仓储概况》,四川省政府印1947年版,第34页。
③ 《粮食部、四川省府、田粮处关于各省积谷收数、优待、清查的训令、指令,造具各县积谷收数旬报表、收支数量表、征募数目表、已交、欠交数量表》,四川省档案馆,四川省田赋粮食管理处档案,93-2-992。

用,违者按盗卖论罪。①

三、川康地区积谷成效

第一,1931—1935 年全国积谷逐年增长,而川康地区积谷发展落后于全国水平。自 1930 年 1 月,国民政府颁行《各地方仓储管理规则》,各地开始举办仓储,至 1937 年 11 月《各地方建仓积谷办法大纲》颁布,这是仓储积谷快速发展时期。我们从 1931 年至 1935 年各省市积谷数量可以看出,1931 年 19 省市积谷 2839940.519 市石,至 1937 年 12 省市积谷 12659069 市石,虽然表中所列省市数逐年不同,且未能包括全国情形,但仅就此不完全之统计数字,各省市仓储事业,确系逐年有显著之进展。② 从积谷发展趋势而言,自 1931 年至 1937 年,每年积谷总数呈现出不断增长趋势。但由于四川省直至 1935 年实现川政统一后才颁布一系列积谷法令,1936 年正式开始募集积谷,因此此前川省积谷较少。而西康因为"仅有冕宁等 10 县报有积谷数目,其余各县均因情形特殊呈准缓办"③,因此积谷数量仅有 2741 市石。

表 2-1　1931—1937 年各省市积谷数量表

省别	1931 年(市石)	1932 年(市石)	1934 年(市石)	1935 年(市石)	1937 年(市石)
江苏	181908.860	548814.000	497773	—	—
浙江	243132.708	—	—	556845	420123
安徽	53589.626	—	96993	—	99223
江西	298359.550	4250.000	805035	2138175	3106485.77
湖北	5193.960	12852.000	104198	108284	147074.45

---

① 《粮食部、四川省府、田粮处关于各省积谷收数、优待、清查的训令、指令,造具各县积谷收数旬报表、收支数量表、征募数目表、已交、欠交数量表》,四川省档案馆,四川省田赋粮食管理处档案,93-2-992。

② 庐山暑期训练团编印:《中国仓储问题》,1937 年版,第 30 页。

③ 《各地方建仓积谷办法大纲及有关文书》,中国第二历史档案馆,内政部档案,一二(6)-17103。

省别	1931 年（市石）	1932 年（市石）	1934 年（市石）	1935 年（市石）	1937 年（市石）
湖南	1272955.772	2358878.097	1943909	2845404	2900000
四川	5218.949	10620.515	92838	49852	337901
山东	22182.209	22182.209	97449	—	—
山西	458413.173	668645.873	1694594	2147472	—
河南	11485.178		766399	1042857	261241.47
河北	45260.958	50058.000	—	—	—
陕西	—	—	39973	127047	96458.80
甘肃			5467	8251	
福建	22783.510	—	55842	76552	
广东	21329.863	181277.271		43437	
广西	13379.264		30040	175243	1821045
云南	104897.390	104897.390	1513253	1960634	3300590
贵州			5814	20191	166185.20
察哈尔	42793.536	71885.857	223976	235319	
青海	8909.671	—	—	—	
绥远	7703.552	24281.937	24503	28018	
南京	20442.790	18123.075	23535	13767	—
西康	—				2741
合计	2839940.519	4076766.224	8021591	11577348	12659069

资料来源：《内政部一九三四年实施全国仓储总检查办法大纲、全国仓储总检查辑览等有关文书》，中国第二历史档案馆，一二(6)-17907；《战时内务行政应用统计专刊第三种仓储统计及有关文书》，中国第二历史档案馆，一二-4358。

第二，全面抗战爆发后，四川省积谷发展较快，特别是 1942 年以后，积谷数量居全国首位。四川省积谷从 1936 年开始募集，至 1939 年共募集 4240313 石。1936 年计有 82 个县市区，共募 403663 石；1937 年计有 70 个县市区，共募 337901 石；1938 年计有 124 个县市区，共募 1544523 石；1939 年计有 104 个县市区，共募 1954224 石。[①] 1941 年，四川省政府民政厅颁布

① 何南陔：《四川省仓储概况》，四川省政府印 1947 年版，第 2 页。

《改进各县仓储计划纲要草案》后,自 1943 年至 1945 年四川积谷 4559400 市石。1943 年,四川省积谷 982879.99 市石,全国积谷总量 2727780.17 市石,占 36%;1944 年,四川省积谷 1408801.89 市石,全国积谷总量 2461674.10 市石,占 57.2%;1945 年,四川省积谷 2167718.41 市石,全国积谷总量 2700886.53 市石,占 80.3%。

表 2-2　1942—1945 年各省市积谷数量表

省别	1942 年前（市石）	1943 年（市石）	1944 年（市石）	1945 年（市石）
云南	4768763	停办	缓办	缓办
广西	3729903.54	336535.23	11314.32	
湖南	2643417.14	停办	57157	缓办
江西	1590364.11	334246.62	167940.67	1547
四川	1063077.37	982879.99	1408801.89	2167718.41
河南	479207.42	45810	53842.43	无谷
浙江	423773.63	276400	151244.65	
福建	325228.03	133894.48	229690.65	158648.75
贵州	195139.21	停办		312806
湖北	170369.34	222703.89	167643.15	
陕西	164327.89	16594.39	18499.88	
广东	69487.12	改至三十三年度办理	143058.98	8245.82
青海	64000	未募	缓办	缓办
安徽	52415.37	135312.70	7864.78	豁免
甘肃	19350.21	无谷	无谷	缓办
西康	3815.61	停办	48896.34	51382.27
重庆	6431.72	1183	3584.16	538.28
宁夏		无谷	无谷	10222.22
新疆		未募	缓办	缓办
合计	13769070.71	2727780.17	2461674.10	2700886.53

资料来源:汪元:《五年来粮食仓储设施与推进积谷概述》,《粮政季刊》1945 年第 4 期,第 65—71 页。

第三,1946—1949年四川积谷仓继续加强积谷建设。四川省继续采取派募的方法,派募标准为每年320万石。四川省"三十六年度积谷,系沿历年奉派三百二十万石成例,按各县市田赋、人口及地方实际情形摊配为三百三十万零四千零二十市石。除有少数县份情形特殊,由各该县参议会自动决议减免外,计实际派募二百九十三万二千三百一十八市石。三十七年度积谷,拟照历年配额三百二十万石报部定案,实际则仍照成例以三百三十万零四千零二十市石派出,以备受灾县份请求时,酌予减免后仍能保持三百二十万石原配额"。① 1945年后四川省募集积谷数量超过抗战时期,1948年就募集积谷3304020石,各县积谷数量大幅增长。②

第二节　全民族抗战时期西康省积谷仓建设

仓谷为备荒要政,在昔九耕必有三余,足食先于足兵。粮食储备,历来为国家之大事,战争时期尤为重要。抗日战争初期,我国粮食尚无问题,但是随战区之扩大,兵员之增多,人口之移动,军粮民食,俱感重要。蒋介石曾谓:"粮食问题,不仅是抗战建国成败之所系,而是我们一般国民祸福生死之所关。"③抗战时期,国民政府为了保障西康省的社会稳定,视积谷备荒为要政,积极推进西康省积谷仓的建设。

一、西康省积谷仓建设背景

西康位于中国西南部,古康、藏、卫三区之一,原名喀木,东界四川,南接云

---

① 《四川省、各县田粮处关于核定积谷派额拨交、接收欠交积谷、清理各县积谷、修仓、办理平粜的训令、代电、公函,造具积谷派额表》,四川省档案馆,四川省田赋粮食管理处档案,93-2-1248。

② 《四川省、各县田粮处关于核定积谷派额拨交、接收欠交积谷、清理各县积谷、修仓、办理平粜的训令、代电、公函,造具积谷派额表》,四川省档案馆,四川省田赋粮食管理处档案,93-2-1248。

③ 徐健:《三年余来之西康粮政》,《粮政季刊》1945年第1期,第104页。

南、缅甸、印度,西邻西藏,北连青海。疆域辽阔倍于四川。"民国成立,西康与热河、察哈尔、绥远等特别行政区,同例改为川边特别区,县、厅、州、治等悉改为县,划一制度,设镇守使总管军政;共设县治三十有三。"①1939年"因中央注意边陲,力谋开发,以巩固国防,增加战力;乃于二十八年元旦成立西康省政府,并将雅属之雅安、芦山、天全、荥经、汉源、宝兴六县及金汤设治局;又宁属之越巂、冕宁、西昌、会理、宁南、昭觉、盐源、盐边八县及宁东设治局划入西康省。加原有之十九县,共有三十三县二局"②。西康全境分为三属,即原有康属之十九县,及建省成立,由四川划入之宁、雅两属。西康省气候高寒,人民向倚游牧为生,内地迁移汉民,虽知耕耘,而农业技术幼稚,加以环境气候限制,只秋收一季,不过青稞杂粮,间有一二处出产稻谷,而产量极低,地方少有积谷。③

　　1937年10月,西康建省委员会依据《各地方建仓积谷办法大纲》《各省建仓积谷实施方案》《全国建仓积谷查验实施办法》之规定,参酌各县实际情形,制定《各县建仓积谷实施方案》《各县分期食粮数量表》,通饬各县一体遵照,克日举办。西康各县建仓积谷实施方案主要有以下内容:

　　第一,西康省建仓积谷分三期办理之。

　　第一期　康定、九龙、丹巴、甘孜、巴安、泸定、雅江、炉霍、道孚、理化、瞻化、德格等十二县,"应于二十六年十二月底以前,各建县仓一座、分仓三座,县仓以能容食粮一千石为准,分仓以能容三百石为准,县仓建筑在县治区内,分仓由各县政府斟酌境内情形,择定适当地点建筑之,在建仓期内,各县应遵照各县分期存储食粮表之规定,将应存储食粮照数筹积完全,俟各仓建筑竣工,即照本色收取存储仓内,于二十七年一月底以前,各县府将建仓

---

　　①　李亦人:《西康综览》,正中书局1946年版,第2页。
　　②　李亦人:《西康综览》,正中书局1946年版,第3页。
　　③　《粮食部、西康省府粮政局关于征购、仓库设置情形、增设各级调查粮情机构计划的训令,造具筹仓应需费用估计表,呈送粮食部粮政会议议事记录》,四川省档案馆,西康省粮政局档案,225-1-0016。

情形、绘具图说,并将存储食粮种类数量、分别造册,呈会备查,由会汇转内政部备案。"

第二期　得荣、义敦、白玉、邓柯、定乡、稻城、石渠暨泰宁试验区等八县区,应各建县仓一座(泰宁试验区称区仓),各仓以能容食粮三百石至五百石为准,康定、九龙、丹巴、甘孜、巴安、泸定、雅江、炉霍、道孚、理化、瞻化、德格等十二县,各添分仓五座,各仓仍以能容食粮三百石至五百石为准,各县仓分仓建筑地点,"由各县政府择适当地点建筑之,于二十七年六月底以前建筑完竣,绘具图说,呈报备案,于十一月底以前,各县应遵照各县分期存储食粮数量表所规定之数量,筹积完竣,存储仓内,呈报备案,由会汇转内政部备案。"

第三期　得荣、义敦、白玉、邓柯、定乡、稻城、石渠暨泰宁试验区等八县区,应各添建分仓五座,每仓以能容食粮一百石至二百石为准,"于二十八年六月底以前一律建筑完竣,由各县府区署,择适当地点建筑之,十月底以前各县区应遵照各县分期存储食粮数量表所规定之数量,筹积完竣,存储仓内,仍将建仓情形,绘具图说,连同存储食粮种类数量、造册呈报备查,由会汇转内政部备案。"

第二,康省情形特殊,各地方存储食粮,以谷麦玉蜀黍青稞暨荞麦等类为大宗,就各地生产情形征集之,其征集之食粮,应以收取本色为原则,如有特殊情形,各县府区署得向本会陈明粮款并收,但收得之款,仍应随时籴粮归仓,呈报备案。

第三,各县区建仓经费,就各地地方经费项下开支,作正报销,如地方经费收入不敷支付时,由县府区署召集所属村保长绅耆人民等会议筹集,务照本方案规定仓廒数目,依期建竣,即有特殊情形,非经呈准,不得任意逾延。①

国民政府对于西康省积谷备荒尤为重视,为保证仓储工作的胜利进行,蒋

---

① 《西康建省委员会一九三七年度五月至十二月份工作报告》,中国第二历史档案馆,内政部档案,一二-676。

介石于1939年在西昌行辕江视一电中强调指出："查积谷为备荒救贫要政,况值兹长期抗战之际,后方仓储,尤为重要。各省均列为中心工作,积极推行。康省产米各县仓储,多未举办,苟遇凶年,影响民食,妨害治安,关系甚巨。目前米价飞涨,一般平民,已有仰屋兴嗟之慨,如秋收歉丰,饥馑立至,危险堪虞。自宜积极筹划,厉行积谷。"①是年6月14日,以省民字第450号训令转饬宁雅各县局,遵照四川省府1935年12月公布之各市县屯局筹设镇乡仓及分期募集谷石办法,视户口多寡,按照一户积谷一石之标准,拟具征募办法及应储数量表,呈报查核。

1941年10月,西康省粮政局成立,此后积谷事宜由民政厅移交粮政局接办。积谷为备荒要政,关系军糈民食,极为重要。粮政局接管积谷事宜后,第一步,即着手清理旧有积谷、谷款,由局令饬各县局将奉发"内政部清理各省市县积谷谷款调查表",未经填报者,限期填报,以期明了旧有积谷数字;第二步,即催令各县局呈报三十年度筹募积谷情形及已募得数字,并饬依照各县局原呈分期拟募办法,"将二十八、九、三十各年拟募而未募得数字,务于三十年度内全数募足"。宁、雅两属,在本年秋收,如无旱潦及其他故障,仍不能达到规定每户应出一石之标准,最低限度,亦须达到规定标准二分之一,期于二年中能达到规定积储数字。康属情形特殊,最低限度在秋收后,亦须储足规定拟募数字,柒万贰千石之三分之一,期于三年中,照规定募储足额,以重要政。②

二、西康省建仓积谷情形

"西康省各县积谷征募数量,均以民国二十八年(1939)、二十九年

---

① 《西康省民政厅报建仓积谷办法,办理积谷情形,现有积谷一览表咨文、呈文及积极筹募积谷、转发出征军人家属免派积谷训令与成都行辕训令》,四川省档案馆,西康省粮政局档案,225-415。

② 《粮食部、西康省府粮政局关于征购、仓库设置情形、增设各级调查粮情机构计划的训令,造具筹仓应需费用估计表,呈送粮食部粮政会议议事记录》,四川省档案馆,西康省粮政局档案,225-1-0016。

(1940)、三十年(1941),三年内照每户一石标准募储足额,但以二十八、九两年,宁雅两属,迭遭旱潦,各地歉收,各县局纷请展至三十年度募集前来。经查确属实情,已予分别情形酌予展缓,仍饬其务于三十年度秋收,依照所拟办法,妥为筹募,以重储政"。① 迄至 1940 年底,宁雅康属十县局共有积谷3461.22 石,昭觉、炉霍、稻城、西昌、白玉、德格、宝兴、芦山、石渠、天全、泸定、越嶲、得荣、甘孜、宁东、泰宁、汉源、雅安、雅江、义敦、定乡、道孚、巴安、瞻化、康定、邓柯二十六县局尚未筹集。1940 年及 1941 年各县募集积谷情形如表2-3所示。

表2-3 1940—1941 年西康省各县局办理积谷情形一览表

县别		1940 年		1941 年	
		积谷数目	仓廒数	积谷数目	仓廒数
康属	理化	青稞 500 石			
	稻城			积谷 12.4 石	
	白玉		建仓 1 座	青稞 13.15 石	
	泰宁			青稞 533.4 石	
	德格			积谷 10.5 石	
	丹巴	杂粮 100 石			
	石渠			积谷 26 石	
	定乡			积谷 60 石	
	泸定			积谷 109.26 石	县仓 1 座,区仓 4 座
	九龙	积谷 30 石			

① 《粮食部、西康省府粮政局关于征购、仓库设置情形、增设各级调查粮情机构计划的训令,造具筹仓应需费用估计表,呈送粮食部粮政会议议事记录》,四川省档案馆,西康省粮政局档案,225-1-0016。

续表

县别		1940 年		1941 年	
		积谷数目	仓廒数	积谷数目	仓廒数
宁属	西昌			积谷 16.45 石	
	冕宁	积谷 1030 石		积谷 1545 石	县仓 5 座,乡仓 32 座,镇仓 7 座
	盐源	苦荞 70 石 积谷 282 石			
	盐边	积谷 100 石			
	宁南	积谷 31.4 石			
	会理	积谷 626.6 石		积谷 325 石	乡仓 1 座
雅属	荥经	积谷 641.32 石	镇仓 12 所		
	雅安			积谷 767.61 石	乡仓 30 座
	汉源			积谷 80 石	
	金汤设治局	杂粮 49.9 石		积谷 346.992 石	
合计		积谷 2741.32 石 杂粮 149.9 石 青稞 500 石 苦荞 70 石		积谷 3299.212 石 青稞 546.55 石	
共计		3461.22 石		3845.762 石	

资料来源:《西康省民政厅报建仓积谷办法,办理积谷情形,现有积谷一览表咨文、呈文及积极筹募积谷、转发出征军人家属免派积谷训令与成都行辕训令》,四川省档案馆,西康省粮政局档案,225-415;《西康省粮政局关于各县局粮政科集中仓,各属储运站结束办法汇徽粮食事业经费结余款训令,造具政绩交代比较表、前粮政局移交总清册》,四川省档案馆,西康省粮政局档案,225-51。

西康省积谷呈现出如下特征:

第一,积谷仓建设有一定发展,但积谷数量并不多。1939 年西康省建有积谷仓 164 座,其中县仓 28 座,其他仓储 136 座,容量 60800 石,从积谷仓类型来看,建有县仓、区仓、乡镇仓。如盐源县积谷 282 石,该县第三区仓存积谷 155 石,裕隆镇仓存积谷 127 石,县仓存苦荞 70 石。[①] 冕宁县,县仓 5 座,乡仓

---

① 《西康省民政厅报建仓积谷办法,办理积谷情形,现有积谷一览表咨文、呈文及积极筹募积谷、转发出征军人家属免派积谷训令与成都行辕训令》,四川省档案馆,西康省粮政局档案,225-415。

32 座,镇仓 7 座。然而,在 1940—1941 年间,西康省积谷不过 3000 余石,积谷数量远远落后于全国水平(见表 2-3)。据统计(见表 2-2),1942 年以前,全国有积谷 13769070.71 石,西康省积谷仅为 3815.61 石,是积谷最少的省。不仅落后于东部地区,与西部地区的省市相比差距也很大。同时期,如贵州省积谷 195139.21 石,青海省积谷 64000 石,甘肃省积谷 19350.21 石。①

第二,西康省积谷呈现明显区域差异,宁属积谷最多,雅属次之,康属最低。1940 年,西康省共积谷 3461.22 石,其中宁属积谷共计 2140 石,雅属积谷 691.22 石,康属积谷 630 石。1941 年,西康省共积谷 3845.762 石,其中宁属积谷 1886.45 石,雅属积谷 1194.602 石,康属积谷 764.71 石。

第三,积谷进展缓慢。1940 年至 1941 年西康省积谷数量没有显著的增长。1940 年,有 10 县局募集积谷,1941 年募集积谷者增至 13 县局,前后仅有 20 县局募集积谷,仍有 16 县局没有募集积谷。西康省粮政局规定的"三十年度内全数募足"的目标并未实现。

表 2-4 抗战时期全国各省市积谷仓数量统计表

省别	仓 储 数 目							容量(市石)
	县仓	区仓	乡镇仓	义仓	社仓	其他	合计	
江苏	59	125	1202	176	19		1580	700000
安徽	42		807			5478	6327	
江西	2456	182	160	999			4247	1124818
湖北	217	213	213	213	213	1069		800000
湖南	2164		13599	1921			17684	380000
广东	2	7	2			45	65	40000
广西	135	7350	7330	7330			22126	545575
福建	83	27	51	174			335	253553
浙江								400000

① 汪元:《五年来粮食仓储设施与推进积谷概述》,《粮政季刊》1945 年第 4 期,第 66—67 页。

续表

省别	仓 储 数 目							容量(市石)
	县仓	区仓	乡镇仓	义仓	社仓	其他	合计	
云南							2565	3300000
四川							6423	1500000
河南	190	1184		2	655		2031	1003194
贵州	8		4	222	55	76	365	24935
山东	168	22	384	172			746	200000
山西	3222	3222	3221			3221	12886	2000000
陕西	144	12	117				273	590114
甘肃	31	33	49	5		1	119	89901
青海								50000
绥远	74	82	150				306	116260
西康	28					136	164	60800
察哈尔	18	109	876			5	1008	352765
重庆	58					70	128	9800
总计	9172	13727	30694	12325	2012	10102	80597	12811715

资料来源:《财政部钱币司还请内政部民政司检送川湘等省区县仓库统计材料(内有全国各省市积谷
仓数量统计表)》,中国第二历史档案馆,一二(6)—17121。

三、影响因素分析

西康省仓储建设之所以出现以上特征是自然、历史政治因素造成的,综合
起来有以下几个方面:

第一,地理环境及物产因素。

西康省分为康、雅、宁三属区。康属二十余县,高寒荒瘠,不宜农作。雅属
亦向难自给,虽宁属盛称产粮,而截长补短,尚虞不济。[①]

康属为土伯特高原之一部,除少数河谷外,率在海拔三千公尺以上,全属
二十县,除泸定、巴安产极少量稻谷外,余并以气候高寒,不产谷物,大抵以青

---

① 徐健:《三年余来之西康粮政》,《粮政季刊》1945年第1期,第107—108页。

稞为主,次小麦,次玉蜀黍,与少量之荞麦豌胡豆而已,年产仅五十万石左右,
而康属人口约三十万人,加上公教人员,部队,商人,矿工,则共计在三十三万
人以上,若以每人每年均消费谷二石四斗计之,则年感不敷二十余万石,是以
康宁人多食乳酪、奶渣子、牛羊肉,以代替粮食,若并牛羊肉、奶渣子而亦得之
不易者,则每当青黄不接之际,多掘草根剥树皮食之,此种现象,在腹省已属大
荒大札,而在康属,则等家常便饭也。

雅属虽近川西平原,然犹多山岳,地面出产,亦感欠如,年产米麦杂粮,不
过一百六十万石,全属人口近五十万,其中稻谷玉蜀黍等,不及百万石,至于杂
粮则作饲养禽兽之用,以每人每年平均消费计之(每人每年消费二石四斗),
尚不敷稻谷二十万石。

宁属为西康粮食仓库,安宁河流域一带,最为温暖,而金沙江雅龙江各河
谷,则宛如热带,全年度植物生长期,有逾三百二十日之多者,年产米麦杂粮为
二百四十余万石,全属人口,约八十万人,米食者,什之七,麦与玉蜀黍食者,什
之三,以每人每年之平均消费计之,约需米一百三十万石,麦黍等约需六十万
石,饲禽兽需二十余万石,尚可余二十余万石也。[1]

表 2-5　1934 年西康省康宁雅三属全年粮食消费量与盈虚比较表

(单位:市石)

属别	人口数(人)	生产量	消费量	盈数	虚额
康属	259056	410000	1529000	—	1119000
雅属	459681	1710000	1960000	—	250000
宁属	762789	3480000	3380000	100000	—
全省共计	1481526	5600000	5960000		360000

资料来源:徐健:《三年余来之西康粮政》,《粮政季刊》1945 年第 1 期,第 108—109 页。

---

① 徐健:《三年余来之西康粮政》,《粮政季刊》1945 年第 1 期,第 107—108 页。

从表 2-5 可知,西康省全省产粮,每年不过五百余万石,除缴纳实物外,仅余四百余万石,以全康人口之粮食消费合计之,尚不敷三十万石以上。粮食的缺乏是致使西康积谷仓建设落后的重要原因。

第二,政治历史因素。

西康地处中国西南边陲,在行政上分为宁、雅、康三属,康属为西康省本部,其范围即昔日喀木。"清初政府对于边疆怀柔远人,策在羁縻,故归土司或自界于呼图克图,或流为边地野民;或赏给藏人。"①至清末光绪二十年至宣统三年,此十八年间,边事日急,设边务大臣经营边地,始将土司呼图克图之地改土归流。民国以后,政府为巩固西陲,西康改为川边特别区设镇守使总管军政;共设县治三十有三。②但民国时期,政府忙于内战,四川当局,亦忙于争夺地盘,无暇西顾。1927 年以后,国民党拟将西康建省,1934 年以后,令刘文辉负筹备建省之责,同时中央月与财政上补助,惟近年来,西康政治上,如教育交通诸端,虽有相当进步,究以经济不充,仍不能作长足发展。1939 年,国民政府为开发西南边疆,将川西南之宁雅两属划归西康,正式建立西康省。因西康建省较晚,又处于边区,向称贫瘠,地荒人少,宝藏未发,因此"凡举一事,行一政,莫不左支右绌,捉襟见肘。较之腹省,其难易之情,莫可想象"。③

西康省成立之前,仓储建设毫无基础。其中,康属仓储设备举办较早,但"康属仓库虽早有建筑,然以该地出产有限,粮额甚少,故此容量甚少,又因关外地方气候高寒,粮食保存较为容易,且所征实物纯属青稞杂粮,并无黄谷故,此建筑也甚简陋及至年代久远,是项仓库虽有其名,不过旧屋以资堆积而已"。④而

① 李亦人:《西康综览》,正中书局 1946 年版,第 1—2 页。
② 李亦人:《西康综览》,正中书局 1946 年版,第 2—3 页。
③ 徐健:《三年余来之西康粮政》,《粮政季刊》1945 年第 1 期,第 107—108 页。
④ 《粮食部、西康省府通过与修正关于粮政局办事细则、组织规程、粮食征购、拨运、加工、仓储办法,聚点仓设置、职工出差规定、地价申报条例的训令》(1942 年),四川省档案馆,西康省粮政局档案,225-5。

"宁、雅两属,向征粮银,历无仓库设备"。①

全民族抗战时期,由于西康省地处高寒及建省初始,因此最初积谷数量较低,但由于国民政府对于开发西部边疆的重视,继 1937 年制定《各县建仓积谷实施方案》后,1942 年又颁布《西康省各县局储粮积谷竞赛实施办法》,不断加强和鼓励西康省积谷备荒,进一步促进了西康省积谷仓的发展。西康省积谷数量从 1940 年的 3461. 22 市石,到 1944 年增长为 48896. 34 市石,1945 年为51382. 27 市石。② 西康省积谷仓从无到有,从低到高的发展,为保障西部边疆地区的军需民食发挥了重要作用,"所幸年来经上下人士之努力,粮政大端,渐纳轨物,抗战迄今,西康粮价,尚无巨大波动,军志民心,俱称安定"③。

第三节 川康地区田赋征实仓发展变迁

一、田赋征实仓设立的背景

1937 年以后,全国范围内设立了田赋征实仓,这一仓储制度的设立是抗日战争形势的要求。战时粮食问题,关系军糈民食至大,前方供应不足,则直接影响军事之胜败,后方分配不充实,则必影响民食供给。故一进入战争境遇,莫不对粮食即以统制,以求分配调剂,稳定军民人心,而利克敌制胜。我国此次战事发生,初尚未感到粮食问题之严重,及至南京国民政府西移重庆,一则因国土日蹙,粮食供应区域缩小,所有粮食不得不依赖于西南各省;二则因南京国民政府西迁重庆,四川已居政治、军事、经济之中心,人口激增,消费粮

---

① 《粮食部、西康省府粮政局关于征购、仓库设置情形、增设各级调查粮情机构计划的训令,造具筹仓应需费用估计表,呈送粮食部粮政会议议事记录》,四川省档案馆,西康省粮政局档案,225-1-0016。

② 汪元:《五年来粮食仓储设施与推进积谷概述》,《粮政季刊》1945 年第 4 期,第 69—71 页。

③ 徐健:《三年余来之西康粮政》,《粮政季刊》1945 年第 1 期,第 105 页。

食至巨;三则因战事发展,海口遭受封锁,外来物资遭受阻阨,影响物价节节上涨,政府为管制物价,严颁各种管制法令,禁止囤积投机,于是一般商民转移目标,以粮食为活动之对象,大肆购囤居奇,影响粮食随物价之后节节上涨。以此三种原因,影响粮食供应匮乏,粮价上涨,粮食问题日益严重。[①]

四川粮价于1939年年底,已露上涨端倪,1940年正月间各地粮价更呈剧增之现象,为了稳定粮价,必须成立粮食管理机构。1940年8月1日,全国粮食管理局成立,负责统一筹划全国粮食之产销储运与调节其供求关系等,因南京国民政府迁至重庆,管理局的主要力量放在了调整四川粮食管理方面。1940年9月6日,全国粮食管理局公布《四川省政府管理全省粮食暂行办法》,根据此法令,省设粮食管理局,县市设粮食管理委员会,县市以外之大粮食市场由省粮食管理局设办事处。

1940年9月中旬,川省粮食管理局正式成立,实施全川民食管理事宜,并协助政府采办军粮,规定一定之价格,一定之数量,斟酌各地方情形,令各县照额拨付,并规定运费,指示各集中至适当地点,以运送前方。自川省粮食管理局成立实施管理全川粮食后,以其收粮而言,除征收军粮外,一切政策,皆未推行,四川粮价反因其管制后,更为动荡。在粮食生产与消费区域之划分,并未能使生产区域之粮食源源运至消费区域。鉴于粮食问题之日益严重,1941年国民党第五届八中全会决议成立粮食部。同年7月1日全国粮食管理局撤销,粮食部正式成立。9月1日四川省政府即裁撤省粮食管理局及各县市粮食管理委员会,组建粮政局及在县市政府内设立粮政科,以专门负责粮食管理。四川粮食管理进入一新阶段。

粮政局之职责,一方面为协调各个与粮政有关之业务组织与行政配合,另一方面为具体促增粮食生产,加强管理粮食市场及粮商改进,粮食贸易及整顿粮市行规与促进粮食商品化,俾粮价得以稳定,民食得以调节。为调节四川民

---

① 许廷显:《四川粮食机构合理化问题》,《四川经济季刊》1944年第1卷第2期,第149页。

食起见,在粮食部下,更设立民食供应处四处:在重庆设立了陪都民食供应处,供陪都之需;在成都、内江和绵阳设立了四川民食第一、第二、第三供应处,分别供省会及犍乐、资内自贡区、川北盐区之需。以上四个供应处分辖之聚点仓有十五处以上,此十五处聚点,分布于北起广元、南迄叙泸、东自万县、西界新津之区域内,各就交通运输便利,尤其河流上游起卸方便之点,分别各依其集散关系储备相当数量之粮食,平时源源应五大消费区之需要输济,一遇其他城市因临时之天灾人事关系,而致粮食缺乏,皆可分别策应,以资调剂。①

1941年国民党召开五届八中全会,决议田赋暂归中央接管。1941年6月财政部召开第三次全国财政会议,决议自1941年起田赋改征实物,同时规定随赋购粮,其目的为以下两点:"(一)把握粮源,'以粮控价',扫除粮食管理局时期'以价控粮'政策的流弊,(二)利用七成粮食库券配搭三成法币的办法购粮,以减轻财政负担,同时避免人为的刺激粮价上涨。"②川省于1941年开始征收实物,定为谷一千二百万市石。

粮食征购后,其征购部分决定为作军粮之用,其采购部分为调剂民食之用。政府当局为便利运输与储存起见,于1941年10月1日成立四川粮食储运局,与粮政局同样属粮食部。四川粮食储运局为一行政而兼业务之机关,规模相当庞大,其任务除管理运输、储藏分配粮食诸项外,并兼管一部分采购事宜,总局成立后,即开始布置全川交通及仓库网,务求运输与仓库切实配合,四川所征购之一千二百万市石谷收到后,均将一律拨归该局分配,田赋管理处仅管理征之部分,粮政局仅管理购之部分,该粮食储运局之任务则在并征购两项所得而为统一之分配也。③

1941年,实施田赋征实,需仓数量巨大,粮食部特设"四川仓库工程管理处",统筹其事,此后"四川仓库工程管理处"扩大为全国性质"粮食部仓库工

---

① 陈彩章:《战时四川粮食管理概况》,《经济周报》1942年第5卷第6期,第67—70页。

② 许廷显:《四川粮食机构合理化问题》,《四川经济季刊》1944年第1卷第2期,第151页。

③ 陈彩章:《战时四川粮食管理概况》,《经济周报》1942年第5卷第6期,第70页。

程管理处",办理全国仓库工程事宜。① 但由于"时期迫促,费用浩繁,不能及时赶建大量仓库备用,本局乃制发表式,通饬各县切实调查公私仓库,一面协助粮部建仓,为加强效率,并将协助建仓列为各县中心工作。调查结果,全川可利用之公仓约 3000000 市石,协助粮部建仓已完成者,计修理原有仓库约 678584 市石,第一次新建仓库 304000 市石,第二次新建仓库 733748 市石,合计约 4716332 市石,与征购总额相较不敷尚巨,现四川建仓工程处,已有具体计划,加工赶修,期于本年征实前,一律完成。"②

　　田赋征实仓库,依其性质可分为三种:收纳仓、集中仓和聚点仓。收纳仓隶属于四川田赋粮食管理处,而集中仓和聚点仓隶属于四川粮食储运局。1943 年粮食部采取"中央与地方分担原则"建设集中仓和聚点仓,规定"凡在重要交通地点由中央负责筹建,使将来能合于一般商业上之运用,在内地则指定财源责成地方政府筹建,使合于地方积谷之用"。

二、收纳仓的设立与发展

　　自田赋改征实物以来,各县在每三乡镇由田赋机关设一征购办事处,办理征购事宜,办事处地点附设仓库,粮户接得办事处所发粮票通知后,即至仓库缴纳赋谷,此仓库原属于粮食机关,本年度征收合一,统由田赋机关办理,故改隶田赋机关,其作用即为收储粮户所缴之赋谷,故名收纳仓库。③

　　1943 年,四川各县所需收纳仓库,原拟一律照征借总额,设备七成,嗣以经费关系,仅规定设五成仓容。每市石配发费用一元,以十分之六作改装费(凡以祠庙及公共建筑物改装成仓,永为公有者,即动用此费)。十分之四作整补费(凡就原有仓库加以修葺者,即动用此费)。并选定交通不便,需仓备

---

① 张光旭:《川省粮食仓储问题》,《督导通讯》1942 年第 1 卷第 4 期,第 16 页。
② 《革命文献》第 111 辑,第 135 页。
③ 张华宁:《粮食仓库之重要及全国所需容量》,《中农月刊》1942 年第 3 卷第 8 期,第 39 页。

储的崇庆、彭县、资阳、内江、仁寿、威远、井研、永川、邛崃、大邑、乐山、宜宾、泸县、万县、开县、大竹、渠县、广安、梁山、南充、遂宁、安岳、三台、蓬溪、绵阳、绵竹、安县、什邡、金堂、罗江、宣汉、德阳、乐至、潼南、自贡、旺苍设治局、峨眉等三十七县市局,饬令新建仓容七十余万市石。此新建仓库的县市,其原有仓库,仍照其容量,每市石配拨经费一元之十分之四,以利修葺。

表2-6　各省田赋征收实物收纳仓库统计表(截至1944年6月10日)

省别	粮政机关移交仓		租借民公仓		修葺仓		新建仓		共计	
	座数(座)	容量(市石)	座数(座)	容量(市石)	座数(座)	容量(市石)	座数(座)	容量(市石)	座数(座)	容量(市石)
四川	2102	2348325	2652	1174214	2073	1240887	112	68536	6939	4752462
西康	65	95681	8	4580	13	10368	27	45521	113	156120
湖南	1690	1029475	5472	1939254	9840	5008604	73	124350	17075	8101683
江西	306	416688	254	334740	1156	1406276	137	177519	1854	2335024
河南	184	473144	456	1135419	319	980453	4	28073	963	2617088
陕西	586	477105	926	760407	2055	1620605	10	7480	3571	2865597
云南	490	368274	—	—	1624	1157280	61	50204	2175	1515758
广西	107	78966	583	503951	1591	1663422	61	82161	2342	2328500
安徽	—	425602	—	327826		1084512		64102	—	1902042
贵州	369	464248	508	256510	301	465807	287	450952	1460	1637527
福建	299	336537	720	1053779	646	1259432	169	326045	1834	2975790
广东	460	431896	413	388686	1187	1248467	—	—	2059	2069040
湖北	84	108510	132	71410	57	55550	36	34850	309	270320
绥远	—	—	—	—	—	—	275	220000	275	220000
宁夏	347	293690	36	21600	43	17500	96	104220	518	437010
山西	—	—	—	—	808	400362			808	400362
山东	—	—	—	—						
浙江	501	413361	2583	562180	481	207624	24	11035	3589	1194200
甘肃	—	650261	—	126506		681619		184542	—	1642928
青海	—	—	—	—	81	5700	11	16650	98	73250

续表

省别	粮政机关移交仓		租借民公仓		修葺仓		新建仓		共计	
	座数（座）	容量（市石）	座数（座）	容量（市石）	座数（座）	容量（市石）	座数（座）	容量（市石）	座数（座）	容量（市石）
江苏	—	—	23	71921	32	226550			55	298471
河北	—	—								
总计	7590	3412063	14762	8652984	22307	18792488	1379	1996247	46043	37853782

资料来源：《各省田赋征收实物收纳仓库统计表》，《田赋通讯》1944年第36、37期，第35页。

1943年各省田赋征收实物收纳仓库情况，因四川省收纳仓库仅统计了37个县，而四川省有137个县市，因此导致仓库数量及容量低于湖南省。据表2-6不完全统计，四川省收纳仓库，大部分为租借民公仓，次为粮政机关移交，再次为修葺旧仓，而新建仓只占少部分。而西康省收纳仓库，粮政机关移交占有大部分，其次为新建仓库，再次为修葺旧仓，修葺民公仓只占少部分。四川省收纳仓库规模居于全国领先地位，而西康省收纳仓库建设仍较落后。

表2-7　1945年全国各省田赋征收实物收纳仓库统计表

（单位：市石）

省别	容量	省别	容量	省别	容量	省别	容量
四川	9639403	湖南	8101583	广西	2419797	湖北	1320511
河南	2489872	福建	2459238	安徽	1654393	新疆	599117
云南	1766658	贵州	1668873	浙江	695593	西康	156120
甘肃	1125171	宁夏	730700	绥远	209200		
山西	328700	江苏	298471	江西	2696078		
青海	97140	陕西	3224581	广东	1946513	总计	43609711

资料来源：汪元：《五年来粮食仓储设施与推进积谷概述》，《粮政季刊》1945年第4期，第63—64页。

至1945年，四川省收纳仓增加至9639403市石，比1944年的4752462市石，增加了一倍还多，仓储容量位居全国第一。而西康省收纳仓的容量却没有增加，依然是156120市石。

三、集中仓的设立与发展

粮食征购事宜系由田赋机关办理,至于征购所得之粮食之屯储、管理、运输、拨交等事项则属于粮食机关之范围,故收纳仓库所征收之粮食除拨作县级公粮外,余数均须移交于粮食机关所属之仓库。此项仓库设立于城区及交通中心地点,而各乡镇收纳仓库所征购之粮食皆向此种仓库集中,故名集中仓库。

集中仓库于接收各乡镇收纳仓库所运送之粮食后,即作如下之分配:"甲、一部分屯储仓中,以备逐渐拨用,或径留作屯粮待日后不时之需。乙、按照军粮机关所规定之需要量按月拨交当地军粮仓库,由其自行分配;若当地未设有军粮仓库者则直接拨交当地军队。丙、以当地征购粮食十分之一分月拨出,作为省县级公务、教育、保警人员之公粮。(经自本年度起县级公粮径由收纳仓库拨交)丁、按当地需要以若干数量拨供当地民食。戊、按照业务计划将本县余粮循水道、公路或大路运至其他指定县份,借以调剂各地之盈虚。己、缺粮县份之仓库于他县粮食运到后,即行起卸接收,以备拨供当地之用。庚、水陆转运县份,于过路粮食到后,即行进仓,随即办理换运,再将此项粮食运出。"[①]

抗战时期,为了屯储转运粮食的需要,川康地区始设集中仓。且由于川康地区作为抗战大后方的重要地位,集中仓得到了重点建设及快速发展。四川粮食储运局原有全川各县仓库,计一百三十余所,其容量共计四百余万市石,核以 1941 年度缴购粮额,不敷甚巨。虽经指示尽量利用民仓或以围囤暂储,但民仓仍属有限围囤储存易湿霉变,此种困难仍属无法解决。是增筹仓库,实为刻不容缓之图。1942 年四川粮食储运局拟具 1942 年度四川全省各县增筹仓库计划书,暨各县征购粮食额需要仓库容量表及增筹仓库容量表等。计列新建仓库容量 1000000 市石,新修仓库容量 3187910 市石,租用民仓容量

---

① 张华宁:《粮食仓库之重要及全国所需容量》,《中农月刊》1942 年第 3 卷第 8 期,第40 页。

1000977 市石,修理原有仓库容量 480000 市石,合计共增仓容 5668887 市石。[①]

表 2-8　1945 年全国各省集中仓统计表

（单位:市石）

省别	容量	省别	容量	省别	容量	省别	容量
四川	4449500	广东	973449	湖北	698163	西康	231670
甘肃	805155	贵州	804879	云南	230150	山西	29720
广西	553050	湖南	471967	宁夏	50000	新疆	—
浙江	195735	河南	55000	绥远			
陕西	—	江苏	—	江西	831100		
青海	—	安徽	873173	福建	651236	总计	12170427

资料来源:汪元:《五年来粮食仓储设施与推进积谷概述》,《粮政季刊》1945 年第 4 期,第 63—64 页。

抗战时期四川集中仓的容量为全国之首,四川集中仓容量为 4449500 市石,而全国集中仓容量总计 12170427 市石,占全国总容量的 1/3 以上。抗战时期,由于国民政府加强西康省的建设,西康省的集中仓达到 231670 市石,不再处于全国落后水平。

抗战结束后,国民政府为了政治军事上的需要,继续调运四川省粮食出川,运至北京、上海、武汉等地,此项粮食调运为东运粮食。为了适应东运业务的开展,“各县田粮处拟增仓容总计为一百零五万八千四百市石,以有东运业务者为限”。[②] 1948 年各县集中仓扩充情况如表 2-9 所示。

表 2-9　1948 年各县集中仓扩充情况表

（单位:市石）

县别	原有仓容	拟增仓容	县别	原有仓容	拟增仓容	县别	原有仓容	拟增仓容
富顺	184360	39000	仁寿		35000	安岳		35000

[①] 《仓库容量及新建计划》,中国第二历史档案馆,粮食部四川粮食局档案,96-2725。

[②] 《粮食部、四川田粮储运处关于仓储各库、设置、合并、员工名额、制定组织规程、办事细则、扩充仓容计划的指令、代电、表册》,四川省档案馆,四川省田赋粮食管理处档案,93-1225。

县别	原有仓容	拟增仓容	县别	原有仓容	拟增仓容	县别	原有仓容	拟增仓容
眉山	26300	33000	三台	39152	33000	简阳		32000
中江	25310	27000	岳池	73362	27000	大竹	61000	25000
荣县	165870	26000	绵竹	189900	25000	广汉	255000	23000
资中	91200	23000	江津	10000	23000	达县	67330	21000
梁山	58000	22000	什邡	78000	22000	铜梁	17000	19000
巴县	35000	20000	蓬溪	24760	20000	犍为	42530	19000
合江		19000	潼南		19000	隆昌		17000
渠县	33000	19000	安县		17000	邻水	35000	16000
涪陵		17000	大足	7500	16000	江安	36000	13000
洪雅	36000	15000	威远	22350	13000	江北		12000
南溪	50500	13000	武胜		13000	垫江	38000	12000
乐至	19000	12000	南部	25800	12000	忠县	13000	11000
罗江	26000	11000	永川	32784	11000	彭山	13200	11000
荣昌	24819	11000	营山	9850	11000	蓬安		10000
开县	12000	11000	开江		10000	彭明	30400	9000
长寿	62442	9000	南川	6000	9000	夹江	19300	8000
仪陇	15000	8000	丰都		8000	井研	17070	7000
自贡	13000	2100	江油		8000	射洪	77810	6000
长宁	42500	7000	阆中		6000	通江	2650	5000
云阳	24655	6000	叙永	30000	6000	盐亭	9000	4000
古蔺		5000	庆符	35600	4000	石柱	5700	2100
纳溪	5200	3300	珙县	4400	2100	武隆	16300	1800
古宋	5600	2000	高县	4000	2000			
平昌		1000	广安		26000	合计	2305504	1058400

资料来源:《粮食部、四川田粮储运处关于仓储各库、设置、合并、员工名额、制定组织规程、办事细则、扩充仓容计划的指令、代电、表册》,四川省档案馆,四川省田赋粮食管理处档案,93-1225。

四、聚点仓的设立与发展

聚点仓,即设立于消费及转运地点之仓库,粮食出入量特大,业务较为重要,且恒将各地集中仓库之粮食再行集中,故名聚点仓库以别其轻重也。① 如泸县上承长江上游叙、嘉等地,北接沱江流域资、富各县,南迎叙永、古宋、长宁,各方粮食,汇集于此,下则运济陪都大量民食及前方军粮,轮帆辐辏,起卸频繁,故其仓库业务重心在于转运接济。②

聚点仓库虽然性质上与集中仓库相同,但亦有如下一些特点:"甲、业务较为繁重。乙、业务之中心视当地情形而定,或转运接济为主,或以接受拨交为主。丙、当地征购粮食之处理,仅占此种仓库所经营业务之一小部分。丁、拨交中央公教人员公粮(指陪都)。"③

抗战时期,粮政局于1942年9月为加强储运机构计,乃划分全川为成都、岷江、沱江、涪江、嘉陵江、渠江、叙渝、渝夔等八储运区,各区设立储运办事处。在各区办事处之外另设聚点仓库16所,分别在成都、乐山、广元、南充、合川、江口、赵镇、内江、新津、三汇、宜宾、泸县、重庆、万县、绵阳、太和镇等地区设置,凡聚点仓库在县城所在地者,则兼为该县县仓。④ 抗战时期,四川省建立的聚点仓容量达2703670市石,位居全国第二,而西康省聚点仓只有四座,容量仅为37000市石。

表2-10　1945年全国各省聚点仓统计表

(单位:市石)

省别	容量	省别	容量	省别	容量	省别	容量
湖南	3445429	四川	2703670	江西	892500	陕西	697166
广东	431766	安徽	420000	甘肃	309000	福建	307400
广西	254390	贵州	234400	浙江	283338	云南	145000
湖北	40000	西康	37000	河南	30000	新疆	—

① 张华宁:《粮食仓库之重要及全国所需容量》,《中农月刊》1942年第3卷第8期,第40页。
② 张华宁:《粮食仓库之重要及全国所需容量》,《中农月刊》1942年第3卷第8期,第40页。
③ 张华宁:《粮食仓库之重要及全国所需容量》,《中农月刊》1942年第3卷第8期,第40页。
④ 许廷显:《四川粮食机构合理化问题》,《四川经济季刊》1944年第1卷第2期,第153—154页。

续表

省别	容量	省别	容量	省别	容量	省别	容量
山西	—	江苏	—	绥远	—	宁夏	—
青海	—						
总计:10231095							

资料来源:汪元:《五年来粮食仓储设施与推进积谷概述》,《粮政季刊》1945年第4期,第63—64页。

抗战胜利后,四川各聚点仓有的因仓房毁坏而不能继续使用,有的因地势不宜失去效用,因在抗战时期修建仓房一是避免空袭危险,二是无东运业务需要。为了适应新的储运业务需要,1948年除了业务稀少的新津聚仓和赵镇聚仓没有扩充外,其余聚点仓都进行了扩充。1948年扩充聚点仓仓容共计380000市石,其中重庆聚点仓下辖14个分仓,共增容量185000市石。聚点仓仓容扩充后总计达1409026市石。扩充的聚点仓,除了成都聚仓外,其他都负责东运粮食业务,1947年3月至9月,四川省共计东运粮食1207870市石,此仓容完全满足了东运粮食的需要。

表2-11　1942—1948年四川省聚点仓仓房地点及容量表

(单位:市石)

聚点仓名称	仓房地点	1942年容量	1948年拟增容量	来源
重庆总仓	马桑溪仓	甲 5000		部建
		乙 5000		部建
		丙 5000		部建
		丁 5000		部建
		2600		租用
	石马河仓	64000	20000	中粮公司移交
	兜子背仓	20000		购储会移交
	黄沙溪分仓	1700	15000	租用
				向市仓借用
	弹子石分仓	50000	25000	租用

续表

聚点仓名称	仓房地点	1942 年容量	1948 年拟增容量	来源
重庆总仓	落中子仓	108500	该仓业务稀少	部建
	菜园坝仓	38000	25000	市田处移交
	董家溪仓	30000	该仓无业务	部建
	沙塆仓	1000	该仓无业务	租用
	化龙桥仓	56000	15000	部建
	磁器口仓	15000	该地无仓可租用	向石仓借用
	黄桷渡分仓	4500	20000	租用
	双溪沟仓	3000	25000	向市仓会借用
	江北分仓	2000	35000	部建
		4000		租用
	洪砂碛仓	30000	5000	中粮公司移交
太和聚仓	木洞店仓	18000	10000	部建
	黄磏浩仓	3000		租用庙宇
遂宁聚仓	遂宁东外望鹤楼	5000	15000	租用
	荣梁茶社	3000		租用
	遂宁东外段家堤	32000		部建
南充聚仓	北大街万寿宫	10698	15000	拨用
	南门外子弹厂	17646		拨用
	南门外新仓	68000		自建
赵镇聚仓	焦山分仓	33000	该仓业务稀少原有仓容可供使用	农本局建修
广元聚仓	本仓内	9000	10000	租用联合勤务部
内江聚仓	罗家嘴分仓	36000	15000	部建
	魏家分仓	24000		部建
	魏家分仓	6000		部建
绵阳聚仓	仓库	4200	10000	租用
	隙地	8000		自建临时店棚
乐山聚仓	马鞍山分仓	15000	15000	部建
	马鞍山	35000		部建
	杜家场	2000		租借民房
	乐山老岗坝	12000		庙宇改建

续表

聚点仓名称	仓房地点	1942 年容量	1948 年拟增容量	来源
三汇聚仓	三汇北街	54000	10000	部建
成都聚仓	外南倒桑树	71600	20000	租用
	外西正法寺	41600		部建
	外北永巷	13400		租用
万县聚仓	肥子坝仓	24000	20000	部建
	肥子坝仓	18000		部建
	禹王宫	5000		庙宇改修
	文昌祠	5000		租用民祠
	陈家坝	10000		租用民房
宜宾聚仓	沙湾集中仓	28000	15000	部建
	沙湾集中仓	48000		部建
	宜宾南华宫	49426		未注明性质
泸县聚仓	小石第一仓	6000	20000	新建
	小石第二仓	6000		新建
	小石第三仓	6000		新建
新津聚仓	南华宫	2200	该仓业务稀少原有仓容可供使用	
	石厂厂仓	18000		部建
	石厂厂仓	2000		部建
合川聚仓	南津分仓	60000	20000	部建
	甘家分仓	55000		部建
	罗家坝分仓	5000		部建
总计		1029026	380000	

资料来源:《各聚点仓库仓房容量表》,重庆市档案馆,四川粮食储运局档案,353-1-1;《粮食部、四川田粮储运处关于仓储各库、设置、合并、员工名额、制定组织规程、办事细则、扩充仓容计划的指令、代电、表册》,四川省档案馆,四川省田赋粮食管理处档案,93-1225。

第四节　全民族抗战时期西康
省田赋征实仓建设

抗战时期,南京国民政府为了控制粮源、稳定粮价,满足战时军粮和民食调剂之需,从 1941 年开始在全国推行田赋征实政策,在田赋征实的县份设置收纳仓、集中仓和聚点仓来实现粮食的储存、调拨。西康省遵照全国田赋征实会议精神,开展田赋征实,设置了收纳仓、集中仓和聚点仓。

一、建设背景

西康省位于中国西南部,1939 年建省,抗战时期,南京国民政府"注意边陲,力谋开发,以巩固国防,增加战力;乃于二十八年元旦成立西康省政府"①。西康省在行政上分康、宁、雅三属:邛崃山脉以西为康属,大渡河以南为宁属,大渡河以北、邛崃山脉以东为雅属。西康省征实,在历史上康属各县早于宁、雅各县,因康属各县于清末改土归流初报升科时即征实物,故此仓储设备也早举办,但康属仓库虽早有建筑,然以该地出产有限,粮额甚少,故此容量甚少,又因关外地方气候高寒,粮食保存较为容易,且所征实物纯属青稞杂粮,并无黄谷故,此建筑也甚简陋及至年代久远,是项仓库虽有其名,不过旧屋以资堆积而已。②

全面抗战爆发后,大后方人员猛增,而产粮区域不断缩小,粮食价格上涨,市场收购粮食困难,"战区扩大,耕地面积减少,农民被征服役,人力缺乏。兼之海口封锁,外米无法进口,加之一般地主奸商乘机囤积居奇,市场上之粮食供给量大形减少,粮价暴涨。……盖战时之军粮需要浩大,公粮亦不在少数,

---

① 李亦人:《西康综览》,正中书局 1946 年版,第 3 页。
② 《粮食部、西康省府通过与修正关于粮政局办事细则、组织规程、粮食征购、拨运、加工、仓储办法,聚点仓设置、职工出差规定、地价申报条例的训令》(1942 年),四川省档案馆,西康省粮政局档案,225-5。

加以后方人口骤增。民食数量,亦属可观。倘政府必须以高价收购,则需款数字惊人。且因需要愈大,粮价必愈涨。粮价愈涨,囤积居奇者必愈多,市场供给量则必愈少。粮价有涨无已"。① 为了适应战时需要,稳定物价,把握一定粮源,国民政府财政部在1941年6月召开第三次全国财政会议,决议从1941年度起田赋改征实物。② 田赋征实重要,"自唯有以田赋征实,使政府握有大量粮食,除供应军粮外,更向市场发售,调剂供需,使粮食供给,源源不穷,则其价格,自易平抑,社会秩序,亦易安定"③。1941年田赋征实后,全国征实县份达1400余县,征收地点应设之仓库,平均每县8处计,即在11000处以上,此外为配合集中转运屯储需要,在各特定地点均须配设相当仓容,方足使征获之粮食得以流转,综计全国设仓地点约在17000处左右,依据其性质分为收纳仓库、集中仓库和聚点仓库三种。④

西康省仓库设施基础差,"本省原有仓库,其在康属各县多系旧设,以康属地粮自始迄今皆属征实,故各县咸有仓库设置,备以资积储,但以经始之初,规划不周,建筑方法也不合理,现虽仍可利用,每年征前必须加以修葺方可存储,宁雅两属开征粮银历无仓库设备"⑤。1941年,西康省粮政局成立,全省改征实物,奉令修建粮区内验收仓库,宁雅各县始设公仓。⑥ 西康省为完成田赋征实,"各县征实征购应设置之仓库计分收纳、集中和聚点三种,收纳仓库,即系去年本局在各县设置之验收仓库,本年度划出一部移交省田管处接办,聚点仓库,由本局另案办理,集中仓库,系在原有验收仓库中提出一部应用,此项

---

① 周凤镜:《田赋征实与粮价》,《粮情旬报》1943年《战时粮价特辑》,第22页。

② 许廷显:《四川粮食机构合理化问题》,《四川经济季刊》1944年第1卷第2期,第151页。

③ 顾朔宁:《田赋征实之原因及其经过》,《经济周报》1942年第6卷第1、2期,第29页。

④ 汪元:《中国粮食仓储设施概况》,《粮食问题》1944年第1卷第3期,第153页。

⑤ 《粮食部、西康省府粮政局关于征购、仓库设置情形、增设各级调查粮情机构计划的训令,造具筹仓应需费用估计表,呈送粮食部粮政会议议事记录》,四川省档案馆,西康省粮政局档案,225-1-0016。

⑥ 《粮食部、西康省府通过与修正关于粮政局办事细则、组织规程、粮食征购、拨运、加工、仓储办法,聚点仓设置、职工出差规定、地价申报条例的训令》(1942年),四川省档案馆,西康省粮政局档案,225-5。

集中仓库,仍由各该县府负责保管及修建之责"。① 西康省政府重视田赋征实仓的建设,在1942年关于"西康省三十年度田赋征实业务检讨"②中认为西康省粮政局除要求各县成立粮政科外,最重要工作就是赶建仓库,"力电令宁雅各县府调查当地现有库房、粮库及容量,以便筹款修葺改造,旋复会宁雅两属督导人员,督饬各县改修仓库以济急需,并暂各拨款五万元,作各县仓库经费之需,并限十二月二十日以前,一律赶建完成,为节省时间与经费,仍以利用公仓,租借私仓为主,必要时始得修葺或新建"。③

二、收纳仓的建设

收纳仓库,是配合各县田赋征实及征购粮食需用之仓库,主要是收储粮户所缴赋谷。为了便于收纳粮食,其设立地点分散于各县乡镇的征收处所在地,数量众多且较为分散。

(一) 收纳仓建设的所数与容量

根据预算,西康省拟设收纳仓156处,"查本省经收仓库所设处所,报部预算,宁属凡八县一局,平均每县设仓六处,计五十四处,雅属凡六县一局,平均每县仍设仓六处,计四十二处,康属十九县一局,平均每县设仓三处,计六十处,计康、宁、雅三属共设仓一百五十六处"④。而到1942年实际建了94所,"嗣征实开始后,经斟酌本省各县情形,量为缩减,计只设仓九十四所"⑤。收

---

① 《西康粮管局、部分县府关于各地筹设修建集中仓库、拨发修仓经费、验收、保管办法的指令、呈文、造具各县局集中仓库设置表经费预算表》(1942年),四川省档案馆,西康省粮政局档案,225-127。

② 高谦:《西康省三十年度田赋征实业务检讨》,《田赋通讯》1942年第14、15期,第36页。

③ 高谦:《西康省三十年度田赋征实业务检讨》,《田赋通讯》1942年第14、15期,第36—37页。

④ 《粮食部关于省局设置仓库注意事项代电,西康粮政局设置仓库计划书、呈文,造具仓库容量地点表及增筹、补筹费用表》(1942年),四川省档案馆,西康省粮政局档案,225-112。

⑤ 《粮食部关于省局设置仓库注意事项代电,西康粮政局设置仓库计划书、呈文,造具仓库容量地点表及增筹、补筹费用表》(1942年),四川省档案馆,西康省粮政局档案,225-112。

纳仓容量的建设标准,康属各县容纳田赋征收额,而宁雅容纳征额的半数, "康属各县仍用旧有粮仓,并照旧案办理,有须修葺,此略予培修使用,其容量约能容所征粮数,宁雅属各县份遵部令规定以能容纳征额半数所需容量为标准"。① 而实际建成仓的容量与标准要求有一定的出入。康属康定县、泸定县、丹巴县、九龙县、甘孜县、邓柯县、德格县、白玉县、巴安县、雅江县、义敦县等 11 县的收纳仓容量与赋额基本持平,而康属炉霍县、瞻化县、道孚县、理化县、定乡县、得荣县和稻城县的收纳仓容量比赋额或高或低,有的差距还较大;雅属各县,除金汤基本持平外,其他各县(雅安县、荥经县、汉源县、天全县、芦山县、宝兴县)的收纳仓容量大致上为赋额的一半;宁属各县,西昌县、冕宁县、盐源县的收纳仓容量基本上为赋额的一半,其他各县(会理县、越巂县、盐边县、宁南县)的收纳仓容量比赋额或高或低。具体情况如表 2-12 所示。

表 2-12　西康省各县收纳仓容量与田赋征收额数量对比表

县别	收纳仓数量(处)	收纳仓容量(市石)	赋额(市石)	县别	收纳仓数量(处)	收纳仓容量(市石)	赋额(市石)
康定	1	1900	1873.60	定乡	1	4400	2700
泸定	2	1400	1446.80	稻城	1	2800	2095.96
丹巴	1	1500	1509.45	雅安	8	30900	62766.51
九龙	1	800	861.68	荥经	5	10000	20469.98
甘孜	1	5000	4719.60	汉源	5	12300	24047.36
邓柯	1	1500	1563.18	天全	5	3360	5360.35
德格	1	1700	1774.40	芦山	3	8500	17938.42
白玉	1	1300	1314.28	宝兴	4	1730	3842.91
巴安	2	2000	2020	金汤	1	430	433.74
雅江	1	740	708.40	西昌	10	42000	89770.75

---

① 《粮食部、西康省府通过与修正关于粮政局办事细则、组织规程、粮食征购、拨运、加工、仓储办法,聚点仓设置、职工出差规定、地价申报条例的训令》(1942 年),四川省档案馆,西康省粮政局档案,225-5。

续表

县别	收纳仓数量（处）	收纳仓容量（市石）	赋额（市石）	县别	收纳仓数量（处）	收纳仓容量（市石）	赋额（市石）
义敦	1	150	151.80	会理	9	11480	16453.70
瞻化	1	1100	2351.51	越嶲	7	4000	6240
炉霍	1	700	2576.64	冕宁	6	9600	16499.83
道孚	1	1200	691.32	盐源	4	5500	10260.21
理化	1	620	1318.83	盐边	3	1500	1157.10
泰宁	1	54	235.19	宁南	3	2000	2927.90
得荣	1	1500	1088.10				
合计	收纳仓94处、收纳仓容量173644市石、赋额309169.5市石						

注：根据《粮食部、西康省府粮政局关于征购、仓库设置情形、增设各级调查粮情机构计划的训令，造具筹仓应需费用估计表，呈送粮食部粮政会议议事记录》①整理。

（二）收纳仓的分布及型式

西康省收纳仓设于征收处所在地，广泛散布于乡镇，有民房和庙宇两种型式。为了节省经费和时间，收纳仓的分布与型式"以尽先拨用公仓、租借银行公司人民私仓及利用公私房屋修葺使用为原则，但必须接近乡村公所或街村房屋以便保护"②。西康省收纳仓共94处，除3处无记载外，28处型式为庙宇，44处型式为民房，19处型式为庙宇及民房。

三、集中仓的建设

分散在各县收纳仓库的粮食，除拨作县级公粮外，余数均须先由粮食机关

---

① 《粮食部、西康省府粮政局关于征购、仓库设置情形、增设各级调查粮情机构计划的训令，造具筹仓应需费用估计表，呈送粮食部粮政会议议事记录》，四川省档案馆，西康省粮政局档案，225-1-0016。

② 《西康省府会议通过粮食增产征购、仓库量器管理规则及粮政视察，粮政局组织规程、裁减机关人员、公务员战时生活补助法草案的议案通知、签请核议案》（1942年），四川省档案馆，西康省粮政局档案，225-1-0017。

集中到一定地点,为存储此项初步集中粮所用的仓库,称为集中仓库。集中仓设立于城区及交通中心地点,起着联系收纳仓与聚点仓的中介作用。西康省粮政局规定集中仓承办事务有:各收纳仓库征购粮食之集中及其邻近县局所运粮食之接收事项、粮食存仓期间之保管事项、粮食收拨之填发事项、粮食之拨交及领粮印收之收管事项及粮食进出之登记事项等。①

(一) 集中仓的分布及容量

按照西康省粮政局集中仓库组织规程,为办理本省征购粮食之接收、保管、加工、包装、配拨等业务,特在本省各县局城厢设置集中仓库,定名为"西康省粮政局某某县(局)集中仓库"[简称县(局)仓];各县局集中仓库除在城厢范围设置外,因交通和面积关系,有须在该县局增设两个以上集中仓库之必要,设置分仓定名为"西康省粮政局某某县(局)集中仓库某某分仓"(简称分仓)。② 西康省粮政局原计划设置 34 个集中仓、12 个集中分仓,后根据实际情况,粮政局于 1942 年筹设了雅安等 13 个集中仓、草坝等 12 个分仓,而其他如康属之康定、泸定、道孚、炉霍、丹巴、德格、白玉、邓柯、瞻化、得荣、九龙、巴安、理化、定乡、稻城、雅江、甘孜、泰宁、义敦及雅属之金汤、宝兴各县局未经设置,又康属之石渠、宁属之昭化、宁东原不产粮,呈粮部时未计入。③

西康省共设集中仓 13 个、分仓 12 个,均位于宁雅两属,其中雅属有集中仓 6 个、分仓 5 个,除金汤局外,各县都有集中仓,宁属有集中仓 7 个、分仓 7

① 《全国粮食管理局、军委成都行辕、西康省政府粮食管理局关于非常时期违反粮食管理治罪暂行条例、西康省粮食管理购运计划等的训令、呈》(1940—1941 年),四川省档案馆,西康省粮食局档案,224-6。
② 《全国粮食管理局、军委成都行辕、西康省政府粮食管理局关于非常时期违反粮食管理治罪暂行条例、西康省粮食管理购运计划等的训令、呈》(1940—1941 年),四川省档案馆,西康省粮食局档案,224-6。
③ 《粮食部、西康省府通过与修正关于粮政局办事细则、组织规程、粮食征购、拨运、加工、仓储办法、聚点仓设置、职工出差规定、地价申报条例的训令》(1942 年),四川省档案馆藏,西康省粮政局档案,225-5。

个,除昭觉、宁东外,各县都有集中仓,而康属则无集中仓建设。

(二) 集中仓军粮供应

集中仓粮食用于军粮、公粮、民食和调剂盈虚,"甲、一部分屯储仓中,以备逐渐拨用,或径留作屯粮待日后不时之需。乙、按照军粮机关所规定之需要量按月拨交当地军粮仓库,由其自行分配;若当地未设有军粮仓库者则直接拨交当地军队。丙、以当地征购粮食十分之一分月拨出,作为省县级公务、教育、保警人员之公粮。(经自本年度起县级公粮径由收纳仓库拨交)丁、按当地需要以若干数量拨供当地民食。戊、按照业务计划将本县余粮循水道、公路或大路运至其他指定县份,藉以调剂各地之盈虚"。① 宁雅两属之地 1945 年集中仓提供军粮供应,如表 2-13 所示。

表 2-13　西康省 1945 年度军粮配拨数量地点表

属别	县别	配交数量(大包)	备考
雅属	雅安	10326	就地拨交
	荥经	4246	就地拨交
	汉源	3500	城区一千大包富林二千五百大包
	天全	3500	就地拨交
	芦山	2000	就地拨交
小计		23572	
宁属	西昌	7000	就地拨交
	越嶲	7000	城区四千大包火树堡三千大包
	盐源	2000	城区一千大包、河西一千大包
	冕宁	3000	城区及泸沽各一千五百大包
	会理	1000	就地交拨

---

① 张华宁:《粮食仓库之重要及全国所需容量》,《中农月刊》1942 年第 3 卷第 8 期,第40 页。

续表

属别	县别	配交数量（大包）	备考
小计		20000	
合计		43572	

注：根据《西康田粮处、储运处、部分县集中仓关于军粮配额交接、筹拨的训令、指令、呈文、造具军粮交接地点数量表，筹粮会议记录》（1946—1947年）①整理。

军粮系由军粮机关统筹办理，所须粮食由粮食机关之集中及聚点仓库拨给后，再行分配。② 但西康粮产有限，不能满足消费需求，需川省田赋征实供给，"依照向例系由四川省名山、洪雅等处采粮接济，今后调剂民食仍应按此原则，遵照全国粮食会议通过制定四川名山洪雅为采购区之成案继续办理"③。1940年，西康省征购军粮，其中宁属军粮十万大包……各县共交49878大包。又雅属屯粮一万大包，除由名、洪拨50大包外，已于汉源拨7000市石，天、芦、宝各县拨5626681市石，在康就地领拨者一万五千余市石。④ 1942年，洪雅仓库、名山仓库军粮拨济西康军粮。⑤ 粮食部四川粮食储运局各县市仓库拨交军粮主要有当地驻军军粮、战区前方军粮、其他军粮，如大巴山屯粮、西康军粮。1945年度川省军粮配额，经粮食部核定为2123265大包，其中济康军粮45000大包。⑥

---

① 《西康田粮处、储运处、部分县集中仓关于军粮配额交接、筹拨的训令、指令、呈文、造具军粮交接地点数量表，筹粮会议记录》（1946—1947年），四川省档案馆，西康田赋粮食管理处档案，226-535。

② 张华宁：《粮食仓库之重要及全国所需容量》，《中农月刊》1942年第3卷第8期，第40页。

③ 《粮食部、西康省府粮政局关于征购、仓库设置情形、增设各级调查粮情机构计划的训令，造具筹仓应需费用估计表，呈送粮食部粮政会议议事记录》，四川省档案馆，西康省粮政局档案，225-1-0016。

④ 《西康省粮政局关于各县局粮政科集中仓、各属储运站结束办法汇缴粮食事业经费结余款训令，造具政绩交代比较表、前粮政局移交总清册》（1943年），四川省档案馆，西康省粮政局档案，225-51。

⑤ 《关于检送粮食部四川粮食储运局裁撤及继续设置各仓库一览表》（1942年3月），重庆档案馆，四川粮食储运局档案，55-263。

⑥ 《四川省府、田粮处、部分县府关于调整军粮配额，办理军粮借拨、接办、豁免欠交军粮的训令、代电、呈文、及军粮会议记录》（1945—1946年），四川省档案馆，四川省田赋粮食管理处档案，93-760。

四、聚点仓的建设

聚点仓库指设立于消费及转运地之仓库,其粮食出入量大,业务较为重要,且恒将各地集中仓库之粮食再行集中。[①] 西康粮政局为办理本省粮食储运业务便利,粮食集中配拨转运起见,特在本省适中地点及交通便利之县设置聚点仓。

西康省粮政局原请准粮部共筹设七个聚点仓,仓容量 25000 市石,"西康省会康定及关外各县局,不产稻谷,杂粮产量亦少,一切军公民粮,均赖宁雅两属及川省名洪各县运济,为调剂盈虚并便利供需起见,遵照全国粮政会议议决案,拟呈本省出产稻谷丰饶之区及交通险阻之地,分建聚点仓七座,计:一、雅安—容量六千市石,二、天全—容量二千市石,三、汉源—容量三千市石,四、西昌—容量五千市石,五、冕宁—容量二千市石,六、会理—容量二千市石,七、康定—容量五千市石"[②],而后因物价上涨,经费困难,1942 年实际完成四仓,仓容量 18000 市石,"经拟定计划及预算呈奉粮部核拨经费三十三万元,惟上项经费,编造预算时,系照当时物价工料估计,及经费发下,物价已高涨一二倍,若将全部工程完竣,实不敷甚巨,且亦无款可资挹注,乃变更原定计划,权衡轻重缓急,先将雅安、康定、西昌三处并另改增泸定一处共四座聚点仓库,分别修建,现均已完成,其容量如下:一、康定—五千市石,二、雅安—六千市石,三、西昌—五千市石,四、泸定—二千市石,四座合计,总容量为一万八千市石"[③]。

从 1943 年起,粮食部对于集中仓库及聚点仓库的计划建设采用中央与地方分担办法,凡在重要交通地点由中央筹建,使将来能合于一般商业上之运

---

① 张华宁:《粮食仓库之重要及全国所需容量》,《中农月刊》1942 年第 3 卷第 8 期,第 40 页。

② 徐健:《一年来之西康田粮管理》,《康导月刊》1943 年第 5 卷第 11、12 期,第 26—27 页。

③ 徐健:《一年来之西康田粮管理》,《康导月刊》1943 年第 5 卷第 11、12 期,第 27 页。

用,国家投入建设聚点仓的重点在川、黔、陕、桂、粤、闽、鄂、湘、赣、浙、皖、滇等十二省。尽管国家建仓经费投入的重点区域并没有西康,但到1945年西康省聚点仓容量达37000市石,①较之1942年聚点仓容量18000市石,西康省聚点仓有了进一步的发展。

五、建设成效

(一)在康属、宁属、雅属三区,聚点仓建设大致平衡;而收纳仓、集中仓建设呈现区域差异,偏重于雅属、宁属两区的建设

西康省有康属、宁属和雅属三区,康属占总面积60%,②有18县,而宁雅两属所占不过40%,雅属有6县1局,宁属有8县1局。聚点仓,康属两处,宁属、雅属各一处,区域分布基本平衡。但由于康属赋额远远低于雅属、宁属,根据1942年西康省各县收纳仓容量、田赋征收额数量③推算,康属赋额为31000.74市石,雅属赋额为134859.27市石,宁属赋额为143309.49市石,相应的收纳仓容量、所数为康属30364市石、21所,雅属赋额67220市石、31所,宁属赋额76080市石、42所。西康省收纳仓容量、所数建设标准:康属收纳仓容量按各县田赋征收额建设、宁雅两属依征额的半数标准进行的,但宁雅两属的收纳仓容量、处数仍较康区多。康属不建集中仓,"在康各县有粮仓建筑,虽不合理,际此国难严重,财力艰窘,仍拟利用旧物,暂缓改建以节公币,至该属之集中仓库,现虽阙如,但实际各县征粮有限,运输复极困难,尚无在该地征购军粮事实,其征实之粮,除拨当地公教员役公粮而

---

① 汪元:《五年来粮食仓储设施与推进积谷概述》,《粮政季刊》1945年第4期,第62—64页。

② 钟功甫:《西康东部山地交通》,《地理》1945年第5卷第1、2期,第41页。

③ 《粮食部、西康省府粮政局关于征购、仓库设置情形、增设各级调查粮情机构计划的训令,造具筹仓应需费用估计表,呈送粮食部粮政会议议事记录》,四川省档案馆,西康省粮政局档案,225-1-0016。

外,必需集中转运者数实甚微,故此项仓库也可暂行缓设"。① 而集中仓全部分布在宁、雅两属,其中雅属有集中仓 6 个、分仓 5 个,宁属有集中仓 7 个、分仓 7 个。

(二) 收纳仓、聚点仓、集中仓都得到了发展,但实际完成的仓数都较计划缩减,在全国处于滞后的水平

西康财力困难,建筑经费不到位,西康省粮政局 1942 年度设置仓库计划书"宁雅两属征实数字每年共有二十七万八千余市石,三十年度征购军粮二万大包及康定省会民食每月约需一千市石,也在该两属内购买,各地仓库时苦无法存储,前年准于雅安、天全、汉源、冕宁、西昌、会理、康定七县各设一座以作运拨所需之集中仓库及民仓共能供应方面之运销仓库,惟以建筑经费未核发,迄今仍未举办"②;交通落后,"西康地处高原,山岳重复,道途险峻,车轨难通,河流迅急,不利舟楫"③"抗战后虽然修筑公路数处,但可资利用尚少,粮食运输,仍恃人力畜力"④。这些制约了西康田赋征实仓的建设。西康省原定建设收纳仓 156 所(处),1942 年实际完成收纳仓 94 所(处),这与国民政府财政部的规定数相距更远。西康省有 34 县局,"依照财政部之规定,三十一年度各县设征收处八处,每处平均四仓,三十二年度减为五处,仓库数仍旧,照此计算每县可有二十仓"⑤,按此规定,西康应在 1942 年建收纳仓 272 处。原计划筹设 34 个集中仓、12 个集中分仓,1942 年实际筹设了 13 个集中仓、12 个

① 《粮食部、西康省府粮政局关于征购、仓库设置情形、增设各级调查粮情机构计划的训令,造具筹仓应需费用估计表,呈送粮食部粮政会议议事记录》,四川省档案馆,西康省粮政局档案,225-1-0016。

② 《粮食部、西康省府粮政局关于征购、仓库设置情形、增设各级调查粮情机构计划的训令,造具筹仓应需费用估计表,呈送粮食部粮政会议议事记录》,四川省档案馆,西康省粮政局档案,225-1-0016。

③ 李亦人:《西康综览》,正中书局 1946 年版,第 354 页。

④ 徐健:《三年余来之西康粮政》,《粮政季刊》1945 年第 1 期,第 105 页。

⑤ 刘中甫:《我国粮仓之沿革及其将来》,《粮政季刊》1947 年第 5—6 期,第 76 页。

分仓。聚点仓拟建设 7 座,1942 年实际完成 4 座。西康省不仅没有完成计划仓数,而且在全国也处于落后水平。

从 1941 年至 1943 年底,三年来共新建仓库 6477576 市石,改修仓库 37089898 市石,连同征粮以前各省原有仓库及租仓容量合计,已有仓库容量 66730050 市石。按照 1943 年各省仓库容量从高到低的顺序排列,西康仅比青海、绥远、江苏强,但青海、绥远、江苏未统计集中及聚点仓库容量,如表 2-14 所示。

表 2-14　1943 年各省现有仓库容量表

省别	现有仓库容量(市石)			
	收纳仓库	集中及聚点仓库	合计	高低排序
湖南	8097522	5619937	13717459	1
四川	4752462	7415013	12167475	2
江西	2820932	4187742	7008674	3
福建	2985941	1427451	4413392	4
河南	2606608	1275825	3882433	5
广西	2233158	1517717	3750875	6
陕西	2490965	948686	3475651	7
安徽	1902042	1333173	3235215	8
广东	1080441	1982522	3062963	9
贵州	1637527	634035	2271562	10
浙江	1194200	975281	2169481	11
甘肃	1492018	669988	2162006	12
云南		1399762	1399762	13
山西	400362	947929	1348291	14
湖北	270320	963800	1234120	15
宁夏	437010	163737	600747	16
西康	156120	251503	407623	17
江苏	298471		298471	18

续表

省别	现有仓库容量（市石）			
	收纳仓库	集中及聚点仓库	合计	高低排序
青海	73850		73850	19
绥远	50000		50000	20
总计	34979949	31750101	66730050	

注：根据汪元《中国粮食仓储设施概况》①整理。

截至 1945 年年底，五年间共建新仓 5890378 市石，改修仓 21747516 市石，连同各省原有仓库及租仓容量合计已有仓库容量 66011197 市石，在统计的 21 省份中，西康收纳仓库仅仅强于青海，集中仓强于宁夏（江苏、绥远、青海、新疆不详），聚点仓仅强于河南（江苏、山西、宁夏、绥远、青海、新疆不详），西康省各种仓库容量排在 18 位，但其后三位的江苏、青海、绥远未统计集中仓及聚点仓容量，如表 2-15 所示。

表 2-15　1945 年全国共建仓库容量表

省别	现有各种粮食仓库容量（市石）				
	收纳仓库	集中仓库	聚点仓库	合计	高低排序
四川	9639403	4449500	2703670	16792572	1
湖南	8101583	471967	3445429	12018979	2
江西	2696078	831100	892500	4419678	3
陕西	3224581	—	697166	3921747	4
福建	2459238	651236	307400	3417874	5
广东	1946513	973449	431766	3351728	6
广西	2419797	553050	254390	3226237	7
安徽	1654393	873173	420000	2947566	8
贵州	1668873	804879	234400	2708152	9

① 汪元：《中国粮食仓储设施概况》，《粮食问题》1944 年第 1 卷第 3 期，第 154—156 页。

续表

省别	现有各种粮食仓库容量（市石）				
	收纳仓库	集中仓库	聚点仓库	合计	高低排序
河南	2489872	55000	30000	2574872	10
甘肃	1125171	805155	309000	2239326	11
云南	1766658	230150	145000	2141808	12
湖北	1320511	698163	40000	2040674	13
浙江	695593	195735	283338	1174666	14
宁夏	730700	50000	—	780700	15
山西	328700	29720		625900	16
新疆	599117	—	—	599117	17
西康	156120	231670	37000	424790	18
江苏	298471			298471	19
绥远	209200			209200	20
青海	97140	—	—	97140	21
总计	43609711	12170427	10231095	66011197	

注:湖南、河南、广东、广西四省曾经沦陷地区毁损之仓容,因未据报到部未予减除。根据汪元《五年来粮食仓储设施与推进积谷概述》①整理。

总之,抗战时期西康省的田赋征实仓得到了建设,促进了西康粮食仓储的发展,虽然其仓库容量无法与四川、湖南、江西等省相比,在全国处于落后的位置,但它的建设为田赋征实目标在西康的实现作出了较大贡献,田赋征实"其唯一目的,即在集中大量粮食,接济军糈,调剂民食,清除社会上之恐怖,挽救财政上之艰危,并以奠定战时财政之基础,以支持长期抗战争取最后胜利"②,西康粮价稳定,"抗战迄今,西康粮价,尚无巨大波动,军志民心,俱称稳定"③。

① 汪元:《五年来粮食仓储设施与推进积谷概述》,《粮政季刊》1945 年第 4 期,第 62—64 页。
② 李万华:《西康省田赋改征实物之经过》,《经济周报》1942 年第 6 卷第 1、2 期,第 173 页。
③ 徐健:《三年余来之西康粮政》,《粮政季刊》1945 年第 1 期,第 105 页。

第五节　川康地区农仓发展变迁

我国古代仓储制的作用主要是平衡粮价、救备饥荒；例如常平仓、义仓及社仓等均具有平价备荒的功用，却无现代农仓之发展农产运销及流通农村金融之机能。① 现代农仓制度源自日本，民国时期传入中国。为了调节农产品，发展农村金融，1936 年南京国民政府农本局成立后，开始在全国大力推行农仓网的建设。然而，从全国范围来看，因战事的影响，农仓业务或甫经开业即沦陷战区，或正在进行竟被迫停顿。1937 年南京国民政府西迁重庆，经济中心转移至西南地区，四川省成为农仓事业发展的中心。

一、川康地区农仓建设背景

农仓是一种新式的仓储经营体系，"凡为调节人民粮食，流通农村金融，而经营农产品之堆藏及保管者，得依法设立农仓"。② 1929 年江苏省农民银行，鉴于国内各地农村经济日趋凋敝，乃开始经营农业仓库业务，这是我国最早确立的农仓制。几年之后，这一制度推广到全国，1933 年 5 月，国民政府行政院农村复兴委员会通过决议，农民银行须在各县设立农业仓库，同年 9 月 5 日，实业部颁布《农仓法草案》，同年 11 月内政部公布"各地方建仓积谷办法"，12 月又制订"各省建仓积谷实施方案"。同年苏省向江苏省农民银行，借款 15 万元，建新仓廒；皖省向京沪银行借 500 万元，建设农仓；浙省为完成全省农仓网，由中国农民银行借 400 万元；鄂省设简易农仓，举办农产品抵押借款，亦由中国银行承借 100 万元；赣省向中国、中农及裕民等三银行借 600 万元；闽省向中国、中农两行借 225 万元，举办农仓，农仓事业，盛极一时。1937 年内政部又公布"全国建仓积谷查验实施办法"，藉资监督农仓之进行。

---

① 石坚白：《农仓经营简论》，《农场经营指导通讯》1944 年第 2 卷第 1—2 期，第 46 页。
② 中国农民银行经济研究处：《农村经济金融资料》，1941 年 4 月出版，第 78 页。

中国农仓,至此已有蓬勃进展之现象矣。①

自1935年起,国民政府中央及各省对于农仓事业,极为重视,1936年9月乃成立农本局,以完成全国农仓网为其重要业务计划之一,该项农仓,计分甲、乙、丙、丁四种,总容量为两万万石。"农本局自民国二十五年九月成立至二十七年一月止,设立之仓数计三十一所,分布于苏、皖、粤、鄂、冀、赣、湘、川、晋、桂等十省,嗣以战况日迫,沿海各仓无法继续经营,相继停顿。国都西迁后,经济中心和目标,随之转移,农本局乃在西南各省力求发展,并以川省为中心而推动,截止民国二十七年底止,所设农仓有二十六所,四川占二十二所,湖南三所,贵州一所,总容量为三十七万三千六百三十市石。至二十八年底,已成立农仓增至七十七所。计四川有四十所,贵州十三所,广西十三所,湖北六所,湖南三所,陕西二所,在这一年中增加有五十四所之多,超过二十七年二倍有余。二十八年底止,总容量达191250253市石,较二十七年度增加五倍有余。"②

二、川康地区农仓建设与发展

1936年,农本局成立以后随即开始了筹设农仓的工作,农仓可分两期:自1936年9月至1938年1月为第一期,自1938年2月至1939年1月为第二期。依据业务计划第一期决定之工作为建筑仓库和推进仓库两项。关于建筑仓库的资金来源已与四川省政府订立建仓合同,由农本局担任六十万元,该省自筹四十万元,总额为一百万元。

第一期筹设之农仓,甲乙丙三级农仓大小共31仓。甲种仓库有13处,其中位于四川省为重庆;乙种仓库有17处,其中位于四川省的有万县、泸州、合川(受重庆仓管辖)。第一期筹设之农仓主要位于东部大城市,如南京、上海、

---

① 牛执玺:《中国仓库制度之演变及其进展》,《农本半月刊》1940年第35—36期合刊,第11页。

② 业一科:《本局农仓业务述概》,《农本》1940年第35—36期,第2页。

广州、汉口等地,受战事影响先后沦入战区,业务停顿。此后农本局开始在后方推进农仓建设。随着南京国民政府西迁,四川省政府"为谋本省农仓之迅速推进及其事业之健全发展,以维持粮食价格之平稳,解决丰收余额之运销,培养粮税征收之源泉,充实人民生活之经济,期间经第二二五次省务会议决议,将全川农仓事业委托中央农本局办理,利用该局丰厚之资金,促进本省农村之繁荣。"①

第二期筹设之农仓:农本局自 1938 年 2 月开始规划,以交通、人事及环境关系,先于川省推进,故已成立之 26 仓,在四川境者达 22 仓,容量 201530 市石,均分配于长江、沱江、涪江及嘉陵江各流域之重要农产集散市场。沿长江者有李庄(南溪县属)、合江、中白沙(江津县属)、南溪、江安、新津等六处。沿沱江者有三水关、什邡、德阳、罗江、绵竹、赵家渡(金堂县属)等六处。沿涪江者有太和(射洪县属)、遂宁、中江、三台、潼南、花街(安县县属)、新店子(绵阳县属)、中坝(江油县属)等八处。沿嘉陵江者有南充、合川二处。② 除上述各农仓已开业外,其正在积极筹备即将开业者,在四川境内,有重庆、成都、泸县、渠县、温江、彭家场(双流县属)、万县、宜宾、忠县、阆中、涪陵、绵阳等 12 仓,总容量约 143000 市石。③

表 2-16　1938 年农本局各省农仓数目表

省别	已开业仓数	筹备中仓数	拟增设仓数	合计
四川	22	12	12	46
贵州	1	8	6	15
广西	—	2	14	16
湖南	3	—	6	9

① 《关于各县协助筹备农仓事业建设给四川省第三区行政督察专员公署的训令》,重庆市档案馆,四川省政府档案,55-5-68。
② 《中华民国二十七年农本局业务报告》,农本局研究室编印 1939 年版,第 32 页。
③ 《中华民国二十七年农本局业务报告》,农本局研究室编印 1939 年版,第 34 页。

续表

省别	已开业仓数	筹备中仓数	拟增设仓数	合计
湖北	—	1	—	1
合计	26	23	38	87

资料来源:《中华民国二十七年农本局业务报告》,农本局研究室编印1939年版,第35—36页。

　　1939年,是四川省农仓设立最多的一年。本年度农本局在全国设立农仓54仓,容量1705471.53市石,连上年成立26仓,容量373630市石,共为80仓,总容量为2079101.53市石。除湘省原有长沙、常德、沅陵三仓容量166600市石,因事影响被迫暂停外,总计现有77仓,仓房186所,容量1912501.53市石。其中,四川省40仓,仓房147所,容量1611778.35市石,如表2-17所示。

表2-17　1939年成立农仓仓房及容量省别表

省别	仓数	仓房数	容量（市石）
四川	40	147	1611778.35
贵州	13	13	108523.68
广西	13	15	95121.13
陕西	2	2	66656
湖南	3	3	7050.52
湖北	6	6	23371.85
共计	77	186	1912501.53

资料来源:《中华民国二十八年农本局业务报告》,农本局研究室编印1940年版,第60页。

　　1940年,农本局继续推进农仓建设。一是扩充旧仓。本年为适应事实需要,更将各仓容量分布扩充,计增加容量59568市石。二是筹设新仓。1940年上半年筹备设立之农仓21处,其中川省之沿口、乐山、眉山、纳溪已先后成立,康省之雅安、康定两仓已暂借西康省立毛绒厂作为康雅两厂之仓库开始营业,天全、荥经两仓是否设立必要,尚在调查衡量中。①

---

　　①　《中华民国二十九年农本局业务报告》,农本局研究室编印1940年版,第25页。

表 2-18　1941 年各省农仓仓数及容量表

省别	已设仓数	筹设仓数	容量（市石）
四川	44	—	2958440.39
贵州	14	1	115437.62
广西	6	—	36406
湖南	3	—	15496
湖北	—		
陕西	2	2	191588.52
西康	2	2	
合计	69	7	3317368.53

资料来源：《中华民国二十九年农本局业务报告》，农本局研究室编印 1940 年版，第 26 页。

　　1941 年，农本局改组，所辅设之合作仓库全部移交，所举办之农仓事业亦大受影响。1941 年 11 月，"农本局农仓业务奉令移交全国粮食管理局接管，迨粮食部成立后，全国粮食管理局，即行撤销，于是农仓业务遂移归该部办理。在粮食部管理之下，四川农仓容量为 1511515 市石"[1]，容量大幅减少。后经粮食管理机构加以调整，原以储押业务为主之农仓，遂首先停顿。再为禁止囤积与征购余粮，规模稍大之农仓，均移为管理粮食之用，已非依农仓业法设立之农业仓库矣。"该部所管之农仓，均从事米谷之存储，以调剂粮食供需为唯一任务，关于办理储押运销等业务之农仓，统由农林部主管，是类农仓，因今年来农村经济转趋繁荣，与政府施行物资管制，反不及专办储藏粮食之仓库普遍而发达。"[2]

三、农仓建设对社会经济的影响

　　从农仓建设的情况来看，川康地区农仓对当时的社会经济起到了以下几个方面的作用：

---

[1]　杨颖光：《目前农仓事业推进办法》，《中农月刊》1946 年第 7 卷第 3 期，第 16—17 页。

[2]　石坚白：《农仓经营简论》，《农场经营指导通讯》1944 年第 2 卷第 1—2 期，第 49 页。

其一,粮食购储、调节粮价。

农业仓库的任务,就是调剂农产品供需,调节农业金融,平衡农产价格。尤其是粮食价格,不能平衡,供需不能调剂,农仓的使命更为重大。① 1939 年,川省稻谷丰收,各地稻米价格下跌,颇有谷贱伤农之势,且其他物价腾贵,农民生计益感困难。鉴于此,蒋介石"责令农本局与农民银行等查明全川稻产总额,拟定收购数量,酌定适当价格,统筹大量收购之办法"。② 并于本年 8 月密渝代电,特令规定价格,大量收购,"必须做到全川各县皆能各就产量,适当收屯,维持市价,使真正农民均获叨受本年丰收之实利"。③ 农本局以蒋介石 8 月份密电所指示为指导原则,制定《四川新谷购储计划大纲草案》,同年 9 月 26 日行政院 443 次会议通过。草案规定购储新谷之原则,"购储应分购销、屯储两项,统筹分辨,双方并进,互相配合,俾储销得以促成运销系统之完成,屯储可使规复常平仓政之遗制,以期藉政治之力,而促成食粮管理之基;因救济之功,而树立粮食调剂,食粮久违之规"。④ 1939 年 11 月 15 日,农本局与四川省粮食管理委员会合组,成立四川购粮委员会,统筹川省境内粮食之购销与屯储事宜。⑤

购销应于稻产中心区域及交通便利之集散市场,以商业经营方式办理。农本局在川省各重要产粮市场之仓库机构,组织采购处,并加委本局各仓库职员兼任采购处职员。各采购处设置地点即农仓所在,即宜宾、李庄、南溪、江安、泸县、合江、中白沙、蔺市、成都、新津、温江、赵家渡、太和镇、三水关、绵阳、渠县、周口、南充、潼南、遂宁、合川。办理购销以重庆、成都、万县、自流井等数

---

① 黄泽梁:《扩充农仓与统制粮食》,《农本》1940 年第 46—47 期,第 10 页。

② 《农本局为四川省稻谷丰收统筹收购并与该省粮食委员会商拟合作条款及该省新谷购储计划大纲等文书》,中国第二历史档案馆,农本局档案,四-12572。

③ 《农本局为四川省稻谷丰收统筹收购并与该省粮食委员会商拟合作条款及该省新谷购储计划大纲等文书》,中国第二历史档案馆,农本局档案,四-12572。

④ 《农本局为四川省稻谷丰收统筹收购并与该省粮食委员会商拟合作条款及该省新谷购储计划大纲等文书》,中国第二历史档案馆,农本局档案,四-12572。

⑤ 《中华民国二十八年农本局业务报告》,农本局研究室编印 1940 年版,第 119 页。

大消费市场为中心对象,应调整米价,导入于合理范围,藉以指导其他产销市场之价格。① 1939 年共需购足大米 60 万大包,合谷 160 余万市石。农本局将现有可供利用之 60 万市石容量之仓库,尽先供给,②其不足之数,亦由农本局就上述宜宾等 21 农仓扩充容量 120 万市石,以应需用。截至本年底,计已完成者有 817000 市石之容量。③

屯储则宜普及全省各县,以政治方式办理。屯储新谷,以全省各县粮产人口及一般经济情况,酌分为三等,分别规定数量以屯储,俾各县常有固定数量之屯储。屯储之谷,亦分别规定标准价格,就地收购入仓,当青黄不接,米价高涨之际,可平价出售,以抑粮价,或当荒歉之年,办理平粜,其平价售出或平粜以后所缺之谷,可于秋收后补不足。④“新谷购储计划大纲”原议本年办理各县屯粮,共可购谷 209 万市石。但屯储必须先有仓,过去各县办理积谷,因无仓之故,多散于民间仅由人民认定数量。一遇荒歉,认定之数无法缴出,仍不以调剂需要,屯储目的既在规复常平仓制,如欲不蹈空虚,非从建仓入手不可。故计划大纲有屯储仓库修建费之预算,半数由农本局贷给川省政府,半数由川省府自筹。⑤

其二,承办平价粮食业务。

商人以投机为达到营利的手段,战争期中,商人的从“贱买贵卖”中的营利居奇,更当严重于平时百倍。故在战时,必须要有农仓业务实行计划粮食与需要品的筹算与分配,才能安定后方的社会秩序,调剂民间的生活,并且才不致使对外作战中,而要顾虑到国内的革命危机之爆发。⑥

---

① 《中华民国二十八年农本局业务报告》,农本局研究室编印 1940 年版,第 121 页。
② 《农本局为四川省稻谷丰收统筹收购并与该省粮食委员会商拟合作条款及该省新谷购储计划大纲等文书》,中国第二历史档案馆,农本局档案,四-12572。
③ 《中华民国二十八年农本局业务报告》,农本局研究室编印 1940 年版,第 122 页。
④ 《农本局为四川省稻谷丰收统筹收购并与该省粮食委员会商拟合作条款及该省新谷购储计划大纲等文书》,中国第二历史档案馆,农本局档案,四-12572。
⑤ 《中华民国二十八年农本局业务报告》,农本局研究室编印 1940 年版,第 122 页。
⑥ 罗青山:《抗战动员与农仓业务》,《江西合作》1937 年第 1 卷第 9 期,第 13 页。

自四川购粮委员会组织成立后,为谋统一收购,农本局收购川省粮食业务即行完全结束,并将存谷悉数交由该会处理。此外,农本局与军粮总局统筹配给重庆市军事机关平价粮食。农本局月拨渝市军米12000大包,可供10万人半月之需。"本局奉委座谕饬,价发渝市各机关部队学校平价现品,其他非军事机关并不在内,以官兵约计十万人计算则月需军米二万大包。"①

农本局承办平价粮食业务,至1940年8月底即届期满,军政部嘱续予价拨9月份熟米12000大包,事关军食,似应由该会在后方总库屯粮部分内核拨济用。后方勤务部派员来马桑溪提取,所提8000大包约合10720市石,此数统由马仓拨交,不足之数即以河下新到之米补充,其余2000大包约合2680市石拟由渝市各仓以碛米拨付。②

其三,统制粮食、供应军需、支持抗战。

我国历代仓储制度,虽以调节民食稳粮价为其主要目的,实都含有充实国防之意。所谓"军旅未动,粮秣先行",粮食充足与否,实为备战的先决条件。战时的农业仓库,即是后方人民供给前方军需的调整机构,不断地对前方军队提供资源,以稳定前方军士的生活和需要,是农业仓库在抗战动员所负第一等使命。③ 1940年,因第六战区部队需粮万急一时,调拨不及,着农本局在应缴军粮总局补给重庆附近军粮尚未接收之存米数内,尽先提用8000大包,在应拨平价购销处食粮数内提用2000大包,共计10000大包,在8月10日以前提交后方勤务部接受,星速运送前方,俾济急用,俟川省屯粮集碛后再行拨补,事关军糈,万勿延误,至提拨重庆军米及平价食粮,并须保守机密不得声扬,以免渝市军民发生误会。④

其四,农仓以储押为主,并未裨益于一般小农。

---

① 《农本局供应军粮案》,中国第二历史档案馆,农本局档案,四-24603。
② 《农本局供应军粮案》,中国第二历史档案馆,农本局档案,四-24603。
③ 罗青山:《抗战动员与农仓业务》,《江西合作》1937年第1卷第9期,第13页。
④ 《农本局供应军粮案》,中国第二历史档案馆,农本局档案,四-24603。

四川农仓的业务主要以保管、押放、代理购销为主。一是保管业务。川省经营保管业务者,1938年为12仓,1939年为24仓,即什邡、赵家渡、遂宁、德阳、罗江、新津、绵竹、潼南、温江、合江、中坝、广元、太和镇、重庆、南溪、三水关、李庄、忠县、彭家渡、江安、中白沙、中江、大足、蔺市。① 二是押放业务。1938年,四川省设立的22个农仓,除南充、合川外,其余农仓均办理储押业务。截至1938年底,储押放款余额共176149.44元,其间以赵家渡仓放款为最多,超出2万元;其次三水关仓,逾2万元;德阳农仓,金额最少,仅360元。② 储押物种类共达21种,而以稻为最多,占41%强;其次为米,占18%;更次为烟叶,占10%;再次为小麦,占9%强;其余则成分较少。③ 三是代理购销业务。自1939年开始,仅四川赵家渡、江安、新津等十四仓举办,购销农产品,米谷占99%,余为小麦及菜籽等。④

就农仓经营业务而言,因为经费和人才的限制,多以储押为主,故一般农民都把农仓看作"农产典当",或者"当谷子的仓库"。据农本局1938年业务报告所载,四川农仓储押户分析情形,"每户平均放款额以赵家渡农仓的897.7元为最高,中江农仓的29.53元为最低;高低之间的相差额达33倍之多,各仓平均放款额为156.3元"。⑤ 由此可见储押户并非真正一般中小农民。一般农仓的储押贷款多以市价七成为限。按1938年秋收时的谷价每市石2元来计算,要想获得储押贷款百元,就需要储押谷子143市石;由此可以看出农仓业务并未裨利于一般小农,其主要原因当然由于农家耕地太少,出产不多,除自给销售外,可以说没有余谷可供储押。⑥

综上所述,四川农仓兴起于抗战时期,时间上晚于东部发达地区,但由于

① 《中华民国二十九年农本局业务报告》,农本局研究室编印1940年版,第66页。
② 《中华民国二十七年农本局业务报告》,农本局研究室编印1939年版,第37—38页。
③ 《中华民国二十七年农本局业务报告》,农本局研究室编印1939年版,第40页。
④ 石坚白:《农仓经营简论》,《农场经营指导通讯》1944年第2卷第1—2期,第48页。
⑤ 《中华民国二十七年农本局业务报告》,农本局研究室编印1939年版,第39页。
⑥ 章柏雨、汪荫元:《常平仓与民食调节》,《中农月刊》1941年第2卷第2期,第18页。

全面抗战爆发后,东部沿海地区沦陷,天津、上海、南京、芜湖、济南、蚌埠等6处甲级仓,连同乙丙仓随之而沦陷者,合计共达11处之多。其余各仓,因局势紧张,交通阻塞,亦多暂分别清理。"于是有后方各省大量设置仓库之计划,藉为桑榆之补救,后方各省需要仓库最亟,而设仓较易者,莫如川桂湘三省,水运便而宜于农产品运销也。"①抗战时期,四川省由于其特殊的政治地位及独特的地理条件,成为西南地区农仓建设的中心地区。此时期四川农仓建设数量位居西南地区之首,且体系完善,为发展四川农村经济、支持抗战发挥了重要作用。

---

① 《农本局业务报告及有关文书》,中国第二历史档案馆,农本局档案,四-12487。

第三章　民国时期川康地区仓储的社会保障功能

　　近代川康地区仓储的社会功能是随社会需求不断发展变化的。兴起于清代的传统仓储常平仓、社仓、义仓、积谷仓,在 1935 年南京国民政府统一川政后改为积谷仓。从 1936 年开始,川康地区积谷仓按照《各地方建仓积谷办法大纲》募集积谷,传统仓储常平仓、社仓、义仓不复存在。1937 年以后,川康地区的仓储有积谷仓、田赋征实仓和农仓三种。仓储的发展变化适应了社会需求,承担了相应的社会功能。

第一节　平衡谷价

　　仓储的主要社会功能之一是平衡谷价。谷价太低,损害粮农利益;谷价太高,于消费者不利。通过仓储,调节米谷的供需矛盾,丰收之年,米谷供过于求,价格出现暴落,此时官府出钱收买米谷填仓,稳住价格;一遇荒年,米谷供不应求,价格暴涨,此时官府开仓放谷,低价出售,抑制米谷价格。仓储调节使价格不发生暴涨暴落,保护消费者和生产者两方的利益,以调节民食、维护民生、保持社会稳定。

105

一、田赋征实仓的社会功能

实施田赋征实后,征实仓可以把握粮源、稳定粮价。1937 年以后,大后方人员猛增,而产粮区域不断缩小,粮食价格上涨,市场收购粮食困难。粮食缺乏及粮价上涨,危及了军粮供应和人民生活需求。1941 年,粮食部长徐堪在《粮食部施政方针》中就"控制余粮"谈道:"所谓余粮,粮食管理法规上是有很明确的定义的,控制余粮,要用两种方法:一是总理遗教上所讲的仓谷制度。本来中国几千年早有二年耕必有一年之蓄的办法,我们应该在各乡镇城市积储一部分粮食,以期有备无患。一是用建筑公仓的办法,完成公仓网,使各地的余粮都要归入公仓,以便控制,余粮控制以后,粮食的价格就不致为少数豪商地主所操纵了。"[①]同年,由于田赋征实政策的实施,南京国民政府掌握了大量粮源,并大力推行仓储建设。其中在成都、泸县、新津、绵阳、合川、万县、广元、南充等 15 个重要的军粮民食交接处建立聚点仓以存储粮食,此外还在四川民食第一、第二、第三供应处修建仓库,并决定储足两个月,以粮食安定人心、稳定人心。[②] 据 1942 年 1 月 7 日中央社讯:"此次田赋征实,川省成绩最佳,以三十年全国田赋征实总额观之,川省占半数以上,四川省田赋管理处系三十年八月一日成立,九月一日开征,工作进展,其为迅速,于设置机构,配备人事,造册填票,宣传督导,催征考核等事项,措置均甚得当,各级经征人员,亦多能恪尽职守,截上年度(三十年)止,已征足应征额九成以上,最近期内即可如数扫解。又本年一月二十五日商务日报载,川省征购之稻谷已全部足额,川粮食储运局办理集中事宜,将来提出四百万石作全省四大消费区民食,今后各供应处已无需向市场购买。"[③]1942 年,"陪都及川省各大消费市场的民食,即

---

① 徐堪:《粮食部施政方针》,《四川财政季刊》1941 年第 3 期,第 2 页。
② 中国第二历史档案馆编:《中华民国档案资料汇编》第 5 辑,第 2 编,财政经济 9,江苏古籍出版社 1997 年版,第 339 页。
③ 陈彩章:《战时四川粮食管理概况》,《经济周报》1942 年第 5 卷第 6 期,第 70 页。

由征购粮食项下拨给四百一十万市石",因此"三十一年秋收前供应毫无问题",全省"各地粮食市场颇为平稳,粮价亦趋跌落"①。

二、近代农仓的平准功能

1929年,随着具有近代性质的农仓的建立,仓储的平准功能得到了进一步发展。四川地大物博,出产丰富,尤以农作为甚,主要有稻、麦二种。据主计处1933年度统计:四川栽稻产量占全国第二位,栽麦产量占全国第六位,似此大量农产,自须有适当的处置,而有农仓,可以救济谷贱伤农调剂粮价之平衡、可以增加农民之生产价值、提高农产物的品级、抗战军粮之易于供给、赋税易于征收、地方及乡村金融的流通、农仓可以屯集农民本身食粮与种子和佃农缴租便利,故四川设立农仓就变得必要。② 1937年,四川省政府委托农本局举办全省农业仓库,"为谋本省农仓之迅速推进及其事业之健全发展,以维持粮食价格之平稳,解决丰收余额之运销,培养粮税征收之源泉,充实人民生活之经济,期间经第二二五次省务会议决议,将全川农仓事业委托中央农本局办理,利用该局丰厚之资金,促进本省农村之繁荣"。③ 农仓以经营农产品之保管、加工、包装、运销及储押贷款等业务,借图人民粮食调节、农村金融流通及农业生产改良而繁荣农村、造福农民。其中,运销和储押贷款业务具有平衡粮价之功能。

农仓进行储押贷款业务,不仅具有传统调剂粮价的功能,还可以救济因谷贱受到伤害的农民。有仓库通融金钱,粮价自然稳定,不致狂跌暴涨,其他各种物价亦将因之出入甚微;如无仓库调剂金融,农民会受到莫大的损失。④ 这是因为,农产品的价格遵循价值规律,根据供需而定,而一般奸商,利用供需失

---

① 秦孝仪主编:《革命文献》第110辑,中央文物供应社1987年版,第252页。
② 沈曾侃、夏文华:《抗战期中四川农业仓库实施之研究》,1938年版,第2—6页。
③ 《关于各县协助筹备农仓事业建设给四川省第三区行政督察专员公署的训令》,重庆市档案馆,四川省政府档案,55-5-68。
④ 孙建之:《农业仓库》,《教育新路》1934年第46期,第3页。

调的机会,贱价收买,待价而沽,坐收不劳而获之利。当农产收获的时候,因为家家要用钱,或是偿还先前耕种工本所借之债,或是为婚丧来往应酬之费用,尤其是政府催缴钱粮,所以都要出卖他们的农产品,以致一时供给之数量过多,卖者多,买者少,价格自然低落。农民因为急需款,就不得不忍痛出卖他们的农产品,往往终年劳碌所得,所余无几,甚至不够纳税还债之用。及至青黄不接的时候,多数农民,不但无物可卖,并且还要买吃买用,市场上供给之数量,自然减少,而其价格,自然高涨。就四川一般米麦价格而论,米价最高时,每川石达四十元以上,最低时,仅每石五元;麦最高时,每川斗达三元八角,最低时仅每斗七角,市价高低悬殊太大,农民吃亏亦甚,举办农业仓库,农民将其所收之农产品,储存仓库,抵押贷款,以济急需,使农民不必急于出卖,等到青黄不接、价格高涨的时候,农民将仓库存物,提出售卖,在卖者可得"善价而沽",而买者因市场上有仓库之存货,源源而来,价格亦因以平衡,以免去农民无谓之亏损。①

抗战时期,南京国民政府利用农仓,通过在粮贱时收储粮食办理储押业务,救济谷贱被伤之农;粮贵时迫押储户抛售粮食,平抑市场粮价。"民国二十七年和二十八年,四川稻谷接连丰收的时候,政府深恐'谷贱伤农',二十八年曾由农本局各地农业仓库,大量办理储押业务,藉免农民在收获时就把谷子脱售,受到价低的亏损,同时又由政府垫款大量的收购。但是二十九年春季因为二十八年冬季雨量很少,一般山区的'冬水田',都未能蓄得充足的水,所以水稻的栽秧,自然很受影响,米粮价格因而上涨,在四五月间川省各地粮价已有逐渐抬头之势,当时委座鉴于民食的重要,良恐'米贵伤民',曾手令各银行仓栈停办米粮储押业务,以免商人囤户藉低利资金周转的便利,辗转购押,囤集居奇,同时又限令已押储户从速催促取赎,迫使押户抛售,以应市场需要,间接的来调节米粮价格。"②

① 沈曾侃、夏文华:《抗战期中四川农业仓库实施之研究》,1938年版,第2—3页。
② 章柏雨、汪荫元:《常平仓与民食调节》,《中农月刊》1941年第2卷第2期,第11页。

办理粮谷抵押与储蓄,即不能不办运销,一由于抵押者与储蓄者之委托代售,二则押储之粮,滞留于仓,亦非策之得,故遇他处粮缺价涨,即应由仓运往销售,以其余利开付息金,增厚资本,计久远而谋发展,全在乎此。① "我国农民向与市场隔绝,往往被一般商人来乡收集,而居中操作垄断,剥削农民剩余利益。此由于农民不谙市场需给形势,复未知运输手续,致各地粮食之供求,每感过与不足之现象。兹利用农业仓库代为运输,视各地需要之程度,又粮价有利之区域,以平均出售为原则,为共同之贩卖。藉以增进农产品之'地区效用',则不独有利于农民之收益,且可平衡国内粮食之价格,此农业仓库足以'调整各地粮食之需给'者也。"②农仓运销,调整各地粮食的供给与需求,平衡粮价。

第二节 救济灾荒和贫穷

近代川康地区的灾荒亦是不断发生。民国以来,又是无年不灾,无地不灾。③ 民国时期,四川发生的全省性大灾记载就有如下几起:1933 年,四川灾情,春季遭风雹灾,川南十四县受灾;夏季遭黑虫灾、雹灾旱灾,受灾区域有岳池、开县、古蔺、璧山、南充、广安、渠县等地;秋季大灾,有旱灾、雹灾、雨灾、大水灾等,区域广至五六十县,遍于川东南西区。④ 1934 年,四川灾情,春季受风灾、雨灾、水灾、旱灾、雹灾等,受灾区域有二十余县;夏季,遭风灾、雹灾、旱灾、雨灾、蝗虫灾,受灾川东南北四五十县;秋季,岷江、涪江、大渡河、雅河一齐飞涨,为百年未有之大水灾,灾区几遍于全川。⑤ 经四川省赈会调查,1936 年川

---

① 李培基:《仓储制度与农民金融》,《河南政治》1936 年第 6 卷第 1 期,第 3 页。
② 穆深思:《农业仓库之机能》,《江西合作》1937 年第 2 卷第 3 期,第 2 页。
③ 徐志廉:《仓储与救恤》,民国出版社 1940 年版,第 7—8 页。
④ 吕平登:《四川农村经济》,商务印书馆 1936 年版,第 533 页。
⑤ 吕平登:《四川农村经济》,商务印书馆 1936 年版,第 533 页。

省各县旱灾,灾区达到 141 县。① 1937 年,四川"灾区面积占全省面积百分之九十五以上,属于重灾的二十六县,次重的四十六县,轻灾的六十九县。灾民的人数,据省赈会统计:重灾县 5727805 人,次重县 12977760 人,轻灾县 2483912 人,共计 30189479 人"。② 1944 年,四川北部 26 县,春夏荒旱,秋后淫雨,收成无望,2000 万灾民嗷嗷待哺;个别地区发生地震。③

民以食为天,灾害荒歉,人民首感缺乏和亟待救济的为粮食。如果解决不好,会激起民变,出现社会动荡,因此运用仓储积谷赈济灾荒、救济贫穷和帮助社会成员渡过难关的意义重大。面对灾荒,近代的政府都采取了相应的救济措施。清政府救灾制度完备,包括报灾、勘灾、筹赈、赈灾、善后等主要方面,具体措施有蠲缓、赈济、借贷、抚恤、平粜、调粟、除害、安辑等。1912 年,颁布的《内务部官制》第五条关于民政司掌事务规定了贫民赈恤事项、罹灾救济事项等内容。④ 南京国民政府成立后,赈济是其内政部主要工作职责之一。

一、赈济救灾

赈济是赈灾中最重要的环节,政府通过无偿发放粮食、款项及其他物资,以帮助灾民度过临时生活困难。仓储的赈济主要包括发放粮食的粮赈和以煮粥救济灾民的煮赈等。

民国初年,战乱不断,仓储处于衰势,已不能发挥先前的功能。南京国民政府成立后,国民政府要求实施仓储制度,实现社会保障,"实施仓储制度,预防灾荒,充裕民食"⑤。1930 年 1 月 15 日内政部公布《各地方仓储管理规则》

① 益坚:《四川旱荒特辑》,重庆中国银行 1937 年版,第 14 页。
② 刘仲痴、甘伯厚:《灾荒中的四川》,《中国农村》1937 年第 3 卷第 6 期,第 113 页。
③ 李文海等:《近代中国灾荒纪年续编 1919—1949》,湖南教育出版社 1993 年版,第 592 页。
④ 《内务部官制》,《政府公报》1912 年第 101 期,第 7 页。
⑤ 《中华民国法规大全(1)》,商务印书馆 1936 年版,第 7 页。

中规定县市仓、区乡镇仓使用办法之一就是"散放"救济。① 1936 年 11 月 10 日行政院会议通过《各地方建仓积谷办法大纲》第二十条规定的仓谷使用办法中也有散放,关于散放积谷,以急赈为限,并须呈经省政府核准。② 四川积谷的使用,依照国民政府中央 1936 年颁发《各地方建仓积谷办法大纲》第二十条之规定,在每年青黄不接之时,可散放赈灾。③

　　1942 年 10 月 26 日国民政府社会部颁行《冬令救济实施办法》,开始实施冬令救济,该办法第四条规定有施放米谷、开办粥厂、施送衣被等赈济措施,第五条的冬令救济对象中包含有难民、灾民、生有子女至五人以上家境赤贫者。④ 1948 年,国共两党内战,为此,社会部饬令各省市政府按照部颁《冬令救济实施办法》之规定,"提拨各地所存济谷(至少应提拨三成),作为办理冬令救济之用"。⑤ 是年冬季,重庆政府因"贫苦民众及无业在乡军官为数甚多,待救殷切","准予提拨本市现存积谷一千市石作为办理冬赈之用"⑥。1949 年 6 月,四川田赋粮食管理处签呈"交下西南军政长官公署长马电饬严令各县速将三十七年度备荒积谷集中县仓藉供军食一案奉"中强调救济、备荒。"近日,来川难民逐渐增多,其所需救济经费之来源亦惟积谷是赖,又况各县建筑仓廒及保管所需经费均系指在积谷项下开支,故各县三十七年度备荒实无余额可资军粮之利用,即使稍有余存,亦非先发运费无法集中,且各县民意机关亦难赞同,徒失政府威信。拟即电复长官公署免予利用,以维积

　　① 《法规:各地方仓储管理规则》,《江苏财政公报》1930 年第 1 期,第 13—15 页。
　　② 《各地方建仓积谷办法大纲(二十五年十一月十日行政院会议通过)》,《中央周报》1936 年第 441 期,第 3 页。
　　③ 秦孝仪:《抗战建国史料:粮政方面》,中国国民党中央委员会党史委员会 1987 年版,第 136 页。
　　④ 《冬令救济实施办法》,《上海市政府公报》1946 年第 5 卷第 14 期,第 306—307 页。
　　⑤ 《关于提拨地方积谷作为冬令救济之用的训令》,重庆市档案馆,行政院、市政府档案,53-4-173-62。
　　⑥ 《关于请拨现存积谷办理冬赈上重庆市政府的呈》,重庆市档案馆,重庆市社会局档案,63-1-438-68。

谷备荒"。①

施粥也是国民政府采用的救灾手段。据1931年国民政府救济水灾委员会报告:民国以来,各地每遇灾荒饥歉,仍继续实行施粥,粥厂为急赈中之主要工作;据各省报告,在放赈期间内,灾民每日来本会所成立之粥厂就食者,约在二十万四千至二十二万之间,每人所费若干,难以计算。②

二、赈粜

灾荒发生之后,政府采用平粜方式,将米谷以低于市价的方式卖于灾民,实现以粜代赈。

民国初年,四川仍在维持赈粜,但已不如以前了。如1914年,剑阁县知事沈树槐办平粜动用社济二仓谷五百石,获价交地方收支所买填;1916年,该县知事郭翼因旱灾平粜动用常监二仓仓谷,买填后尚折耗六十八石六斗五升。③1916年8月,彭山县水灾从积谷仓放谷市斗三十二石七斗七升赈济;1917年8月,彭山县水灾从常监仓平粜拨谷京斗三百七十二石零九升三合零二抄三撮。④

平粜粮食是国民政府社会救济的重要措施之一。灾荒发生后,灾区粮价不稳,粮食不足,粮价高昂,投机商囤积居奇。为改变这种状况,国民政府注重仓储的平粜,1934年内政部公布了《各省市举办平粜暂行办法大纲》,其中对于仓谷平粜的条件、如何保障仓谷存仓及仓谷的粜补作出明确规定。如第二条规定,"凡被灾区域遇到粮价过高或者青黄不接时,应就原有仓储积谷开办

---

① 《四川省、各县田粮处关于核定积谷派额拨交、接收欠交积谷、清理各县积谷、修仓、办理平粜的训令、代电、公函,造具积谷派额表》,四川省档案馆,四川省田赋粮食管理处档案,93-1248。

② 邓云特:《中国救荒史》,商务印书馆1937年版,第329—330页。

③ 张政等纂修:《剑阁县续志》,《仓储》,1927年铅印本,台湾学生书局1967年景印初版,第55—56页。

④ 刘锡纯纂:民国《重修彭山县志》卷3,《中国地方志集成·四川府县志辑》,巴蜀书社1992年版,第17页。

平粜,其未设仓廒地方亦应筹集资金举办"①;第三条规定,"各地方仓储存有谷款者应准作为举办平粜之粜本,其曾被挪用之谷款或积谷应责成主管官署限期追回,办理平粜或籴谷存仓"。第四条规定,"凡仓储出粜米粮均限于秋后籴补"②。

1942年,四川省政府颁布了《各县市使用现存积谷办理平粜或贷与提示事项》③,对于积谷办理平粜作了具体的规定。其中第三条规定,贫民购平粜米或借贷积谷需满足条件之一:甲、六十岁以上无力自救者;乙、无生产能力之妇孺;丙、家庭中妇孺众多无力负担者;丁、出征抗敌军人家属;戊、其他应行救济者。第四条规定,办理平粜地点须择交通便利适中处所为之。第五条规定,平粜价格应由县政府召集各机关法团议定以与市价相差百分之三十左右为宜。第七条规定,非产米区域,得以平粜所收价款向附近米粮较廉地方购谷平粜。

1941年5月24日的"四川省政府民政厅签条":查积谷原为备荒恤贫,嗣因优待征属、购充军粮,挪用不少;本省各县多被旱灾、今春复遭天干,兹值青黄不接之际,米价陡涨,各处均感米荒,迭据各县市政府纷纷呈请拨用积谷办理平粜或贷给贫民,以资救济。为军粮民食兼顾起见,业经分别以府令核准拨用积谷三分之一办理平粜以济民食,其余三分之二仍备购充军粮。④

1943年,温江县政府呈报"本县饥民众多、奉准提拨现存备荒部分积谷三

---

① 《各省市举办平粜暂行办法大纲(内政部公布)(附表)》,《天津市政府公报》1935年第72期,第57页。

② 《各省市举办平粜暂行办法大纲(内政部公布)(附表)》,《天津市政府公报》1935年第72期,第57页。

③ 《粮食部、省政府关于积谷交接、保管支拨办法,各县收购的训令、内部清理积谷、建仓积谷办法,各县积谷收购已收、欠收数量表,积谷谷款调查表》,四川省档案馆,四川省粮政局档案,92-1479。

④ 《内政部四川省府、粮政局关于清理积谷和拨谷救济、抗属免募积谷的训令、呈文、造具春荒县市表、各县市积谷》,四川省档案馆,四川省粮政局,92-1559。

分之一不敷,应用议决在现存积谷数内提出十分之四办理平粜,以资救济"①,
并请鉴核示:"县设县平粜委员会,由县长兼主任委员,其他委员由县府敦
请地方正绅担任之,乡镇设乡镇平粜会,受县府及县平粜会监督指挥,并由
县府拟定平粜实施办法,通令遵办,并令各乡镇抓紧组织就绪,克期成立,实
施救济,务使贫民生活安定,不再发生抢米事件。"②经过省府准许,温江县
制定了办理平粜暂行办法。其一,就平粜的救济标准而言,"领粜贫民分极
贫次贫两种。无恒产恒业,不能维持一己生活者,为极贫,每人每日购领粜
米新双量四合;家境贫寒,人口众多,不能维持全家生活者,为次贫,每人每
日购领粜米新双量三合"。其二,"平粜价格由县平粜会照当时市价七折核
定公布"。③

　　1947 年,四川省政府训令,"各县积谷,除仍暂以五分之三拨充优待外,其
备荒部分应恪遵规定,专限于青黄不接,请节民食,如办理贷谷、平粜、散放等,
其他无论水灾、火灾、冬令救济及任何专项绝对不得动支或收购借用"。④
1948 年,西南军政长官公署长马电饬严令各县速将 1948 年度备荒积谷集中
县仓借供军食,"三十八年度青黄不接,民食及救济来川难民之需要,其它任
何事项不得率请动用,截止本年四月底止,虽各县报收五八万三五三七石,但
多以天雨失调,小春歉收,又值此青黄不接之际,民食缺乏,治安堪虞,纷请动
支积谷办理平粜或贷放以资救济"⑤。

---

　　① 《四川粮政局、民政、财政厅、温江县府关于天灾济民、办理积谷平粜的报告、签呈、指
令、调查表及揭发县粮政科长李学成贪污案》,四川省档案馆,四川省粮政局,92-734。

　　② 《四川粮政局、民政、财政厅、温江县府关于天灾济民、办理积谷平粜的报告、签呈、指
令、调查表及揭发县粮政科长李学成贪污案》,四川省档案馆,四川省粮政局,92-734。

　　③ 《四川粮政局、民政、财政厅、温江县府关于天灾济民、办理积谷平粜的报告、签呈、指
令、调查表及揭发县粮政科长李学成贪污案》,四川省档案馆,四川省粮政局,92-734。

　　④ 《关于抄发整顿积谷及 1947 年新征积谷注意事项的代电、训令》,重庆市档案馆,55-
2-452-198。

　　⑤ 《四川省各县田粮处关于核定积谷派额拨交,接收欠交积谷、清理各县积谷、修仓、办理
平粜的训令、代电、公函,造具积谷派额表》,四川省档案馆,四川省田赋粮食管理处,93-1248。

1948年9月20日,重庆市民政局致重庆市社会局的公函称,杨家坪市场数日无米应市,所有副食品均已售尽,民心惶恐之极,治安实难维持,势恐酿出米荒事变;在此紧急情况下,应拨与本区市场,照政府市价售出,特请将积谷拨至120市石以解短期米荒危机而利民食。① 1948年11月25日社会部代电:"重庆市政府　公鉴查本年度冬令救济工作业已由部颁发'冬令救济实施办法',请饬所属遵照实施,在案查该办法第八条第二项规定'依法动用或平粜地方积谷'一项,务请尽量提拨各地现存积谷作为办理是项救济之用,即令碍于事实困难,亦请至少提拨三成,以便冬令救济工作得以顺利推进。"② 1948年四川省省府办理本市贫民平粜,聘请各慈善团体、热心社会福利事业人士襄助办理。全市共设36处平粜处,每逢"一、四、七"、"二、五、八"、"三、六、九"9日,每隔3日巡回粜售。四川省会贫民平粜委员会稽核组会同市府警局按户普查,再由省府视察,分别挨户散发贫民购粮证,计全市贫民共计为58163户,大口141574,小口56771。每户贫民按口计售,大口每次粜售一市升,小口半市升,共粜售169959升。③

三、借贷

民国初年,战乱频仍,仓政废弛,但仓储借贷依然存在。如夹江县,"查民国元年出陈易新一项,系奉民政司通令办理,由各仓酌提一成出借,每石取息谷一斗以作盘短及修仓之费,共计借出京斗谷一千四百六十一石零九升三合九勺"。④ 到了国民政府时期,随着新式农仓和积谷仓的设立,仓储借贷重新

　　① 《重庆市民政局关于检送征募积谷情形致重庆市社会局的函》,重庆市档案馆,重庆市民政局档案,600002011720100011。

　　② 1948年11月25日社会部代电,重庆市档案馆,行政院、市政府档案,53-4-173-6。

　　③ 《四川省府、部分实现府、田粮处有关办理平粜、拨售存粮、积谷济贫、及平粜会简章、运费收支对照的训、指令、代电、呈、表报》,四川省档案馆,四川省田赋粮食管理处档案,93-1-1250。

　　④ 罗国钧修,刘作铭、薛志清纂:民国《夹江县志》卷3,《仓储》,《中国地方志集成·四川府县志辑》,巴蜀书社1992年版,第14页。

有了制度规定和实践。

农仓储押贷款。农仓主要以农产保管业务、放款业务、农产加工调剂业务及农产运销业务四项为中心。放款业务可分为以直接调剂农民金融为目的的农产储押放款、农具抵押放款及以发展农仓事业为目的的储押资金放款、运销放款及建仓放款。[①] 农仓的利益之一就是调剂金融，"农业仓库是可以通融金钱的机关，农民将其农产品运至仓库储押，仓库可按市价若干折给款项，待农产品涨价时即可自由赎取脱售。储押期间虽出低微利息，但粮价高涨，亦甚合算。农业仓库不唯可减少农民粮价低落损失而调剂金融的效力实甚伟大"。[②]

农仓储押贷款的效果表现在两个收益上，第一，储押期间的农产品，因物价上涨，产品本身亦随之增值，此为待价而沽所获之收益；第二，由于贷款运用后，而产生的经济收益，亦归农民所有。农仓储押贷款效果尚不止此，农民能自建新式仓廒者，居极少数，复以农民对于储藏技术设备简陋，产品在储藏期间，因霉烂腐蚀之无形损失，极为可观，农行农仓多有完备仓房，对于农产品储藏损失之减少，裨益必大，此项农仓贷款之无形效果，甚或较显而易见之经济收益，尤有过之。[③]

1938 年，四川省设立的 22 个农仓，除南充、合川外，其余农仓均办理储押业务。截至 1938 年底，储押放款余额共 176149.44 元，其间以赵家渡仓放款为最多，超出 2 万元；其次三水关仓，逾 2 万元；德阳农仓，金额最少，仅 360 元。[④]

为适应农民需要，1947 年农业银行在各省农产集散地区，先后设置农业仓库 37 所，现将四川各仓名称、储押农产品种类、押款户数及截至 1947 年 6 月底储押结余额列表于下：

---

① 中国农民银行农业金融设计委员会：《农业仓库问题》，《中农月刊》1947 年第 8 卷第 10 期，第 3 页。

② 孙建之：《农业仓库》，《教育新路》1934 年第 46 期，第 2 页。

③ 刘广成：《农仓贷款的效果》，《中农月刊》1947 年第 8 卷第 8 期，第 7—10 页。

④ 《中华民国二十七年农本局业务报告》，农本局研究室编印 1939 年版，第 37—38 页。

表 3-1　四川各农仓储押表

仓名	储押农产品种类	储押户数	储押结余额（截至 1947 年 6 月 30 日）	备注
南充农仓	丝、绸、棉花、稻、麦、猪鬃	210	31060000 元	
遂宁农仓	棉花、生丝、土布	240	151530000 元	
涪陵农仓	桐油、榨菜、稻、麦	330	352200000 元	
乐山农仓	生丝、绸	210	121100000 元	
绵阳农仓	生丝、麦冬、棉花、土布			
简阳农仓	稻、麦、糖、棉花			

积谷仓贷谷也是南京国民政府救灾的一项措施。1930 年,《各地方仓储管理规则》中规定区乡镇仓谷的"贷与总额以所存仓谷三分之一为限,于每年青黄不接准各贫户告贷,俟新谷登场按一分加息将本利一并归仓;义仓的贷与如取息比照乡镇仓谷,不得超过一分"。[1] 此外,贫者所贷积谷或积谷款项可免于追还。1946 年,《巴县乡区旧有仓储整理办法》规定有:"凡贷出之积谷或积谷款项尚未归还者,限文到一月内如数追还之,赤贫者免追,但须由区长或联保主任出具证明书,以便调查,如不实者,应照原额加倍处罚,由原欠谷款人及具证明书人共同负责。"[2]

1941 年 6 月 4 日,四川省临时参议会第四次大会第二次会议,唐参议员昭明等提出临时动议案一件:"迩来全川米价畸形高涨,平民生活、社会治安,均大受影响,幸赖大自然之救助,晴雨适宜,水田山地,大多数均告栽插,至秋季倘无意外,可望丰收。惟此青黄不接之际,宜有普遍救济之法,以安人心而利抗战。查积谷用意,原在备荒恤贫,本会县政考察员视察所及,各县多以仓

---

[1]　《各地方仓储管理规则（十九年一月十五日内政部公布）》,《湖南民政刊要》1930 年第 9 期,第 5—6 页。

[2]　《关于检送巴县县政府筹设乡仓及分期募积谷情形的呈、指令》,重庆市档案馆,四川省第三行政区档案,0550002004710000002000。

储举办平粜为请,内政部亦曾函省政府转饬各县以积谷贷给贫户,是运用公私积谷救济全川米荒,此其时矣。请大会速函省政府转饬各县长督同各级仓储负责人员,就现有积谷,至少须以三分之二举办平粜或农村贷款,于秋收时依法收购存储,庶民食仓政,皆有裨益。"后经决议"照原案通过,送请省政府查照办理"①。

1948年,北碚管理局将历年积谷提出五千市石贷给农民,"为青黄不接,正待收割之际,农民生活极感困难,拟将历年收存积谷提出五千市石贷给农民。管理局随将全案提会讨论,经一致决议,可将历年所存积谷提出五千市石照上年贷谷办法分贷农民,在本年秋收后无息如数收回归仓,以救农民而推陈储新"。②是年,北碚朝阳镇办理农民贷谷,贷与农民171户,黄谷697.55市石,借一户黄谷15市石,总共借贷谷712.55市石。③

1949年6月24日,重庆民政局谨呈重庆市政府"请将所属第十五保仓存积谷老量二十三石余分贷农民推陈易新",重庆市政府批复称"窃查本保前存之仓谷二十三石三斗,征因鼠耗甚多,谷仓腐烂,长此以生消耗不堪,其计现值农民需种在急,拟请借出以作种子,待秋收后收回,免去耗费,以易新鲜等情,查该保前存白杨塆积谷,所请借出作种,秋收收回,节省易新,尚属实情,相应电请查核,见复为荷"④。

此外,国民政府还采用借积谷发放公教人员薪津的措施。四川青川县每年

① 《四川省各县市局三十五年度积谷筹募数量表、各县乡镇征收临时收入办法第五区专署召开乐山、峨眉、犍为三县财政金融检讨会议办法记录》,四川省档案馆,四川省政府财政厅档案,59-1611。

② 《关于北碚管理局将历年积谷提出五千市石贷给农民的呈、公函、令》,重庆市档案馆,北碚管理局档案,0081000406。

③ 《关于报送北碚管理局朝阳镇办理农民贷谷情形上北碚管理局的呈》,重庆市档案馆,北碚管理局档案,00810004063320000017000。

④ 《关于颁发重庆市第十三区十五保仓库积谷上重庆市政府的呈》,重庆市档案馆,重庆市政府档案,0053-0013-00085-0000-027-000。

摊募5000石稻谷，"管理机构将积谷大部分用于县政府给公教人员借支"①。在北碚管理局借用积谷发放教师1949年3月薪津的呈有："查本局地方狭小，地瘠民贫，收不敷支，超出过巨。历年切赖负债维持，尤自去年八一九币制改革以后，物价狂涨，一日千里，更感不支，以致局属教师本年三月份薪津，迄头款开放月余以来，不但零星乏用，抑且大多断炊，生活如斯，穷苦实难望其安心任教。查本局各镇乡中心及保国民学校共有教师五一〇人，校工一〇五人，平均计每人教师月约开食米老量七斗五升，合计应开三百八十二石五斗，校工每人月约食米老量二斗八升，合计应开二十九石四斗。……暂在积谷项下拨八百二十三石八斗（老量）发放三月份教师薪津，俟另筹合法财源立归还。"②

第三节　社会优抚

社会优抚是针对社会特殊群体的救济，主要包括社会优待和抚恤。民国时期，积谷用于优抚战争中因公牺牲和受伤人员及其家属一项最为重要。民国时期，南京国民政府对优待军人军属作出了明确的规定。1912年3月，南京临时政府公布《陆军部规定陆军官佐士兵恤赏表》，规定了阵亡或伤残官兵的抚恤金标准。③ 1934年国民政府颁布《陆军平战时抚恤暂行条例》，四川省政府明令执行《陆军平战时抚恤暂行条例》，四川省军人平、战抚恤标准都采用法币元计量。④ 1938年，国民政府在其领导抗日战争的纲领性文件《中国

---

① 中国人民政治协商会议四川省青川县委员会文史资料委员会编：《青川文史资料》第18辑，1989年版，第3页。

② 《关于北碚管理局借用积谷发放国民教师1949年3月份薪津的呈、指令、公函》，重庆市档案馆，北碚管理局档案，0081000406842000002000。

③ 《法制：陆军部规定陆军官佐士兵恤赏表》，《临时政府公报》1912年第43期，第1—2页。

④ 四川省地方志编撰委员会编纂：《四川省志·民政志》，四川人民出版社1996年版，第124页。

国民党抗战建国纲领》中制定了优抚条款："慰伤亡官兵,安置残废,并优待抗战人员之家属,以增高士气而为全国动员之鼓励。"①在《优待出征抗敌军人家属法规浅释》中"优待之意义"有："优待出征抗敌军人家属条例之颁布,其目的,一则以奖励服务,免其内顾之忧,一则亦因出征抗敌军人家属之有待于救济者,常较一般为切,故许其享受优待。……并非凡属出征抗敌军人之家属均许无条件享受优待。故优待二字,实含有救济之意义。"②出征抗敌军人家属有下列情况之一可给予救济,"一、生活不能维持者;二、疾病无力治疗者;三、死亡不能埋葬者;四、子女无力教养者;五、遭遇意外灾害者"。③ 1942 年的《冬令救济法》第五条冬令救济对象之一就是抗战军人家属。④

一、优抚军属

全面抗战爆发后,为支持抗战、激励士气及后方的社会稳定,国民政府利用仓谷优待军人军属,实行优待谷的优抚政策遂成为国民政府的一项重要政策。抗战时期,四川先后有 3025000 余人参与抗日,数量为全国各省之冠,⑤其优待谷政策更是受到重视。

首先是优待抗战家属。四川自 1938 年起"为移缓济急,便利役政推行,实施救济出征抗敌军人家属起见,本府将各县市积谷,制定作为优待谷。凡出征抗敌军人家属,依法应予以物品救济者,即每季发优待谷二市石,以发足四季为限"。⑥ 据统计,截至 1940 年 12 月底,据报 118 个县市区,总计拨用优待之谷为 1514426 石,占积谷总数的三分之一以上,因此积谷的"大宗消耗,厥为优

① 荣梦源:《中国国民党历次代表大会及中央全会资料》(下册),光明日报出版社 1985 年版,第 486 页。
② 章任堪:《优待出征抗敌军人家属法规浅释》,正中书局 1941 年版,第 1 页。
③ 章任堪:《优待出征抗敌军人家属法规浅释》,正中书局 1941 年版,第 27 页。
④ 《冬令救济实施办法》,《上海市政府公报》1946 年第 5 卷第 14 期,第 307 页。
⑤ 《民国川事纪原》,《档案史料与研究》1994 年第 4 期,第 85 页。
⑥ 何南陔:《办理仓储须知》,四川省政府民政厅编 1939 年版,第 8 页。

待谷之拨用"。① 其中,大足县自 1938 年开始至 1944 年,前后共征收积谷六次,按粮亩加派,各年收入分贮各镇乡仓,借发出征军人家属优待谷,后定为以五分之二发放优待,以五分之三备荒。② 1940 年,汶川县开始清理积谷以赈灾、优待抗战军人家属,清理出:1940 年仓库积谷保管数量有 408 余石;1941年、1942 年汶川天旱积谷请准未加劝募;历年办理优待抗属,全县积谷仅存一百六十余石;1943 年劝募数量正在办理之中。③

对于拨充优待谷的比例,1942 年四川省政府规定,"本年度新募积谷仍暂以五分之三拨充优待征属经费"④,即积谷总数的 3/5 用作优待谷,而 2/5 用作救荒。而在实际操作中,有的县市优待谷数比例高于 3/5,甚至高达 100%,以 1944 年、1945 年比例高达 100% 的县市列于下表:

表 3-2　1944—1945 年四川部分县市收积谷数、优待支出表

年份	地区	收积谷数(市石)	优待支出(市石)
1944	自贡	111000	111000
	西充	533407	533407
	北川	1200000	1200000
1945	成都	490943	490943
	荣县	18400400	18400400
	蒲江	4053595	4053595
	大邑	6545129	6545129
	丹棱	4399386	4399386
	乐山	19836868	19836868

① 何南陔:《四川省仓储概况》,四川省政府印 1947 年版,第 23 页。

② 郭鸿厚、陈习珊等纂修:民国《大足县志》卷 3,《平准》,《中国方志丛书·华中地方》,成文出版社有限公司印行 1976 年版,第 45 页。

③ 祝世德纂修:民国《汶川县志》卷 3,《附仓储》,《中国地方志集成·四川府县志辑》,巴蜀书社 1992 年版,第 58—59 页。

④ 《粮食部、省府关于积谷交接、保管支拨办法,各县收购的训令,内部清理积谷、建仓积谷办法,各县积谷收购已收、欠收数量表、积谷谷款调查表》,四川省档案馆,四川省粮政局档案,92-1-1479。

年份	地区	收积谷数(市石)	优待支出(市石)
1945	珙县	2314000	2314000
	万县	15935934	15935934
	北川	720000	720000
	绵阳	19827366	19827366
	阆中	11894030	11894030

资料来源:《粮食部、四川省府、田粮处关于各县积谷收数、优待、清查的训令、指令,造具各县积谷收数旬报表、收支数量表、征募数目表、已交欠交数量表》,四川省档案馆,四川田赋粮食管理处档案,93-992。

1944 年的自贡、西充、北川及 1945 年的成都、荣县、蒲江、大邑、丹棱、乐山、珙县、万县、北川、绵阳、阆中等地的优待支出与所收积谷数比例高达100%,足见国民政府对抗战家属优抚的重视。

南京国民政府对出征抗敌军人家属免派积谷。国民政府出台了《出征抗敌军人家属免派积谷办法》,其中第四条规定:"出征抗敌军人自起役之日起,其家属即得免派积谷但已缴纳者不予退还;出征抗敌军人退伍除役或复员后,其家属仍得继续免派积谷一年,阵亡病故或受重伤致成残废者得于战事终止后继续免派谷三年。"[1]军事委员会委员长成都行辕 1939 年 5 月 10 日政字第五八四号训令规定,"查征募积谷,关系抗战至大,自应遵照功令奉办,贫苦之户,当不能派收仓谷,至出征军人家属,其贫苦者不但未派收积谷,且遵照优待条例切实救济,如临时募捐,及于宣传时演剧募捐所得捐款,悉数拨充救济贫苦出征军人家属之用,事实俱在,并非虚饰"。[2]

---

① 《粮食部、省府关于积谷交接、保管支拨办法,各县收购的训令,内部清理积谷、建仓积谷办法,各县积谷收购已收、欠收数量表、积谷之款调查表》,四川省档案馆,四川省粮政局档案,92-1479。

② 《四川省政府、粮政局、民政厅关于建仓积谷、新旧仓廒情形、谷款使用、防旱救灾的训令、呈文及三十六市县三十八市伤粮食状况调查报告》,四川省档案馆,四川省粮政局档案,92-487。

二、优待征属

从优待征属的情况来看,1946—1949 年国民政府对所征壮丁家属实行优待。1946 年,大足县政府"本年下期征属优待亟须应发放以资救济,本期应发征属优待谷,以每户六市斗计,约需积谷九千六百壹拾壹市石四斗,拟请仍在三十四年度本县县仓保管委员会存余积谷项下拨支"。① 荣昌县,转拨田粮管理处拨来的 1948 年旧历年节及 1949 年端节优待谷 14196 市石。②

在拨发优待谷的过程中,如果所需优待谷数额不敷时,就挪用救荒部分积谷发放。如巴县 1948 年,年度附征积谷配额为 52000 石,截至 5 月底征收 36450 石,照 3/5 计算,仅有优待谷 21971 石,本年应发优待征属 25000 户,每户以 2 石计,需谷 50000 石,再加上发放复原军官 374 名,每名 14 石,需谷 5236 石,青年军 74 名,每名 9.8 石,需谷 725.5 石,合共需谷 55961.5 石,实已超过配征数额。优待支出无法短少,自惟移用备荒部分积谷。后经巴县县政府决定,1948 年度积谷虽奉令集中,亦须除发放优待外,如有余谷始能存储备荒。③ 此后四川省政府规定:各县积谷,其已拨充优待出征壮丁家属之用者,应于 1940 年起,逐年筹募补足,以经常保持每户一担为原则。④ 还有彭山县,自 1948 年起"优待谷存数甚微,不敷发放本年端节优待谷之用",因此请示四川省政府挪用备荒谷,"各受优待之征属,本县向例系于农历年底及端午两节各发放一次,每人各给稻谷一市石。三十七年即已发放黄谷四二四六市石,仅

① 《关于报送 1946 年下期放发优待注意事项及动支积谷数量表上四川省第三行政督察专员公署兼保安司令部的呈》,重庆市档案馆,四川省第三行政区督察专员公署档案,0055000200454000077000。

② 《关于报送荣昌县集中仓备荒积谷情形上四川省第三区行政督察专员公署的呈》,重庆市档案馆,四川省第三行政区督察专员公署档案,0055000500261000219000。

③ 《四川粮政局、民政、财政厅、温江县府关于天灾济民,办理积谷平粜的包裹、签呈、指令、调查表及揭发县粮政科长李学成贪污案》,四川省档案馆,四川省粮政局档案,92-734。

④ 《四川省政府、粮政局、民政厅关于建仓积谷、新旧仓厫情形、谷款使用、防旱救灾的训令、呈文及三十六市县三十八市饬粮食状况调查报告》,四川省档案馆,四川省粮政局档案,92-487。

余黄谷一四三九市石一六三合,以之发三十八年度端午节优待(仍照每人一市石标准),三十八年新征壮丁二七二名,应增发优待谷二七二市石,计共不敷三〇七八市石八三七合。刻值青黄不济时期,另行筹募实在困难,同时民力亦需顾恤。上项不敷之谷,即请以备荒谷项下挪移发放"。①

三、优待还乡退役军官和士兵

1948 年,补发成都市各县还乡军官历年优待积谷,"该市在乡军官分会会员迭次请求,凡退除役职军官佐一律自三十年起按年每人发给优待谷四市石,以维持生活"。"本府为体念各该在乡军官生活艰难,俾能维持现状起见,经核准,在本省三十六年省级公粮项下借拨黄谷四千石交由该府核实发放。""此次核定该市补发在乡军官应领优待人数共二八九七人","共计配给国币柒拾壹億叁仟捌佰伍拾万元,已饬财政厅于六月十日以财二库字第七八九号垫付款通知如数运拨,该府具领转发"②。同年重庆市政府"在积谷项下,拨出陆仟捌佰市石以资发放退役军官救助金"。③ 荣昌县补发复员退役官兵应领优待稻谷 5000 市石。④

---

① 《四川粮政局、民政、财政厅、温江县府关于天灾济民,办理积谷平粜的包裹、签呈、指令、调查表及揭发县粮政科长李学成贪污案》,四川省档案馆,四川省粮政局档案,92-734。

② 《四川省社会处令补发各县还乡军官历年优待积谷卷》,四川省档案馆,四川省政府社会处档案,186-2118。

③ 《重庆市仓保委员会关于在积谷项下拨付退役军官救助金致四川田赋粮食管理处储运处的公函》,重庆市档案馆,重庆市民政局档案,63-1-448-79。

④ 《关于报送荣昌县集中仓备荒积谷情形上四川省第三区行政督察专员公署的呈》,重庆市档案馆,四川省第三行政区督察专员公署档案,0055000500261 0000219000。

第四章　近代川康地区社会保障仓储的地理分布

第一节　1840—1911 年四川省社会保障仓储地理分布

一、1840—1911 年四川省社会保障仓储地理分布

本书在第一章中已经对 1840—1911 年间四川省仓储的种类及发展变迁进行了论述,在本节中,对常平仓、社仓和义仓三仓的分布情况作一梳理;根据《中国地方志集成·四川府县志辑》①、《中国方志丛书》②的记载,统计了 21 个府州,138 县,3 个直隶厅,清末常平仓、社仓、义仓的储谷额如表 4-1 所示。

---

① 《中国地方志集成·四川府县志辑》,巴蜀书社 1992 年版。
② 《中国方志丛书》,成文出版社有限公司印行 1976 年版。

表 4-1　1840—1911 年常平仓、社仓、义仓储谷总额数量表

（单位：石）

府县		常平仓	社仓	义仓	合计	资料来源
成都府	成都县	95000	15291	—	110291	同治《重修成都县志》卷二　食货志　仓厫
	华阳县	94999	3740	—	98739	民国《华阳县志》卷三　建置　仓储
	双流县	32000	34200	—	66200	光绪《双流县志》卷一　治署
	温江县	3848	—	44652	48500	民国《温江县志》卷三　民政
	新繁县	4800	15000	置田	19800	民国《新繁县志》卷二　建置
	金堂县	50000	19045	534	69579	民国《金堂县续志》卷三　食货　仓储
	新都县	—	—	租谷	—	民国《新都县志》第二编　政纪
	郫县	19990	22960	租谷	42950	民国《郫县志》卷一　仓储
	彭县	28000	82383	—	110383	光绪《重修彭县志》卷四　仓储志
	崇宁县	30000	32019	—	62019	民国《崇宁县志》卷三　仓厫
	新津县	39000	6297	租谷	45297	道光《新津县志》卷二十一　仓储
	什邡县	20000	74950	—	94950	民国《重修什邡县志》卷五　食货
	崇庆州	38000	47247	11193	96440	民国《崇庆县志》建置二
	简州	24000	10358		34358	光绪《简州续志》卷十二　食货志　积贮
	合计	479637	363490	56379	899506	
绵州	绵州	20000	15588	4054	39642	同治《直隶绵州志》卷十五　公署
	德阳县	7480	43078	2830	53388	同治《德阳县志》卷八　赋税志　仓储
	安县	15000	60821	354	76175	同治《安县志》卷八　仓储
	绵竹县	13000	25288	7828	46116	道光《绵竹县志》卷十五　公署志
	梓潼县	6000	7145	1302	14447	咸丰《重修梓潼县志》卷一　仓储
	罗江县	11000	16183	—	27183	嘉庆《罗江县志》卷七　田赋　仓储
	合计	72480	168103	16368	256951	

续表

府县		常平仓	社仓	义仓	合计	资料来源
龙安府	江油县	—	9323	3035	12358	光绪《江油县志》卷二　建置
	石泉县	4020(荞)	10(荞)	租谷	4030	道光《石泉县志》卷三　食货　仓储
	彰明县	6641	16460	—	23101	同治《彰明县志》卷三十三　仓储
	合计	10661	25793	3035	39489	
茂州	茂州	5708(麦)	1386(麦)	—	8371	道光《茂州县志》卷三　税课　仓储
		1036(荞)	241(荞)			
	汶川县	2837(小麦)	5(小麦)	—	4124	《汶川县志》卷三　仓储
		1260(荞子)	22(荞粟)			
	合计	10841	1654	—	12495	
雅州府	雅安县	17597	8508	—	26105	民国《雅安县志》卷二　仓廒
	名山县	4809	17233	997	23039	光绪《名山县志》卷十　仓储
	荥经县	4905	61462	租谷	66367	民国《荥经县志》卷二　建置志　仓廒
	芦山县	10639	1900	—	12539	民国《芦山县志》卷五　食货志
	清溪县(汉源县)	10982	7757	—	18739	民国《汉源县志》建置志
	天全州	5923	—	1123	7046	咸丰《天全州志》卷二　田赋
	打箭炉厅	4346(青稞)	—	—	9846	光绪《打箭炉厅志》　仓储
		1000(小麦)				
		4500(谷)				
	合计	64701	96860	2120	163681	

127

续表

府县		常平仓	社仓	义仓	合计	资料来源
宁远府	西昌县	44881	4003	租谷	48884	民国《西昌县志》卷三　食货志
	冕宁县	11361	230	—	11591	咸丰《冕宁县志》卷三　食货志　仓储
	盐源县	22314	2289	1020	25623	光绪《盐源县志》卷三　食货志　仓储
	会理州	17660	15538	—	33198	同治《会理州志》卷九　赋役志　积贮
	越嶲厅	4329	—		4329	光绪《越嶲厅志》卷四　田赋
	合计	100545	22060	1020	123625	
嘉定府	乐山县	48000	—		48000	民国《乐山县志》卷四　建置
	峨眉县	10000	9173	3000	22173	宣统《峨眉县续志》卷二　建置志　仓廪
	洪雅县	—	租谷	租谷	—	光绪《洪雅县续志》卷二　仓储
	夹江县	18000	6136	3504	27640	民国《夹江县志》卷三　仓储
	犍为县	38000	16705	租谷	54705	民国《犍为县志》卷九　义举志
	荣县	7000	32979	租谷	39979	道光《荣县志》卷二十二　赋役志　仓储 民国《荣县志》建置第二　仓储
	威远县	4000	52541	3000	59541	光绪《威远县志》卷二　食货志　仓储
	峨边厅	4565	1632	—	6197	民国《峨边县志》卷二　建置志
	合计	129565	119166	9504	258235	
眉州	眉州	40000	11771	19508	71279	民国《眉山县志》卷三　食货志　仓贮
	丹棱县	4310	5700	1716	11726	光绪《丹棱县志》卷四　田赋
	彭山县	32000	13000	租谷	45000	民国《重修彭山县志》卷三　仓储
	青神县	32000	4309	—	36309	光绪《青神县志》卷八　仓储
	合计	108310	34780	21224	164314	

府县		常平仓	社仓	义仓	合计	资料来源
邛州	邛州	26000	36280	4960	67240	民国《邛崃县志》卷二　仓储篇
	大邑	8000	57447	3200	68647	民国《大邑县志》卷十　仓储
	蒲江	701	9440	5399	15540	光绪《蒲江县志》卷一　赋役　积贮
	合计	34701	103167	13559	151427	
泸州	泸州	58000	14972	30059	103031	民国《泸县志》卷三　食货志　仓储
	合江县	37000	13631	租谷	50631	同治《合江县志》卷八　田赋
	江安县	38000	6539	3000	47539	道光《江安县志》卷二　积贮 民国《江安县志》卷一　户口赋税
	合计	133000	35142	33059	201201	
叙州府	宜宾县	8194	7003	33340	48537	光绪《叙州府志》卷十七　仓储
	南溪县	40000	24515	5178	69693	同治《南溪县志》卷三　仓储
	庆符县	12000	813	4863	17676	光绪《叙州府志》卷十七　仓储
	富顺县	42000	11630	8000	61630	道光《富顺县志》卷十二　仓储 民国《富顺县志》卷二　仓储
	隆昌县	7800	8521	租谷	16321	同治《隆昌县志》卷十七　仓储
	长宁县	5000	279	10150	15429	光绪《叙州府志》卷十七　仓储
	兴文县	7200	4196	1821	13217	光绪《兴文县志》卷二　仓廒
	高县	12530	1512	122	14164	同治《高县志》卷七　仓储
	筠连县	900	1064	租谷	1964	同治《筠连县志》卷四　仓储
	珙县	3590	2140	1551	7281	光绪《珙县志》卷三　积贮
	屏山县	3186	4404	5661	13251	光绪《屏山县续志》卷下　赋役志 仓储
	雷波厅	4572	2852	596	8020	光绪《雷波厅志》卷十五　仓储
	马边厅	6456	2488	71282	80226	光绪《叙州府志》卷十七　仓储
	合计	153428	71417	142564	367409	

府县		常平仓	社仓	义仓	合计	资料来源
资州	资州	28000	26580	28000	82580	光绪《资州直隶州志》卷八 食货志 积贮 民国《资中县续修资州志》卷三 食货志 仓储
	资阳县	28000	13557	7351	48908	咸丰《资阳县志》卷六 赋役考 徭役
	内江县	20000	12854	1100	33954	民国《内江县志》卷一 田赋 仓储
	仁寿县	24000	42570	16853	83423	同治《仁寿县志》卷三 食货志 仓储
	井研县	10069	8210	6079	24358	光绪《井研县志》卷四 建置
	合计	110069	103771	59383	273223	
永宁州	古宋县	4492	—	429	4921	民国《古宋县志》卷四 积贮
	叙永县	21000	9957	18035	48992	民国《叙永县志》卷二 政治篇
	合计	25492	9957	18464	53913	
保宁府	阆中县	19049	1917	5120	26086	咸丰《阆中县志》卷三 仓储志
	苍溪县	6100	1687	—	7787	道光《保宁府志》卷十九 食货志 仓储
	南部县	14000	2349	租谷	16349	道光《南部县志》卷五 食货志 仓储
	广元县	3530	1300	1589	6419	民国《重修广元县志稿》第十三卷
	昭化县	4110	800	租谷	4910	道光《重修昭化县志》卷十九 仓储
	通江县	8727	664	2275	11666	道光《通江县志》卷三 食货志 仓储
	南江县	4080	—		4080	道光《南江县志》中卷 仓谷
	巴州	15060	6894	2689	24643	道光《巴州志》卷四 仓储
	剑州	7399	—	—	7399	同治《剑州志》卷六 赋役
	合计	82055	15611	11673	109339	

府县		常平仓	社仓	义仓	合计	资料来源
顺庆府	南充县	42000（常、监、社）	—	—	42000	民国《新修南充县志》卷四　舆地志
	西充县	4640	10647	2446	17733	光绪《西充县志》卷二　建置　公署
	营山县	4249	5704	3761	13714	同治《营山县志》卷十三　食货　仓储
	仪陇县	3360	6977	4065	14402	光绪《仪陇县志》卷二　食货志　仓储
	邻水县	3801	1070	343	5214	道光《邻水县志》卷二　积贮 光绪《邻水县续志》卷二　积贮
	岳池县	22000	—	10014	32014	光绪《岳池县志》卷六　食货志　仓储
	广安州	25100	23164	5200	53464	光绪《广安州志》卷四　贡赋志　仓储
	蓬州	4315	8977	3450	16742	光绪《蓬州志》惠鲜篇第六
	合计	109465	56539	29279	195283	
潼川府	三台县	30010	339	10906	11477	民国《三台县志》卷十二　仓储
	射洪县	15000	4800	租谷	19800	光绪《射洪县志》卷五　食货　仓储
	盐亭县	5250	—	4464	9714	光绪《盐亭县志续编》卷四　贡赋
	中江县	13000	9040	—	22040	道光《中江县志》卷三　田赋　民储
	遂宁县	24000	15635	—	39635	光绪《遂宁县志》卷一　赋课　仓储
	蓬溪县	5970	2430	—	8400	道光《蓬溪县志》卷八　仓储
	安岳县	18100	11524	3000	32624	道光《安岳县志》卷十四　贡赋
	乐至县	4270	5880	3000	13150	道光《乐至县志》卷十一　仓储 光绪《续增乐至县志》卷三　田赋　仓储
	合计	115600	49648	21370	186618	

续表

府县		常平仓	社仓	义仓	合计	资料来源
重庆府	巴县	84108	11649	7021	102778	道光《重庆府志》卷三 食货志 仓储
	江津县	58000	14549	20064	92613	光绪《江津县志》卷四 仓储
	长寿县	44000	5471	70	49541	民国《长寿县志》卷三 荒政及仓储
	永川县	6590	10545	3150	20285	光绪《永川县志》卷四 赋役 仓储
	荣昌县	6020	12902	1380	20302	光绪《荣昌县志》卷七 仓储
	綦江县	22000	4142	—	26142	道光《綦江县志》卷二 仓储
	南川县	5273	6246	5500	17019	民国《南川县志》卷四 食货志 仓储
	铜梁县	27200	8133	3000	38333	光绪《铜梁县志》卷三 食货志 仓储
	合州	52000	39614	580	92194	民国《新修合川县志》卷十六 仓储
	涪州	48000	6735	2896	57631	同治《重修涪州志》卷三 建置志 仓储
	大足县	5200	14050	—	19250	光绪《续修大足县志》卷五 仓储
	璧山县	5400	12488	—	17888	同治《璧山县志》卷二 仓储
	定远县	44000	14176	9722	67898	光绪《续修定远县志》卷二 仓庚志
	江北厅	26000	2233	3000	31233	道光《江北厅志》卷三 食货 积贮
	合计	433791	162933	56383	653107	
夔州府	奉节县	36107	3610	2727	42444	光绪《奉节县志》卷十三 仓储
	大宁县	4650	2366	893	7909	光绪《大宁县志》卷三 食货 仓储
	巫山县	20530	1724	—	22254	光绪《巫山县志》卷十二 仓储志
	云阳县	26730	3184	6346	36260	民国《云阳县志》卷十九 仓储
	万县	32150	8867	518	41535	民国《万县志》卷九 地理志 仓储
	开县	12400	5202	4017	21619	咸丰《开县志》卷七 田赋 仓储
	合计	132567	24953	14501	172021	

府县		常平仓	社仓	义仓	合计	资料来源
忠州	忠州	28450	3217	—	31667	同治《忠州直隶州志》卷四　食货志　积贮
	丰都县	28270	5100	2690	36060	光绪《丰都县志》卷二　赋役志　仓储
	垫江县	10949	5397	6476	22822	光绪《垫江县志》卷三　食货志　仓储
	梁山县	5000	23790	—	28790	光绪《梁山县志》卷四　食货志　仓储
	合计	72669	37504	9166	119339	
绥定府	达县	14000	—	20000	34000	民国《达县志》卷十一　食货门　仓储
	东乡县	6210	30001	16342	52553	光绪《东乡县志》卷五　赋役志　仓储
	新宁县	5200	7819	11400	24419	同治《新宁县志》卷三　仓储
	渠县	21000	26649	—	47649	同治《渠县志》卷九　田赋
	大竹县	8300	14598	544	23442	道光《大竹县志》卷十四　公署志　仓廒
	太平县	4200	4852	809	9861	光绪《太平县志》卷三　食货志　仓储
	城口厅	—	1205	—	1205	道光《城口厅志》卷九　公署
	合计	58910	85124	49095	193129	
酉阳州	酉阳州	2160	1999	2400	6559	同治《增修酉阳直隶州总志》卷六　食货志　积储
	秀山县	17522	2870	1680	22072	同治《增修酉阳直隶州总志》卷六　食货志　积储　光绪《秀山县志》卷四　建置志
	黔江县	5450	8644	—	14094	同治《增修酉阳直隶州总志》卷六　食货志　积储
	彭水县	5420	6460	1373	13253	同治《增修酉阳直隶州总志》卷六　食货志　积储
	合计	30552	19973	5453	55978	

府县		常平仓	社仓	义仓	合计	资料来源
石柱直隶厅	石柱厅	6000	—	400	6400	道光《补辑石柱厅新志》建置志　第五
松潘直隶厅	松潘厅	17000（青稞）	1697	1120（青稞）	19817	民国《松潘县志》卷二　仓廒
杂谷直隶厅	杂谷厅	10743（麦稞荞）	517（麦稞荞）	—	11260	同治《直隶理番厅志》卷一　舆地赋役

从上表统计可以看出清末四川省仓储的空间分布情况：

1. 仓储额在 50 万石以上的府州是成都府和重庆府：成都府 899506 石，重庆府 653107 石。

2. 仓储额在 20 万至 40 万石之间的府州有：叙州府 367409 石、嘉定府 258235 石、资州 273223 石、绵州 256951 石、泸州 201201 石。

3. 仓储额在 10 万至 20 万石之间的府州有：顺庆府 195283 石、绥定府 193129 石、潼川府 186618 石、夔州府 172021 石、眉州 164314 石、雅州府 163681 石、邛州 151427 石、宁远府 123625 石、忠州 119339 石、保宁府 109339 石。

4. 仓储额在 10 万石以下的地区有：酉阳州 55978 石、永宁州 53913 石、龙安府 39489 石、松潘厅 19817 石、茂州 12495 石、杂谷厅 11260 石、石柱厅 6400 石。

从四川省常平仓、社仓、义仓的空间分布来看，成都府和重庆府是仓储额最高的地区，而叙州府、嘉定府、资州、绵州、泸州是仓储额较高的地区。顺庆府、绥定府、潼川府、夔州府、眉州、雅州府、邛州、宁远府、忠州、保宁府的仓储额一般。酉阳州、永宁州、龙安府、松潘厅、茂州、杂谷厅、石柱厅的仓储额最少的地区。

四川省常平仓、社仓、义仓的仓储额分布呈现出明显的区域差异,仓储分布的重心为以成都府为中心的川西地区、嘉定府为中心的上川南地区,以泸州为中心的下川南地区,以重庆府为中心的上川东地区。

二、四川省社会保障仓储地理分布的影响

四川省社会保障仓储分布广泛,地域差异明显,呈现出"点面结合、重点突出"的特点,造成四川省仓储分布不平衡的原因有自然、经济、交通和政治因素。

(一) 自然环境因素

从自然地理环境上来分析清末四川仓储的分布,仓储额最高的地区主要分布在川西平原、川东和川南地区,这与四川境内的稻米主产区正好吻合。"四川系属水稻区域,惟境内各地自然环境不同,实际分布仍有相当差别,成都平原为境内标准冲积平原,地平土肥,河渠交错,灌溉事业至为完善,水田面积之广,单位产量之多,均为他省所不及,故产稻总量亦为全省最多。"[1]川南地区地势较为平坦,盛产稻米,产量虽不及川西平原,但远优于川北丘陵地带,是上游第二稻米产区,[2]"川南如宜宾、江安、长宁、南溪、泸县、合江各县皆为有名产米区域,亦为渝万之米供给地,上川南如夹江、大邑、洪雅、彭山、眉山、青神各县所产,质佳量丰,上以供给成都,下以供给犍乐。"[3]而重庆府为川东稻米主要产区,"四川稻米多产之县,当推江津、綦江、忠县等处,除自给外,尚有余力供给渝万。江、巴县产米亦丰"[4]。

而川北、川西高原及川东的一些地区稻谷产量小,因此仓储储谷量也少。

---

① 中国地理研究所:《四川经济地图集说明》,1946年版,第13页。
② 王笛:《跨出封闭的世界——长江上游区域社会研究 1644—1911》,中华书局 2001年版,第17页。
③ 郑励俭:《四川新地志》,正中书局 1946年版,第78页。
④ 郑励俭:《四川新地志》,正中书局 1946年版,第78页。

随着梯田和冬水田的普及,盆周山区以及川西高原北部某些地区,也或多或少种植了水稻。诸如川东的城口、巫溪、巫山,川西北的平武、北川、茂汶,川西的泸定、天全、汉源、盐源等地,稻谷产量有限。如光绪年间的巫山地区"虽稻谷秋成,不足以裕民食"①。茂州地区,"土地刚卤,稻谷不生,惟州东黄牛坪水田十余亩可种谷"②。川西高原、盆周山地区等地区产米最少,因此位于此区域的酉阳州、永宁州、龙安府、松潘厅、茂州、杂谷厅、石柱厅仓储额较低。

(二) 经济发展水平因素

四川省仓储的分布重心与本省的经济发达地区呈现一致性。王笛将清代长江上游划分出以八个城市为中心的经济和商业贸易区域,即"以重庆为中心的上川东区,以成都为中心的川西区,以顺庆府城(南充)为中心的川北区,以嘉定府城(乐山)为中心的上川南区,以叙州府城(宜宾)为中心的川南区,以泸州为中心的下川南区,以万县为中心的川东区,以广元为中心的川西北区"③。这些四川省内经济发达的地区,大部分也是社会保障仓储分布的重点地区。

以重庆为中心的上川东区主要包括嘉陵江下游地区和黔江流域,主要城市有重庆、涪州、合州、广安等。重庆地处长江、嘉陵江之汇流处,为上游江河运输网络上最有利的位置,这一地区"有舟航转运之利,蜀西南北,旁及康藏,以至滇黔之一隅,商货出入输会必于重庆。故重庆者,蜀物所萃,亦四方商贾辐辏地也"④。以成都为中心的川西区,"是长江上游人口最稠密、开发最早、自然条件最好的地区,这一地区每年都有大量稻谷运出,此外各种经济作物也很发达。本区河流通航条件较差,但陆路交通却很方便,上游重要的大路和驿

① (清)李友梁纂修:光绪《巫山县志》卷7,《水利》,光绪十九年刊本板存县署。
② (清)杨迦怿等修,刘辅廷等纂:道光《茂州志》卷3,光绪十一年刊本板存县署。
③ 王笛:《跨出封闭的世界——长江上游区域社会研究1644—1911》,中华书局2001年版,第212页。
④ 朱之洪等修,向楚等纂:民国《巴县志》卷13,《商业》,巴蜀书社1992年版。

路皆由此辐射而出"①。上川南区,指成都平原以南的岷江、大渡河流域地区,
以嘉定府城(乐山)为中心,"就地略观之,嘉定当三江之会,实南中形胜之
区"②,"嘉定府城居青衣江、大渡河与岷江合流处,溯岷江可至成都,溯青衣江
可至洪雅(至雅州府通竹筏)为岷江中游货运中心和大渡河、青衣江流域的木
材集散地"③。下川南经济区,"是指沱江下游与长江交汇区域,溯长江而上到
宜宾与川南经济区相连,顺长江而下通重庆与上川东区接壤,是上游农业经济
较发达的地区。这一区域以泸州为中心。泸州处沱江与长江的交汇处,是沱
江流域出入货物的重要集散地"④。

(三) 政治因素

明清以来,特别是清代,成都和重庆已经成为四川省的区域性中心城市。
成都自古以来就是巴蜀地区的政治经济中心,是四川总督、巡抚、布政使、按察
使等治所,行政机构庞大,行政人员众多,需要大量的粮食供给。而重庆早在
元朝时期,随着政治地位的上升和辖区的扩大,开始成为四川仅次于成都的重
要城市。明清时期,农业的进一步发展,人口比重的上升,手工业的繁荣,促进
了重庆商业的发展,重庆成为嘉陵江流域的物资集散地、四川水路交通中心和
商业繁盛的区域性中心城市。其时重庆农业已占四川 1/3,嘉陵江一带已成
为丝织业经济带。因此,重庆的仓储量仅次于成都,远高于其他地区。

(四) 交通因素

仓储的分布状况与四川的交通有着密切的关系。仓储的设立是我国历代

---

① 王笛:《跨出封闭的世界——长江上游区域社会研究 1644—1911》,中华书局 2001 年
版,第 212 页。
② 四川省第五区行政督察专员公署编:《四川第五区风土政情》,1944 年,第 7 页。
③ 王笛:《跨出封闭的世界——长江上游区域社会研究 1644—1911》,中华书局 2001 年
版,第 214 页。
④ 王笛:《跨出封闭的世界——长江上游区域社会研究 1644—1911》,中华书局 2001 年
版,第 214—215 页。

政府采取的一项重要的救荒政策,政府为了方便将储存的粮食及时地调拨至其他受灾之地,所以在水陆交通要冲之地,存储的粮食也应较大。

四川省内常平仓加贮粮食时特别考虑在水陆交通要道。乾隆五年(1740)议准,"川省秋收丰稔,米价平减,应动藩库,杂税银三万两、地赋银十二万两,委官于成都等府、州、县附近水次出产米谷最多处,分行采买,交地方官于沿江州县空出仓廒内加谨收贮。其采买不拘额数,但遇价增即行停止"①。乾隆五十一年(1786)奏准,"四川本年秋成丰稔,粮价平减,酌于附近水次各州县分买谷三十万石,平买实贮,以为接济邻封之用"②。乾隆五十五年(1790)奏准,"四川附近水次各州县,加贮谷三十万石,见在谷价平减,再分买谷五十万石,以备本省实贮及接济邻封之用"③。光绪二十六年(1900)奏准,"由司库筹拨银十万两,发交商号购谷六万八千五百一十三石零,分储川省水陆适中之资州、泸州、重庆、叙州等处"④。

不难看出,政府在选择加贮仓储粮食时,都提到了在四川水次各州县加贮,这主要着眼于粮食运输的方便。自古以来,川江便是四川境内的主要交通动脉。长江为主干河流,全域众水归流,汇集于长江,形成一个天然而完整的水路交通网。长江位于四川境内计长897公里,即从宜宾至巫山楠木园段,此段横贯川南、川东,上接云南、下连湖北、右通黔湘、左达陕甘。清代前中期的米谷运输,是川江航运长期稳定的大宗货源。水路运输的运费只有陆路运输的1/10。所以凡水路可循的地方,粮食皆由水运。因此,仓储额较高的府州都分布在长江及其支流流域,如仓储额较高的重庆府、叙州府、泸州分布在长江流域,成都府、嘉定府、叙州府分布在岷江流域,资州、泸州分布在沱江流域,绵州分布在涪江流域,重庆府分布在嘉陵江流域。

---

① (清)杨芳灿等撰:嘉庆《四川通志》卷72,《食货·仓储》,台湾华文书局印行,清嘉庆二十一年重修本,第7—9页。
② 刘锦藻:《清朝续文献通考》卷60,《市籴考5》,商务印书馆1955年版,第51555页。
③ 刘锦藻:《清朝续文献通考》卷60,《市籴考5》,商务印书馆1955年版,第51558页。
④ 中国第一历史档案馆编:《光绪朝朱批奏折》第91辑,财政,中华书局1996年版,第341页。

第二节　民国时期川康地区积谷仓地理分布

一、1911—1935 年川康地区积谷仓地理分布

1911—1934 年,四川全境处于军阀混战之中,约计大小战争在 460 次以上,四川省战乱不断,各县仓谷多为驻军变卖挪用,据内政部统计,1931 年仅有 8 个县报送积谷数,后经内政部咨请补送,亦仅续报 4 个县。"二十一年、二十二年,所报县数亦甚寥寥,表式填列且多不合规定;该省近年灾祸频仍,仓政废弛,于此可见。二十三年所报县数较多,计有温江等一百廿县;二十四年报告书,则又仅列五十六县。该省连年水旱为灾,情形极为严重,按照积谷规定标准,殊难一时足额。"①

表 4-2　1934—1935 年川康地区各县市区仓储积谷数量一览表

县市别	1934 年			1935 年		
	仓廒数(所)	积谷数(石)	谷款数(元)	仓廒数(所)	积谷数(石)	谷款数(元)
万县	—	987	—		987	
奉节	173	2240	27.67	—	—	—
忠县	120	4663		—	—	—
巫山	1	120	1471.29	—	—	—
巫溪	10	—		6		
云阳	305	9334	1586.10			
南川	55					
大竹	111	10038	—	12	2924	
渠县	—	172	400	5		
成都市	1	3003	1000			
重庆市	70	2747	27.47	—	—	—

① 内政部统计处编:《仓储统计》,战时内务行政应用统计专刊第 3 种 1938 年印,第 3 页。

续表

县市别	1934 年			1935 年		
	仓廒数（所）	积谷数（石）	谷款数（元）	仓廒数（所）	积谷数（石）	谷款数（元）
温江	—	—		70	—	—
崇庆	24	1166	1256.71	—	—	—
双流	—	325				
崇宁	2	—	322.53	2		322.52
资中	39	1502	1380.21	39	1394	4712.28
资阳	64	1909		—	—	—
内江	80	96		—	96	—
荣县	78	9142	—	—	78	9143
仁寿	—	527		4	633	—
江津	—	—	—	139	5197	—
威远	32	4082	—			
达县	6	579				
遂宁	—	—	—	19		
安岳	60	1949	766.90	—	—	—
中江	4	730	57.30	—	—	—
潼南		428				
蓬溪	1	—		—	—	
乐至	7	374		4	1099	
绵阳	38	49	—			
绵竹	65	103				
广安	22					
梁山	50	1953	—	50	2953	
邻水	2	72		2	263	—
长寿	1	116	255.12	1	229	255.12
南充	—	50		—		
岳池	15	233	430	—	—	
蓬安	—	—		300		
西充	16	—		—		
眉山	1	138				

续表

县市别	1934 年			1935 年		
	仓廒数（所）	积谷数（石）	谷款数（元）	仓廒数（所）	积谷数（石）	谷款数（元）
蒲江	2	54	—	—	—	—
邛崃	2	299	—	—	—	—
大邑	24	—	—	—	—	—
洪雅	2	—	—	—	—	—
青神	1	438	—	—	—	—
乐山	4	1000	—	4	—	3978.75
马边	18	57	—	18	29	—
井研	42	1497	—	42	1690	1373.47
永川	50	3497	1813.84	—	—	—
江北	—	924	772.45	—	—	—
荣昌	8	374	—	—	—	—
綦江	31	1923	—	—	—	—
璧山	31	84	—	31	804	—
峨边	7	295	—	7	275	—
雷波	1	46	—	—	—	—
犍为	41	1388	280	41	1579	28000
峨眉	—	236	—	236	—	—
宜宾	55	5614	—	55	5713	—
南溪	24	318	—	24	640	336
兴文	1	190	—	—	—	—
高县	33	1072	—	33	1072	—
筠连	8	593	—	8	650	—
泸县	—	—	—	147	7244	705
松潘	1	99	—	—	—	—
西昌	4	314	—	11	4344	—
宁南	—	79	—	—	—	—
什邡	4	639	—	—	—	—
金堂	1	—	—	1	—	—
富顺	108	11640	—	—	—	—

续表

县市别	1934 年			1935 年		
	仓廒数（所）	积谷数（石）	谷款数（元）	仓廒数（所）	积谷数（石）	谷款数（元）
合江	9	924	—	—	—	—
古宋	24	226	—	—	—	—
涪陵	1	200	320	—	—	—
彭水	2	67	26.65	2	104	46.65
秀山	1	23	—	1	23	2429.06
石柱	—	—	—	2	5	116.9
丹棱	—	—	—	—	150	—
总计	2063	92838	12194.24	860	49852	14955.75

资料来源：内政部统计处编：《仓储统计》，战时内务行政应用统计专刊第 3 种 1938 年印，第 23—24 页。

1911—1935 年川康地区积谷的地理分布特征有以下几点：

第一，整体而言川康地区积谷水平较低，甚至有些县没有积谷。1931—1935 年，全省积谷数量分别为：1931 年 5219 石，1932 年 11490 石，1933 年 988 石，1934 年 92838 石，1935 年 49852 石。[①] 1934—1935 年 76 个县有积谷，没有积谷的县 55 个：华阳、简阳、广汉、新都、新繁、郫县、灌县、彭县、平武、江油、北川、彰明、茂县、汶川、德阳、安县、梓潼、罗江、成都、巴县、铜梁、大足、黔江、合川、开江、宣汉、万源、城口、丰都、垫江、酉阳、汉源、盐源、昭觉、天全、越嶲、夹江、彭山、庆符、隆昌、纳溪、叙永、仪陇、古蔺、阆中、营山、苍溪、昭化、通江、南江、巴中、剑阁、三台、盐亭、理番。

第二，仓储分布呈现出不均衡的特点，储谷重心分布在川南及川东产粮区。川南地区积谷较高的县份有：富顺县（11640 石），荣县（9142 石），宜宾（5614 石），泸县（7244 石），威远县（4082 石）。川东地区积谷较高的县份有：大竹县（10038 石），云阳县（9334 石），江津县（5197 石），忠县（4663 石）。

---

① 《中国仓储问题》，庐山暑期训练团印 1937 年版，第 28—29 页。

二、1936—1945年川康地区积谷仓地理分布

1935年四川省实现了川政统一,四川军阀防区制时代结束,正式实施行政督察区制,设立18个行政督察区和西康行政督察区。四川省共辖2市,19行政区、166县、3局。1939年,西康省正式建省。因此,西康省募集积谷自1939年开始,后因1939年、1940年西康省宁属和雅属遭受旱灾,遂导致部分县局未能募集。西康省募集积谷情况,据统计1940年西康省有10县局,共募集积谷3461石,1941年增至13县局,共募集积谷3845石。而四川省积谷自1935年川政统一后的第二年随即开始募集,且后来随着全面抗战的爆发,积谷数量出现了快速增长之趋势。根据《四川省仓储概况》的统计,1936—1939年四川省募集积谷数量见表4-3。

表4-3 1936—1939年川康地区各县市区新募积谷数量一览表

(单位:石)

年度 县市		1936	1937	1938	1939	合计
成都市		—	1943.600	594.210	—	2537.810
自贡市		—	—	2215.170	2372.870	4588.040
第一区	温江市	4545.751	18497.948	9441.470	—	32485.169
	成都	12036.695	13297.526			25334.131
	华阳	4127.604	19789.378	19384.384		43301.250
	灌县	—	6755940	14692.992	—	21448.932
	新津	—	—	6167.590	18426.810	24594.400
	崇庆	—	849.650	5327.580	3366.910	9544.140
	新都	15944.180	12362.850	6102.990	6813.590	41223.520
	郫县	13174.080	9757.056	12601.497	1399.390	37532.623
	双流	979.500	—	—	1941.590	2921.090
	彭县	22648.530		38577.680	25603.770	86829.980
	新繁	3149.883	3249.457	4272.154	4259.250	14930.724
	崇宁	6600.000	5526.423	939.971	10982.230	24048.624

年度 县市		1936	1937	1938	1939	合计
第二区	资中	1224.214	—	36658.370	54210.750	92093.334
	资阳	2268.277	—	26022.340	5320.000	33610.617
	内江	119.910	—	5313.110	21937.030	27370.050
	荣县	26771.260	—	10046.772	40483.790	77301.822
	仁寿	4605.820	—	15541.689	6784.500	26932.009
	简阳	—	6394.700	10852.000	36524.560	53771.260
	威远	4253.149		5125290	—	9378.439
	井研	—		13338.000	23188.410	36526.410
第三区	永川	9794.504	10821.410	19877.068	24163.070	64656.052
	巴县	15859.000	16497.000	69999.000	—	102355.000
	江津	7595.927	27428.102	63006.694	12697.270	110637.993
	江北	2949.230	6770.952	7469.530	53114.290	70295.032
	合川	—	—	16680.370	—	16680.370
	荣昌	—	924.400	18523.060	16701.680	36349.140
	綦江	3267.080	5846.460	8643.280	—	17756.820
	大足	—	3221.930	25218.070	34557.000	62997.000
	璧山	3384.526	5121.090	9102.539	15398.000	33016.155
	铜梁	1167.300	25.900	6699.340	29609.00	37504.040
	三峡区	514.110	531.630	725.550	2096.570	3867.860
第四区	眉山	390.000	420.205	2731.921	13629.519	18171.636
	蒲江	9167.820	1185.480	1185.730	7048.190	18587.220
	邛崃	—	272.333	3281.840	8047.110	11601.283
	大邑	—	—	10463.566	14430.610	24394.176
	彭山	1031.800		4367.410	5934.300	11333.510
	洪雅	518.729	2000.000	13015.260	15007.950	30541.939
	夹江	588.940	584.040	3349.870	5939.020	10457.270
	青神	369.891	—	1565.130	4525.000	6460.021
	丹棱	224.495	1278.000	1278.000	5486.000	8266.495
	名山	—	—	1159.400	4000.000	5159.400

县市 \ 年度		1936	1937	1938	1939	合计
第五区	乐山	3067.460	1020.015	4978.445	5052.700	14108.620
	屏山	533.800	—	4619.885	5064.080	10217.765
	马边	20.000	254.800	325.300	536.690	1136.790
	峨边	—	—	89.400	117.030	206.430
	雷波	60.810	117.000	253.000	1077.300	1508.110
	犍为	5342.588	—	10834.400	26401.000	42577.988
	峨眉	946.640	—	1440.719	—	2387.349
第六区	宜宾	18023.618	—	25292.336	—	43315.954
	南溪	3538.930	—	7811.613	—	11350.543
	庆符	3737.600	—	6185.391	5991.100	15914.091
	江安	1584.350	—	6913.950	—	8498.300
	兴文	434.656	—	1086.640	6106.150	7627.446
	珙县	2994.711	918.055	2600.000	7649.830	14162.596
	高县	2311.600	—	1201.609	9389.340	12902.549
	筠连	559.976	—	1147.840	—	1707.816
	长宁	1858.260	770.800	9489.180	14552.100	26670.360
第七区	泸县	2239.414	4574.860	46823.790	31040.470	84698.534
	隆昌	—	—	9956.146	16567.810	26522.956
	富顺	44025.159	—	15073.170	22255.060	81353.389
	叙永	407.620	2460.600	6872.120	—	9740.340
	合江	2452.202	4686.865	14473.931	—	21612.998
	纳溪	—	—	3056.960	2976.500	6033.460
	古宋	862.125	—	391.210	790.000	2043.335
	古蔺	—	2200.000	2200.000	28957.000	33357.000

续表

年度 县市		1936	1937	1938	1939	合计
第八区	酉阳	734.550	—	—	5287.920	6022.470
	涪陵	—	—	5231.011	4537.300	9768.311
	丰都	6041.639	3726.285	3136.726	5561.870	18466.520
	南川	401.860	3720.530	1502.267	—	5624.650
	彭水	269.500	752.900	1950.000	1950.000	4922.400
	黔江	—	269.000	6760.000	9125.000	16154.000
	秀山	—	—	3943.000	9364.840	13307.840
	石柱	—	1728.950	2385.190	15661.420	19775.560
第九区	万县	4175.280	—	60000.000	138267.000	202442.280
	奉节	3436.996	—	20385.600	28262.500	52085.006
	开县	34236.200	—	—	49313.350	83549.550
	忠县	6680.525	—	52427.400	69978.610	129086.535
	巫山	1085.580	—	—	2028.000	3113.589
	巫溪	—	—	230.000		230.000
	云阳	28122.690	—	34843.000	52782.840	115748.530
	城口		200.000	400.000	272.120	872.120
第十区	大竹	3039.274	24.320	23064.854	38550.010	64679.358
	渠县	89.161	—	16522.000	45804.000	62415.151
	广安	—	3392.200	60459.130	42858.309	106709.630
	渠山	4.089	—	16796.680	24059.870	40460.639
	邻水	2166.272	5077.140	4526.270	4050.570	15820.252
	垫江	—	351.000	13140.000	—	13491.000
	长寿	366.300	—	2208.740	—	2575.040

续表

年度 县市		1936	1937	1938	1939	合计
第十一区	南充	—	—	45352.640	58824.300	104176.940
	岳池	—	—	15900.000	36552.690	52452.690
	蓬安	—	—	24842.730	54325.610	79168.340
	营山	—	—	20340.000	30103.660	50443.660
	南部	—	—	5468.000	21587.000	27055.000
	武胜	302.880	—	22014.970	24670.150	46988.000
	西充	—	—	—	4767.550	4767.550
	仪陇	—	—	2280.674	8268.620	10549.294
第十二区	遂宁	2439.540	2439.542	8696.576	—	13576.658
	安岳	2251.380	3874.880	8890.990	35266.270	50282.420
	中江	15676.500	5537.700	14824.290	49000.390	85038.790
	三台	4420.250	6049.590	5453.310	37657.000	53580.159
	潼南	—	—	22072.934	24655.540	46728.474
	蓬溪	—	—	10025.980	30785.520	40811.500
	乐至	1073.801	—	13737.601	25017.400	39828.922
	射洪	150.460	340.500	16416.000	18006.300	34919.260
	盐亭	—	519.620	2458.275	9396.000	12373.895
第十三区	绵阳	—	6908.304	36238.497	26661.040	69808.741
	绵竹	—	26527.650	10046.325	727.650	37301.625
	广汉	—	14950.466	27772.320	—	42722.786
	安县	—	7648.260	17630.270	11429.680	36708.210
	德阳	1884.336	4384.106	5364.137	—	11632.579
	什邡	—	12801.410	7271.583	3573.570	23666.563
	金堂	—	12667.600	9478.490	4341.900	26487.990
	梓潼	—	2667.000	12041.000	4681.800	19389.800
	罗江	1408.640	4138.930	2285.750	6205.430	14038.750

续表

年度 县市		1936	1937	1938	1939	合计
第十四区	剑阁	500.000	289.803	15000.000	—	15789.803
	苍溪	—	—	6868.760	12613.010	19481.770
	广元	28.000	—	1284.830	3246.890	4559.720
	江油	2103.300	1328.660	2284.634	5226.390	10942.984
	阆中	—	—	6030.000	45950.000	51980.000
	昭化	—	—	2218.520	5292.000	7510.520
	彰明	—	809.600	9369.340	—	10169.940
	北川	—	—	—	—	—
	平武	—	—	2720.300	9940.000	12660.300
第十五区	达县	956.100	3752.550	24293.000	—	29001.650
	巴中	2442.290	—	39880.000	53473.000	95795.290
	开江	2831.720	155.000	2041.000	7417.880	12445.600
	宣汉	—	2092.700	18952.440	7673.660	28718.800
	万源	—	—	—	—	—
	通江	—	—	1100.000	2046.000	3146.000
	南江	—	—	1380.100	5800.000	7180.100
第十六区	茂县	—	67.800	—	—	67.800
	理番	7.375	266.287	—	—	273.662
	懋功	—	—	—	—	—
	松潘	139.440	—	—	—	139.440
	汶川	—	83.750	—	—	83.750
	靖化	—	—	—	—	—
合计	138县市区	403663.922	337901.928	1544523.558	1954224.220	4240313.628

资料来源:何南陔:《四川省仓储概况》,四川省政府印1947年版,第2—14页。

从表4-3我们可以看出川康地区积谷仓的分布状况:

1. 募集积谷数量在 50 万石以上地区:第九区(587127.6 石),第三区(556115.46 石)。

2. 募集积谷数量在 30 万至 40 万石之间的地区:第十二区(377140.1 石),第十一区(375601.5 石),第一区(364194.4 石),第二区(356983.9 石),第十区(306151.1 石)。

3. 募集积谷数量在 10 万至 30 万石之间的地区:第十三区(281757 石),第七区(265362 石),第十五区(176287.4 石),第四区(144972.95 石),第六区(142149.7 石),第十四区(133095 石)。

4. 募集积谷数量在 10 万石以下的地区:第五区(72143.05 石),第八区(94041.75 石),第十六区(564.652 石)。

由此,我们可以看出 1935—1945 年,川康地区积谷仓仓储额最高的地区是位于长江干流的第九区和嘉陵江流域的第三区,而募集积谷数量在 30 万至 40 万石之间的地区也是仓储额较高的地区,分别位于长江的五大支流流域,即涪江、嘉陵江、岷江、沱江、渠江流域。位于西南边缘地区的第五行政区,东南边区的第八行政区,川西北的第十六行政区募集积谷数最低。

1936—1945 年四川省积谷仓的空间分布充分说明了政府出于战争的需要而在仓储的空间布局的考量。第一,1936—1945 年,中国正处于抗战时期,四川是抗战的大后方,重庆是国民政府陪都所在地,政府与驻军等人员大量增加。四川省不仅要负责前方军粮供给,且要保障后方的军糈民食。1935 年,四川省开始全面募集积谷后,规定积谷的用途不仅用于保障民生,即贷谷、平粜、散放三种,且具有转入军粮、救济民食的功能。因此为了方便粮食的调运,在水运交通便利地区募集的积谷较多,而交通不便的山区募集积谷较少。第二,位于川东地区第九行政区和第三行政区是全省募集积谷数量最多的地区,主要原因是川东地区毗邻抗日战争的第六战区鄂西战场,此地区的粮食直接供应第六战区军粮,不仅募集积谷数量最多,且兴建仓廒数量也最多,第九行政区共有仓廒1394座,第三行政区有仓廒609座。[①]

三、1946—1949 年川康地区积谷仓地理分布

1946—1949 年,四川省每年派募积谷数额定为 320 万石,实际积谷在 300 万石左右。1948 年四川省各区市县积谷派募具体情况如下表所示。

表 4-4　1948 年川康地区各县市区积谷派额表

地域	各县市积谷数量(石)	总计
成都市	成都市(45000)	45000
自贡市	自贡市(20000)	20000
第三区	永川(30000)巴县(52000)江津(55000)江北(41000)合川(55000)荣昌(24000)綦江(25000)大足(30000)璧山(20000)铜梁(40000)三峡区(2150)	374150
第十二区	遂宁(50000)安岳(55000)中江(50000)三台(51000)潼南(25000)蓬溪(40000)乐至(30000)射洪(18000)盐亭(12000)	331000
第二区	资中(47000)资阳(40000)内江(46500)荣县(40000)仁寿(62500)简阳(57500)威远(28000)井研(8000)	329500
第一区	温江(18000)成都(20000)华阳(35000)灌县(29000)新津(10000)崇庆(36000)新都(15000)郫县(20000)双流(12000)彭县(35000)新繁(11000)崇宁(10000)	251000
第七区	泸县(80000)隆昌(27000)富顺(59000)叙永(22000)合江(30000)纳溪(7000)古宋(9000)古蔺(14000)	248000
第十一区	南充(55000)岳池(45000)蓬安(26000)营山(25000)南部(26000)武胜(27000)西充(17000)仪陇(20000)	241000
第十区	大竹(40000)渠县(46000)广安(54000)梁山(32000)邻水(22000)垫江(22000)长寿(22000)	236000
第十三区	绵阳(40000)绵竹(35000)广汉(30000)安县(20000)德阳(20000)什邡(25000)金堂(32000)梓潼(10000)罗江(15000)	227000
第四区	眉山(38000)蒲江(11000)邛崃(34000)大邑(22000)彭山(14000)洪雅(17000)夹江(14000)青神(10000)丹棱(10000)名山(15000)	185000

[①]　何南陔:《四川省仓储概况》,四川省政府印 1947 年版,第 30 页。

续表

地域	各县市积谷数量（石）	总计
第九区	万县（40000）奉节（20000）开县（30000）忠县（25000）巫山（9000）巫溪（5600）云阳（22000）城口（1300）	152900
第十五区	达县（56850）巴中（18000）开江（13000）宣汉（30000）万源（8000）通江（1000）南江（9500）平昌（13300）	149650
第六区	宜宾（55000）南溪（24000）庆符（10000）江安（20000）兴文（3000）珙县（7000）高县（5000）筠连（3000）长宁（15000）沐爱设治局（5000）	147000
第八区	酉阳（5500）涪陵（40000）丰都（25000）南川（20000）彭水（12000）黔江（6000）秀山（5400）石柱（8900）	127800
第五区	乐山（42000）屏山（7900）马边（1900）峨边（1800）雷波（340）犍为（40000）峨眉（14000）沐川（8500）	116440
第十四区	剑阁（14000）苍溪（15000）广元（9000）江油（16000）阆中（23000）昭化（8000）彭明（11000）北川（1200）平武（5400）青川（5000）旺苍（5700）	113300
第十六区	茂县（3500）理番（1100）懋功（1000）松潘（2460）汶川（760）靖化（460）	9280
合计	138县市区	3304020

注：根据《四川省、各县田粮处关于核定积谷派额拨交、接收欠交积谷、清理各县积谷、修仓、办理平粜的训令、代电、公函,造具积谷派额表》①整理。

1946—1949年四川省积谷仓的空间分布与抗战时期相比呈现明显的变化,积谷仓空间分布的重心向川东丘陵区、川南盆地区、川西平原区及川西北地区转移。

从积谷数量来看,第一行政区、第二行政区、第三行政区、第十二行政区为派募积谷较高的地区。第一行政区位于川西平原区,第二行政区位于川南盆地区,第三行政区位于川东丘陵区,第十二行政区位于川西北,这些都是四川省重要的米谷产地。四川省主要产米区可分为三大区:"一、以川西所属十六

① 《四川省、各县田粮处关于核定积谷派额拨交、接收欠交积谷、清理各县积谷、修仓、办理平粜的训令、代电、公函,造具积谷派额表》,四川省档案馆,四川省田赋粮食管理处档案,93-2-1248。

县为中心区。二、川南以叙、泸等县为中心区。三、川西北以遂宁、潼南等县为中心区。"①这就说明农业区域经济发展水平是决定积谷仓空间分布的重要影响因素。

从积谷数量变化来看,第九行政区的积谷数量变化最大。抗战时期第九行政区积谷最高,但是1948年第九区的积谷数仅为152900石,数量较少。出现这种变化的主要原因是,第九行政区位于川东地区,在抗战时期毗邻第六战区。川东地区负责供应第六战区军粮,且还有大量军队驻扎在万县。战时积谷仓不仅要保障民生,而且还有辅助军事之功能,即转售军粮,因此第九行政区的积谷储量成为四川省最高的地区。1945年抗战结束后,由于第九行政区的积谷不再用于军事需要,加之第九区各县基本位于盆周山区,产粮较少,因此募集积谷数量也随之降低。

第三节　民国时期川康地区田赋
征实仓地理分布

1941年国民政府实施田赋征实后,建设了田赋征实仓以适应粮食屯储、转运之需。根据在田赋征实过程中的作用,田赋征实仓分为收纳仓、集中仓和聚点仓。收纳仓以解决粮食的收储之需,集中仓则将所征实物集中储存,然后聚点仓接收并转运粮食。因此,考察田赋征实仓的地理分布实际是考察收纳仓、集中仓和聚点仓的分布情况。

一、川康地区收纳仓地理分布

收纳仓库系收储粮户所缴之赋谷而设立的仓库,仓库数量众多且较为分散,大多数在各县乡镇中心之征收地。依照财政部之规定,"三十一年度各县

---

① 西南经济调查合作委员会编著:《四川经济考察团考察报告》第二编,农林,独立出版社印行1940年版,第11页。

设征收处八处,每处平均四仓,三十二年度减为五处,仓库数仍旧,照此计算每县可有二十仓"。① 川康地区收纳仓基本上是按照财政部的规定而设,如西康省收纳仓在设立之初,报财政部预算,"宁属凡八县一局,平均每县设仓六所,计五十四处,雅属凡六县一局,平均每县仍设仓六所,及四十二处,康属十九县一局,平均每县设仓三处,计六十处,计康、宁、雅三属共设仓一百五十六处",然而"征实开始后,经斟酌本省各县情形,量为缩减,计只设仓九十四所"。②

从收纳仓的地理分布来看,收纳仓重点分布于四川省,而西康省分布较少。从仓库容量来看,四川省仓库容量与西康省差距较为悬殊。1944 年,四川省共建有收纳仓库 6939 座,容量达 4752462 市石,位居全国第二,到 1945 年增加至 9639403 市石,位居全国第一。③ 而 1942 年西康省设置收纳仓 94处,173644 市石,处于全国落后水平。西康省各县收纳仓设置情况如表 4-5所示。

表 4-5　1942 年西康省各县收纳仓库设置数量及容量表

县别	收纳仓数量(处)	收纳仓容量(市石)	县别	收纳仓数量(处)	收纳仓容量(市石)	县别	收纳仓数量(处)	收纳仓容量(市石)
康定	1	1900	定乡	1	4400	泸定	2	1400
丹巴	1	1500	稻城	1	2800	九龙	1	800
甘孜	1	5000	雅安	8	30900	德格	1	1700
邓柯	1	1500	白玉	1	1300	巴安	2	2000
雅江	1	740	义敦	1	150	瞻化	1	1100
炉霍	1	700	道孚	1	1200	理化	1	620
泰宁	1	54	得荣	1	1500	芦山	3	8500

---

① 《我国粮仓之沿革及其将来》,《粮政季刊》1947 年第 5、6 期,第 76 页。

② 《粮食部关于省局设置仓库注意事项代电,西康粮政局设置仓库计划书、呈文,造具仓库容量地点表及增筹、补筹费用表》,四川省档案馆,西康省粮政局档案,225-112。

③ 《各省田赋征收实物收纳仓库统计表》,《田赋通讯》1944 年第 36、37 期,第 35 页;汪元《五年来粮食仓储设施与推进积谷概述》,《粮政季刊》1945 年第 4 期,第 63 页。

续表

县别	收纳仓数量（处）	收纳仓容量（市石）	县别	收纳仓数量（处）	收纳仓容量（市石）	县别	收纳仓数量（处）	收纳仓容量（市石）
宝兴	4	1730	汉源	5	12300	荥经	5	10000
天全	5	3360	金汤	1	430	西昌	10	42000
会理	9	11480	越嶲	7	4000	冕宁	6	9600
盐源	4	5500	盐边	3	1500	宁南	3	2000
合计	94 处，容量 173644 市石。							

注：根据《粮食部、西康省府粮政局关于征购、仓库设置情形、增设各级调查粮情机构计划的训令，造具
　　筹仓应需费用估计表，呈送粮食部粮政会议议事记录》①整理。

二、川康地区集中仓地理分布

集中仓，"设立于城区及交通中心地点，而各乡镇收纳仓库所征购之粮食皆向此种仓库集中，故名曰集中仓库"②。1941 年，四川施行田赋征实后，为了屯储、转运粮食需要，川康地区开始设立集中仓库。"从各县仓库的设置情况而言，主要分为总仓和分仓两种。各市县仓库以下，设置分仓一所至五所，仓库所在地，以县城为原则，县城不设分仓，如仓库为储运便利设于重要乡镇时，则其所在地不设分仓。"③

1941—1943 年，四川省共设立集中仓库 662 处。最初设立之仓库以利用公共寺庙及公屋为主，383 处县仓库来源于利用寺庙改修，131 处县仓库来源于公屋改修。此后，随着四川征实征购粮食数量的不断增加，利用公共设施已不能满足存储粮食之需要，因此开始利用民仓储粮。1943 年，田赋征实仓主

①　《粮食部、西康省府粮政局关于征购、仓库设置情形、增设各级调查粮情机构计划的训令，造具筹仓应需费用估计表，呈送粮食部粮政会议议事记录》（1942 年），四川省档案馆，西康省粮政局档案，225-0016。

②　张华宁：《粮食仓库之重要及全国所需容量》，《中农月刊》1942 年第 3 卷第 8 期，第 40 页。

③　赵鳌、郭良夫：《四川粮食储运局仓储运输机构》，《督导通讯》1942 年创刊号，第 7 页。

要是利用或租用民仓,四川省115处县仓库租用民仓。

抗战时期,西康省粮政局根据实际情况,"先筹设雅安等十三个集中仓,草坝等十二个分仓,其他如康属之康定、泸定、道孚、炉霍、丹巴、德格、白玉、邓柯、瞻化、得荣、九龙、巴安、理化、定乡、稻城、雅江、甘孜、泰宁、义敦及雅属之金汤、宝兴各县局未经设置,又康属之石渠、宁属之昭化、宁东原不产粮,呈部时未计入"。按此计划,西康省实际设置了集中仓13个、分仓12个,均位于宁雅两属,其中雅属设集中仓6个、集中分仓5个,除金汤局外,各县都设有集中仓,宁属设集中仓7个、分仓7个,除昭觉、宁东外,各县都设有集中仓,而康属则无集中仓。①

川康地区集中仓的分布呈现出明显的不均衡性,从数量上来看,四川省114县,共设置662处集中仓,平均每县设置6处;西康省33县2局,而集中仓只有25处,除去康属没有设置集中仓外,雅属、宁属平均每县2处。从集中仓的容量来看,四川省集中仓共计4323500市石,而西康省集中仓只有231670市石。

三、川康地区聚点仓地理分布

聚点仓系接收和转运实物的集散仓储,这些聚点仓均位于运输要道或集散地点。抗战时期,四川省共设聚点仓16所,这些聚点仓全部设立于川江及其五大支流上。宜宾聚仓、泸县聚仓、重庆总仓、万县聚仓位于川江沿线,成都聚仓、新津聚仓、乐山聚仓位于岷江沿线,绵阳聚仓、太和聚仓、遂宁聚仓位于涪江沿线,三汇聚仓位于渠江沿线,赵镇聚仓、内江聚仓位于沱江沿线,广元聚仓、南充聚仓、合川聚仓位于嘉陵江沿线。此外,聚点仓还设置于四川省粮食集散中心或粮食消费市场,"根据粮食管理委员会之调查,川省每年进米最多

---

① 《粮食部、西康省府通过与修正关于粮政局办事细则、组织规程、粮食征购、拨运、加工、仓储办法聚点仓设置、职工出差规则、地价社保条例的训令》,四川省档案馆,西康省粮政局档案,225-5。

之市场以成都、金堂之赵镇、重庆、泸县、合川、宜宾、射洪之太和镇、万县等地为最多。至输出以泸县、金堂之赵镇、射洪之太和镇、合川、绵阳等地为最多。消费以重庆、成都、万县、内江、遂宁、合川、南充等地为最多"①。四川省在以上地区建聚点仓以更好地接收和转运粮食。

1942年,西康省"拟在各县局各属建聚点仓七座,计雅安6000市石,西昌5000市石,泸定5000市石,汉源3000市石,会理3000市石,天全2000市石,冕宁2000市石,共25000市石。报部核定经费96000元,又工程管理费160000元,共计256000元。嗣因物价上涨,经费不敷,因应事实需要,先建西、雅、天、康四仓(天全移泸定)共容量18000市石,已全部完成"②。为了粮食集中配拨转运方便,西康省选择在本省适中地点及交通便利之雅安、天全、汉源、西昌、会理、冕宁、泸定各县设置聚点仓。后因经费问题,西康省只在康定、雅安、西昌、泸定设立聚点仓4座,容量共18000市石。

抗战时期,川康地区聚点仓的地理分布也是呈现出明显的不均衡性,从数量上看,四川省聚点仓61座,而西康省聚点仓只有4座;从容量上来看,四川省聚点仓共计1029026市石,而西康省聚点仓只有18000市石。

四、川康地区田赋征实仓空间差异原因分析

抗战时期,川康地区田赋征实仓在空间分布上呈现出明显的不均衡性,四川省田赋征实仓建设位居全国之首,地理分布上遍及全川且分布密集,而西康省田赋征实仓建设还很落后,分布不均衡,且密度小。川康地区田赋征实仓的地理分布差异,是由于历史传统、地理自然条件及政治因素等多方面原因所导致。

---

① 西南经济调查合作委员会:《四川经济考察团考察报告》,独立出版社印行,第11页。
② 《西康省粮政局关于各县局粮政科集中仓、各属储运站结束办法汇缴粮食事业经费结余款训令,造具政绩交代比较表、前粮政局移交总清册》,四川省档案馆,西康省粮政局档案,225-51。

其一,历史传统。从仓储建设的传统来看,四川省仓储历史悠久,清朝仓储体系完备,仓廪充实,居全国之首位。全面抗战爆发后,面临屯储巨额征收实物的需要,仓储建设主要是以利用公仓和寺庙为主,1943 年,川省各县所需收纳仓库,原拟一律照征借总额,设备七成,嗣以经费关系,仅规定设五成仓容。每市石配发费用一元,以十分之六作改装费(凡以寺庙及公共建筑物改装成仓,永为公有者,即动用此费)。十分之四作整补费(凡就原有仓库加以修葺者,即动用此费)。而西康省仓储建设最早始于清末,且毫无基础,"因康属各县于清末改土归流初报升科时即征实物,故此仓储设备也早举办,但康属仓库虽早有建筑,然以该地出产有限,粮额甚少,故此容量甚少,又因关外地方气候高寒,粮食保存较为容易,且所征实物纯属青稞杂粮,并无黄谷故,此建筑也甚简陋,及至现在又以年代久远关系,是项仓库虽有其名,不过旧屋以资堆积而已"①。1941 年,西康省粮政局成立,全省改征实物,奉令修建粮区内验收仓库,宁雅各县始设公仓。

其二,地理自然条件。川康地区位于中国的内陆腹地,按照地势,可分为东部和西部两大区域。东部为盆地,地势相对较低;西部是大幅度隆起的高原和山地,地势较高。由于受复杂的地形影响,使东部盆地区域与西部高原地区的气候和农业生产条件有明显的差异。东部盆地区域,气温高,无霜期长,雨量多,湿度大,日照少,属亚热带湿润气候。西部高原地区,气温低,无霜期短,多风雪,干燥少雨,日照丰富。由于地势和气候条件的不同,东部和西部地区的农业自然条件也存在巨大的差异。② 东部四川盆地是我国四大盆地之一,农业条件较好,尤其是川西平原,有"天府之国"之称,是我国著名的粮产区。西部高原地区,"气候寒冷,山岳纵横,河流湍急,垦田不多,宜于农耕之地甚

---

① 《粮食部、西康省府通过与修正关于粮政局办事细则、组织规程、粮食征购、拨运、加工、仓储办法,聚点仓设置、职工出差规定、地价申报条例的训令》,四川省档案馆,西康省粮政局档案,225-5。

② 李世平、程贤敏主编:《近代四川人口》,成都出版社 1993 年版,第 5—6 页。

少。故畜牧者众,务农者次之,其他工商各业,更不发达"①。

由于自然地理条件的迥异导致川康地区农业发展水平存在较大差距,处于高原地区的西康省农业经济落后于四川盆地。抗战时期,国民政府施行田赋征实政策后,对于西康省采取不同的征收标准,"康属各县仍照旧额办理外,雅宁两属,一律遵照行政院颁发各省田赋征收实物暂行通则之规定,依卅年度省县正附税总额每元改征稻谷二市斗为标准"②。1941年,照规定标准征收实物,总计宁雅两属可征稻谷278000余市石,康属可征杂粮31000市石。③ 1941年四川省粮食征实数额为1200万市石,而西康省征实数额为309000市石。由此可知,川康地区由于农业经济发展水平不同,因此四川省和西康省在征收粮食数额上存在巨大差距,这也就导致了为征收、屯储粮食而设的田赋征实仓空间分布上的不平衡。

其三,交通因素。抗战时期,川康地区设置的田赋征实仓是为屯储、转运田赋粮食需要而设,因此交通状况尤其是水运交通影响田赋征实仓的分布,因为粮食为大宗笨重物品,运输以水运为主。四川省就水运来看,"以本省位于长江上游,泯、沱、嘉陵等江纵横贯通全省支流不可胜数,构成全川之河流网,为此颇富于水利。以重庆为水运中心,数百吨之小轮船可直通上海,商旅称便,至于小气划可由重庆北通合川,大水时且可北上遂宁;西达泸叙,以至嘉定。四川木船普遍,于水运中亦占重要位置"④。而西康交通之困难,于全国为最。截至现在,川康公路,只修至炉边,飞机只通雅安,现代交通工具,省内完全缺乏。全境多雪岭崇山、悬崖邃谷,河流皆湍激险浅,木船亦未易航行,苦力牲畜为唯一交通工具。而关外人稀地旷,市肆未兴,即此工具,亦取给困

---

① 李亦人:《西康综览》,正中书局1946年版,第352页。
② 《西康省三十年度田赋征实业务检讨》,《田赋通讯》1942年第14、15期,第36页。
③ 《西康省三十年度田赋征实业务检讨》,《田赋通讯》1942年第14、15期,第36页。
④ 李至刚、张克林合编:《四川地理》,中央陆军军官学校成都分校印,第18页。

难。① 因此西康省田赋征实仓建设,只有收纳仓较为普遍,而集中仓和聚点仓较少,只设立于雅属和宁属交通便利之处。

第四节　抗战时期川康地区农仓
层级体系和地理分布

四川农仓之筹设始于 1937 年,"自民国二十六年二月即已开始洽商,总额为一百万元,该省自筹百分之四十,农本局贷给百分之六十,同年十一月正式签订合同。但二十七年四月间,该省府自筹经费无着,请将前订合同取消,并将川省农仓事宜委由农本局办理,自是本局遂开始在川积极筹设农仓。农本局除力谋扩充已设农仓外,并拟投资建筑新仓若干,以期适合川省农产存储运销之需要"②。

一、川康地区农仓层级体系

农仓旨在发展农村经济而设,根据其业务范围及内容可分为甲、乙、丙、丁四级。"各级农仓设置之单位及其容量,则视环境需要及设置目的而定。等级愈低,设置之单位愈多,每单位之容量愈少,而合各个单位之总容量则较大。等级愈高,设置之单位愈少,每单位之容量愈大,而合各单位之总容量则较小。甲级农仓之上,复有一统辖各单位农仓之机构,各级农仓因统属而相联系,形成金字塔式之农仓网。"③从设置数量上看,1938 年四川省设立农仓 20 所,其中甲级 1 所,乙级 3 所,丙级 16 所;从容量上看,甲级农仓 5000 市石,乙级农仓 37000 市石,丙级农仓 134590 市石。从以上两方面看,基本上形成了一个金字塔式农仓网。

---

① 西康省政府秘书处编:《西康概况》,1939 年,第 8 页。
② 《四川省政府呈请借拨建仓经费案》,中国第二历史档案馆,农本局档案,四-30099。
③ 《中华民国二十七年农本局业务报告》,农本局研究室编印 1939 年版,第 29 页。

表 4-6　1938 年四川农业仓库等级统计表(截至 1938 年 11 月)

省别	仓名	等级	容量(市石)	储押金额(元)
四川	重庆	甲种	5000	在筹备中
	合川	乙种	4000	在筹备中
	赵家渡	乙种	25000	在筹备中
	太和镇	乙种	8000	591860
	遂宁	丙种	7000	376290
	中江	丙种	3300	348840
	三台	丙种	8000	362261
	合江	丙种	10000	917600
	李庄	丙种	12000	752430
	江安	丙种	10000	1335150
	南溪	丙种	10000	1846880
	花街子	丙种	6000	122920
	中白沙	丙种	8000	1570500
	新店子	丙种	4000	263310
	罗江	丙种	8000	62450
	德阳	丙种	12000	74454
	绵竹	丙种	15000	35000
	什邡	丙种	6488	997000
	三水关	丙种	8240	2234300
	潼南	丙种	6562	700800

资料来源:《农本局业务报告及有关文书》,中国第二历史档案馆,四-12487;《中华民国二十七年农本局业务报告》,农本局研究室编印 1939 年版,第 33—38 页。

　　在农仓层级体系中,丙级农仓数量最多,容量最大。这主要是由农仓功能及农仓设置特点两方面决定。

　　一是丙级农仓的作用是以储押、运销农产为主,而从四川物产状况来看,四川农副产品运销有赖于丙级农仓的发展。四川农副产品丰富,如蚕丝、桐油、畜牧产品等不仅为四川对外输出品,亦为当时中国对外贸易之主要输出品。但因前此运销制度的缺乏,使大好的特产品,经过多次中间商人的剥削和掺杂,不特使成本加高,而且使品质劣败。因之今年以来,农产品输出锐减,其结果更加重小农的贫困,减伤国家的富力。农仓为欲达到改善农民生活及充实抗战财力起见,应特致全力于运销业务,使农业特产,成本减低,品质提高,且大宗运销,以争取国外市场。①

二是从农仓的设置来看,先设置中等仓库,继而向上下两端发展。农仓依其作用而设,先有中等仓库,然后向上下两端发展,才能使繁荣对外贸易与改善农民生活,二者兼顾。而中等农仓设置之地点,须在各特产区域之中心。在该区域内,尽量与信用运销等合作社联络,并努力促进其发展;或推行封仓制度,使农民皆能得到农仓的帮助,以期农仓制度向下普及。同时将农民之储押品,加工包装,大量向本省都会运销,多数区域中等农仓组织健全后,乃在都会地方,设置大规模集散仓库,大量输出本省特产,以期农仓制度的向下发展。两端发展成功之后,四川农仓的系统组织乃告健全。②

二、川康地区农仓地理分布

1938 年 12 月底,农本局在四川已设立之农仓 22 所,容量 201530 市石。至 1939 年底,四川农仓有 40 所,1939 年比 1938 年增加农仓 18 所,仓房 147 所,容量 1611778.35 市石。③ 筹设之仓以广元之规模为特大,分仓有 19 所,分仓之储藏所有 70 所,容量数达 77 万市石有余。④ 1940 年,四川省又增设沿口、乐山、眉山、纳溪 4 所,农仓共计 44 所,容量增至 2958440.39 市石。西康省农仓设立较晚,1940 年才开始筹备设立雅安、天全、康定、荥经 4 仓,是年雅安、康定两仓设立营业,而天全、荥经两仓是否有设立必要,尚在调查之中。

关于仓库的建立,以有谷有仓为原则,起初应就庙宇祠堂或公共场所设法

---

① 汤枕琴:《民族抗战与四川农仓制度》,《建设周讯》1938 年第 6 卷第 8 期,第 25 页。
② 汤枕琴:《民族抗战与四川农仓制度》,《建设周讯》1938 年第 6 卷第 8 期,第 25 页。
③ 《中华民国二十八年农本局业务报告》,农本局研究室编印 1940 年版,第 59 页。
④ 业一科:《本局农仓业务述概》,《农本》1940 年第 35、36 期,第 2 页。

近代川康地区仓储制度演变及其社会保障功能

改建或新建。① 由于"川省向无基础,各地储粮应有之仓库,迄今上付阙如。四川省政府饬令各县尽量利用庙宇,以省公币"②。从四川省农仓的设置情况来看,绝大部分是利用庙宇祠堂而设。

表 4-7　1940 年川康地区农本局设立农仓一览表

省别	仓名	仓别	仓址
四川省	万县	大坝分仓	万县三六乡十五保江家岩
		晏家院分仓	万县三六乡十五保江家岩
		背沟分仓	万县三六乡十五保江家岩
		回龙巷分仓	万县三六乡十五保江家岩
	忠县	本仓(一)	城厢肖公祠
		本仓(二)	下王爷庙
	蔺市	本仓	涪陵蔺市川主庙
		南沱镇分仓(一)	涪陵珍溪冉姓听涛园
		南沱镇分仓(二)	冉姓怡园
		石家沱分仓	涪陵石家沱
	重庆	本仓(一)	南岸玄坛庙安达生仓
		本仓(二)	东门水朱什字仓
		本仓(三)	南岸弹子石和成三仓
		本仓(四)	三元庙街美丰仓库
		本仓(五)	千厮门和成一仓
		万家石分仓	九龙铺
		五龙庙分仓	—
		罗家嘴分仓	罗公祠
		五桥分仓	—
		老鹰嘴分仓	—
		马桑溪分仓	—
		红沙碛分仓	—
		石马河分仓	—

---

① 章柏雨、汪荫元:《常平仓与民食调节》,《中农月刊》1941 年第 2 卷第 2 期,第 19 页。
② 《四川省政府呈请借拨建仓经费案》,中国第二历史档案馆,农本局档案,四-30099。

续表

省别	仓名	仓别	仓址
四川省	重庆	葛老溪分仓	—
		红沙碛分仓（新仓）	—
		龙溪河分仓	—
	綦江	本仓	綦江沅湾南华宫
		东溪分仓	綦江东溪万寿宫
	中白沙	本仓（一）	江津中白沙鱼市口
		本仓（二）	中白沙双槐树黎姓民房
		朱家沱分仓	朱家沱靖江庙
		仁陀场分仓	仁陀场禹王宫
		龙门滩分仓	龙门滩兴隆街刘姓民房
		游溪分仓	下嘴聂姓民房
	合江	本仓（一）	合江上街斗姥宫
		本仓（二）	合江上街三营局
		本仓（三）	合江上街盐食巷
		第一分仓	合江城郊半边街王氏祠
		第二分仓	合江莱坝怡园
		先市场分仓	合江第二区先市场火神庙
	泸县	本仓	泸县上平远路四十三号
		第一分处	泸县白塔寺
		第二分处	泸县中王爷庙
		小市分仓	泸县小市川主庙街五号
		第一分处	小市上火街
		胡市分仓	泸县胡市五显庙
		弥陀场分仓	泸县弥陀场禹王宫
		新溪子分仓	泸县新溪子王姓民房
		第一分处	新溪子下王爷庙
		第二分处	新溪子上王爷庙
		第三分处	新溪子文昌宫

续表

省别	仓名	仓别	仓址
四川省	泸县	蓝田分仓	泸县蓝田下坝
		第三分处	蓝田坝新街
		泰安场分仓(一)	租地自建
		泰安场分仓(二)	王爷庙
	纳溪	本仓	南华宫
	江安	本仓	江安城北街鸡神庙
		第一分仓	江安东门外二郎庙
		第二分仓	江安东外街十八号
		第三分仓	冯姓民房
		大渡口分仓	江安棉衣乡大渡口新市
		来龙乡分仓	来龙乡宝照寺
	安宁桥	本仓(一)	长宁安宁桥后街火神庙
		本仓(二)	安宁桥天后宫
		本仓(三)	安宁桥上街王爷庙
	南溪	本仓(一)	南溪大南门南华宫
		本仓(二)	圆通门张家祠
		本仓(三)	镇江楼黄姓民房
		九龙滩分仓	九龙滩镇江庙
		大柏树分仓	大柏树陈氏民房
		龙君坝分仓	龙君坝
	宜宾	本仓	宜宾走马街南华宫
		安阜乡分仓	安阜乡三道场
		新村分仓	宜宾新村
		李庄分仓(一)	南溪李庄天上宫
		李庄分仓(二)	羊街张家祠
	合川	本仓	城厢关岳庙
		白沙渡分仓	白沙渡川主庙
		白塔坪分仓(一)	白塔坪楞严寺

省别	仓名	仓别	仓址
四川省	合川	白塔坪分仓（二）	白塔坪地母宫
		思居乡分仓	思居乡水府寺
		云门镇分仓（一）	云门镇禹王宫
		云门镇分仓（二）	云门镇王爷庙
		龙洞沱分仓	龙洞沱万民宫
		盐井镇分仓	盐井镇三圣宫
		沙溪镇分仓（一）	沙溪镇火庙
		沙溪镇分仓（二）	沙溪镇普贤庵
		大河坝分仓	大河坝天上宫及地王宫
	沿口	本仓	贾家崖旧工厂
	渠县	临巴镇分仓	临巴镇临巴寺
		鲜渡镇分仓	鲜渡镇关岳庙
	南充	本仓（一）	大北街万寿宫
		本仓（二）	专署侧旧府街
		本仓（三）	成达校舍
		第一分仓	南门子弹厂
		龙门分仓	龙门场关岳庙
		李渡分仓（一）	李渡天上宫
		李渡分仓（二）	李渡天上宫后
		李渡分仓（三）	禹王宫
		李渡分仓（四）	侯家院
		溪头分仓	溪头场张帝庙
		东观分仓	万寿宫
	阆中	本仓	阆中城内紫云宫
		第一分仓	阆中城郊禹王宫
	周口	本仓（一）	蓬安周口磉子街南华宫
		本仓（二）	下河街武圣宫
		金溪场分仓	禹王宫

续表

省别	仓名	仓别	仓址
四川省	广元	本仓	北门外城根
		东坝分仓	东坝
		西坝分仓	西坝
		贯家河分仓	普济巷
		毛坝子分仓	毛坝子
		沙河分仓	沙河
		昭化分仓	文武院梵天院
		朝天分仓	朝天镇
		三堆坝分仓	三堆坝
		郭家渡分仓	禹王宫
		白田坝分仓	白田坝
		迪廻坝分仓	迪廻坝
		走马岭分仓	走马岭
		虎跳驿分仓	虎跳驿
		射箭河分仓	石家沧河场
		石桥子分仓	石桥子晏家河
		张王庙分仓	张王庙
		红崖寺分仓	红崖寺
		江口分仓	江口场
		下寺分仓	下寺
	铜梁	本仓	铜梁学坡街仓圣宫
		安居分仓	紫云宫
	大足	本仓	大足南街关岳庙
	潼南	本仓	潼南安庆街禹王宫
		第一分仓	潼南学涪街张爷庙
		双江分仓	双江镇西街惠民宫
		野猫溪分仓	关岳庙
	安岳	本仓	北门外小正街川主庙

续表

省别	仓名	仓别	仓址
四川省	遂宁	本仓	高升街药王庙
		西眉镇分仓(一)	西眉镇禹王宫
		西眉镇分仓(二)	西眉镇何氏祠
		三家场分仓	黔阳宫
		东禅寺分仓	禹庙
	太和镇	本仓(一)	射洪太和镇天上宫
		本仓(二)	涪江东安大榆渡江唐宅
		洋溪镇分仓	洋溪镇蒲氏祠
		柳树沱分仓	柳树沱万寿宫
	三台	本仓	下南街禹王宫
	中江	本仓	小西街
	绵阳	本仓(一)	绵阳丰谷井陕西馆
		本仓(二)	石马坝南华宫
		本仓(三)	皂角铺
		本仓(四)	石马场火神庙
		本仓(五)	皂角铺南华宫
		新店子分仓(一)	新店子武圣宫
		新店子分仓(二)	安县救济院
		新店子分仓(三)	花街镇东禅寺
		新店子分仓(四)	花街镇刘氏寺
		新店子分仓(五)	花街镇文昌宫
		新店子分仓(六)	青莲场江西馆
		新店子分仓(七)	中坝陕西馆
		黄土场分仓	广东会馆
		界牌场分仓	弥勒寺
		丰谷井分仓	南华宫
	新店子	本仓	绵阳新店子涪西书院
	花街镇	本仓	安县花街镇下街广东馆

续表

省别	仓名	仓别	仓址
四川省	中坝	本仓	江油中坝陕西馆
		彰明分仓	火神庙
		太平场分仓	禹王宫
		青莲场分仓	彰明青莲场禹王宫
	赵家渡	本仓	金堂赵镇正街江西馆
		淮州分仓（一）	淮州江西馆
		淮州分仓（二）	同兴乡帝王宫
		淮州分仓（三）	靖天宫
		淮州分仓（四）	濂溪蓄院
		本仓	焦山尾
		五凤溪分仓（一）	南华宫
		五凤溪分仓（二）	刘姓民房
		金堂分仓	沈家祠
		姚家渡分仓	三楚宫
	三水关	本仓（一）	广汉三水关湖广馆
		本仓（二）	江西馆
		广汉分仓（一）	北门外五里巷曾姓民房
		广汉分仓（二）	广汉东门外竹子市叶姓民房
		连山镇分仓	南华宫
	什邡	本仓	什邡文华街福建会馆
		徐家场分仓	徐家场
		兴隆场分仓	兴隆场
	德阳	本仓（一）	德阳南街福建馆川主庙
		本仓（二）	德阳东街关帝庙
		本仓（三）	南门外五显庙
		孝泉分仓	孝泉场武圣宫
		八角井分仓	德阳八角井场
		黄许镇分仓	天后宫

省别	仓名	仓别	仓址
四川省	罗江	本仓	罗江东关外东岳庙
	绵竹	本仓	绵竹城内真武宫
		富新场分仓	禹王宫
	新津	本仓(一)	新津南华宫
		本仓(二)	新津东门外南华宫
		太平场分仓(一)	太平场联保十一保八甲
		太平场分仓(二)	复阳观内
		花桥子分仓	花桥联保韦驮宫
		永兴场分仓	永兴场关帝庙
	彭家场	本仓	双流彭家场第一桥
		簇桥分仓	双流簇桥上街关帝庙
		天江镇分仓	崇庆三江镇羊市庙
	温江	本仓	温江西门外下河坝街十二号
		文兴场分仓	文兴场正宗街
	成都	第四分仓	成都老南门外小天竺街胡姓民房
	乐山	本仓	平江门内老铁背街十号富新绸厂
		苏稽分仓	聂井坎谢姓民房
	眉山	本仓	
西康省	雅安	本仓	雅安县
	康定	本仓	康定县

资料来源:《农本局呈报该局各屯粮仓库移交全国粮食管理局接收情形的文书》,中国第二历史档案馆,农本局档案,四-25520;《中华民国二十九年农本局业务报告》,农本局研究室编印 1940 年版,第 25 页。

　　川康地区农仓地理分布特征是沿江而设。农仓主要分布在长江及其主要支流流域,皆滨长江、沱江、涪江及嘉陵江各流域之重要农产集散市场。1938 年设立的 22 所农仓全部选择沿江流域,"沿长江者为李庄、合江、中白沙、南溪、江安等五处;沿沱江者为三水关、什邡、德阳、罗江、绵竹、赵家渡等六处;沿涪江者为太和镇、遂宁、中江、三台、潼南、花街、新店子、中坝等八处;沿嘉陵江者为南充、合川二处;沿岷江者为新津一处。故由分配地位言之,此二十二仓中,无一及于内陆之县份"①。1940 年川康地区农仓增至 46 所,除四川省安岳农仓,以及西康省雅安农仓、康定农仓外,其他 43 所农仓亦分布在沿江地带。

　　农本局沿江设立农仓,其主要原因是"水运便而宜于农产品运输"②,较易设立农仓。四川僻处西陲,大山环绕,其中除成都附近尚属平坦外,余则峰峦起伏,山岭纵横。四川公路多分布于成都平原,其他广大地域,尚未建成,且运费昂贵,多无货运可言。故目前四川之交通路线,主要为水路。推行农仓业务者,拟先择接近生产区域,沿江河便利之乡镇,多设仓库,务使普遍,且以办储押为主,运销为副。更在交通枢要之区,择要设仓,以办运销为主,储押为副。使储押之农仓,有代理其运销之场所;运销之农仓,能接收各仓储押之农产。③

---

①　叶宗高:《四川农村经济问题》,《经济汇报》1940 年 4 月第 1 卷第 11 期,第 13—14 页。
②　《农本局业务报告及有关文书》,中国第二历史档案馆,农本局档案,四-12487。
③　《农本局业务报告及有关文书》,中国第二历史档案馆,农本局档案,四-12487。

第五章　仓储与地方社会

"无论履行平粜、借贷还是履行赈济或更广泛意义上的社会救济职能,仓储系统的终极目的都是为了稳定和维护地方社会秩序。"①因此,利用仓储实现对基层社会的管理与控制也是仓储重要的社会功能。仓储的社会控制职能可以从仓储与保甲、绅士、官绅的关系中反映出来。

第一节　仓储与保甲

为了有效地控制中国的乡村社会,清政府在州县以下设立了两大基层组织体系,"一方面确立了保甲组织体系,用于推行控制治安的事务;另一方面确立了里甲组织体系,该体系最初设置的目的在于征收土地税和摊派徭役"。雍正年间,里甲制度被保甲制度所取代,保甲制度的功能得到进一步强化,其职能从"弭盗",即维护封建社会治安扩大到催办钱粮赋税、进行封建教化、参与基层司法、办理社会救济等事务,保甲制度成为清政府控制地方基层社会的强有力手段。② 下面分别从仓储的设置、运营两方面论述它与保甲制度的关

---

① 吴滔:《明清苏松仓储的经济、社会职能探析》,《古今农业》1998 年第 3 期,第 25 页。
② 华立:《清代保甲制度简论》,《清史研究集》第 6 集,光明日报出版社 1988 年版,第105—109 页。

系及它在保甲制度下发挥的社会控制功能。

一、仓储设置与保甲制度相结合

清代,社会保障仓储的设置与保甲制度相结合,形成一个较完整且严密的体系。乾隆八年(1743),湖北巡抚晏斯盛在《推广社仓之意疏》中指出:"社仓之法,宜用宋朱熹之法而变通行之可也。请于十家一牌,十牌一甲,十甲一堡之中建立一仓,仓积谷三千石。一家大小口相衡,约为三口,口谷一升,家计三升。一堡千家之人,日食谷三十石,堡仓三千石之资,足支白日。再倍积之,分别极、又、次贫三等,足支一年。"①乾隆九年(1744),他在《社仓保甲相经纬疏》讲得更为明确,"社仓之法,请按堡设仓,使人有所恃,安土重迁,出入相友,堡甲连比,相为经纬天下之民,必有相生相养之实以为之经,而后行以相保相受之法而为之纬,社仓保甲原有相通之理,亦有兼及之势,彼此之间,一经一纬,大概规模,似有可观"。② 社会保障仓储与保甲制度相经纬,主要体现于仓储在设置、运营、救荒等过程中与保甲制度相结合,在发挥仓储的社会救济功能基础上,进一步加强封建政府对农村社会的控制。

从四川省的情况来看,四川保甲制度为牌、甲、保三级体制,即"旧制十家为牌,牌有长;十牌为甲,甲有长;十甲为保,保有正。……一保之内,出入相友,守望相助,变则同忧,常则共乐"。③ 保甲制度以户为基本单位,牌是组织的起点,经甲至保,递而上之,自城市达于乡村,形成完整的体系网络。

四川社仓主要分布于广大的乡村,其显著的特点是与基层社会组织密切结合,其主要表现在社仓的设置地点基本依托保甲而设,分布在城市和农村法定社区,即城厢及乡、都、团、里、甲等,形成以法定社区为基础的仓储建置模

① 贺长龄撰:《皇朝经世文编》卷40,《户政15,仓储下》,道光六年,第39页。
② 贺长龄撰:《皇朝经世文编》卷40,《户政15,仓储下》,道光六年,第42页。
③ 张骧等修,曾学傅等纂:民国《温江县志》卷3,《民政志》,《中国地方志集成·四川府县志辑》,巴蜀书社1992年版。

式。"就设置而言,由于清代的里甲制度和保甲制度的编列一般是以乡村的
自然村落为基础,并不打破自然村落的布局和社会结构,所以里、保,大多由自
然村落组成,因此直接影响了地方仓储的分布格局。"①四川社仓的建仓情况
主要有以下几种类型:

第一种:社仓建于坊厢,这种情况主要是社仓设立于州县城中。坊厢是清
政府设置在城市中的区划名称,"近城之地以东西南北四门为界为四关厢(或
单称"关",单称"厢"),城下近城仍按保甲编组,只是与乡下名称不同,所谓
'城中曰坊,近城曰厢,在乡曰里'。坊厢之下是牌、铺、街、甲,小的城市坊厢
之下直接为甲,或村庄、街巷、胡同。"②行政区名称中的"堡"、"保"、"铺"、
"团"、"练"、"牌",即源于治安民防目的"保甲"编组。③ 如巫溪县,"南岸头
牌社仓一间"④。华阳县社仓,设于"治南城内火神庙"⑤。

第二种:分布于乡村的社仓,普遍呈现出里甲式分级结构。

"清朝对县以下行政区划未做统一规定,但是,却将其推行的行政编
组——'里甲'与'保甲',作为县以下行政区划的基础。"⑥四川省设立于乡村
的社仓基本上是依托保甲制度,广泛分布于乡、村、里、甲等基层政区。如金堂
县社谷"散贮本城及上下四乡十一甲"⑦,巴县社仓"就各里甲建仓分贮"⑧。

① 白丽萍:《清代两湖平原的社仓与农村社会》,《明清以来长江流域社会发展史论》,武汉
大学出版社 2006 年版,第 374 页。
② 张研:《清代社会的慢变量——从清代基层社会组织看中国封建社会结构与经济结构
的演变趋势》,山西人民出版社 2000 年版,第 8 页。
③ 张研:《清代县级政权控制乡村的具体考察:以同治年间广宁知县杜凤治日记为中心》,
大象出版社 2011 年版,第 22 页。
④ (清)李友梁纂修:光绪《巫山县志》卷 12,《仓储志》,光绪十九年刊本板存县署,第 8 页。
⑤ 陈法驾、叶大锵等修,曾鉴、林思进等纂:民国《华阳县志》卷 3,《建置·仓储》,《中国地
方志集成·四川府县志辑》,巴蜀书社 1992 年版,第 77 页。
⑥ 张研:《清代县级政权控制乡村的具体考察:以同治年间广宁知县杜凤治日记为中心》,
大象出版社 2011 年版,第 21 页。
⑦ 王暨英等修,曾茂林等纂:民国《金堂县续志》卷 3,《食货·仓储》,《中国地方志集成·
四川府县志辑》,巴蜀书社 1992 年版,第 442 页。
⑧ 朱之洪等修,向楚等纂:《民国巴县志》,巴蜀书社 1992 年版,第 157 页。

根据四川省地方志整理出清朝四川省主要州县社仓分布的基本情况,从中可见社仓在各乡里甲的分布情况。

表 5-1　四川省社仓分布地点表

州县	储谷数额（石）	分布地点	资料来源
双流县	34208	四乡	光绪《双流县志》卷1　治署
新繁县	30046	水村、韩村、罗村、李村各1间	民国《新繁县志》卷2　建置
金堂县	18795	本城及上下四乡十一甲	同治《续金堂县志》卷3　食货　仓储
郫县	8960	四乡	民国《郫县志》卷1　仓储
彭县	84214	四乡各寺庙内	光绪《重修彭县志》卷4　仓储志
崇宁县	23219	四乡九甲	民国《崇宁县志》卷3　仓廒
什邡县	75125	四乡各庵观寺院	民国《重修什邡县志》卷5　食货
简州	10359	四乡十四甲	光绪《简州续志》卷12　食货志　积贮
绵州	15792	四乡	同治《直隶绵州志》卷15　公署
德阳县	42979	城乡	同治《德阳县志》卷8　赋税志　仓储
安县	60544	四乡	同治《安县志》卷8　仓储
梓潼县	5711	四乡	咸丰《重修梓潼县志》卷1　仓储
罗江县	16156	六村	嘉庆《罗江县志》卷7　田赋　仓储
彰明县	16644	各乡	同治《彰明县志》卷33　仓储
夹江县	6137	四路寺庙	民国《夹江县志》卷3　仓储
犍为县	17015	各乡市镇	民国《犍为县志》卷9　义举志
荣县	32019	署左16间、飞仙铺11间、程家场6间、贡井5间、龙滩场10间、清凉寺7间、五宝镇6间、旺兴坪6间、二台子6间、长山桥6间、观山场8间、香柏园4间	道光《荣县志》卷22　赋役志　仓储 民国《荣县志》第2　建置　仓储
峨边厅	1633	各乡场	民国《峨边厅志》卷2　建置志
丹棱县	4335	各乡	光绪《丹棱县志》卷4　田赋
青神县	4309	四乡	光绪《青神县志》卷8　仓储
泸州	15584	各乡	民国《泸县志》卷3　食货志　仓储

州县	储谷数额（石）	分布地点	资料来源
合江县	13631	各乡	同治《合江县志》卷8　田赋
江安县	6540	各乡	道光《江安县志》卷2　积贮
宜宾县	7824	各乡	光绪《叙州府志》卷17　仓储
南溪县	24515	四乡	同治《南溪县志》卷3　仓储
富顺县	11630	八路适中处所	道光《富顺县志》卷12　仓储
隆昌县	8522	回龙观、东乡王家寺、南乡、西乡、北乡、城乡马鞍山	同治《隆昌县志》卷17　仓储
长宁县	3427	县城仓、各乡	光绪《叙州府志》卷17　仓储
兴文县	4635	县署、居杭蠹凤落罗六乡、六合乡、荟灵乡	光绪《兴文县志》卷2　仓廒
高县	1512	四乡	同治《高县志》卷7　仓储
资州	26367	东西六里各寺观	光绪《资州直隶州志》卷8　食货志　积贮
资阳县	13424	县、五乡	咸丰《资阳县志》卷6　赋役考　徭役
内江县	13454	四乡	光绪《资州县志》卷8　食货志　仓储
仁寿县	45234	乡寺庙	同治《仁寿县志》卷3　食货志　仓储
井研县	10271	各乡	光绪《井研县志》卷4　建置
永宁县	4812	四乡	民国《叙永县志》卷2　政治篇
苍溪县	1688	四乡	道光《保宁府志》卷19　食货志　仓储
南部县	1466	十乡	道光《南部县志》卷5　食货志　仓储
广元县	192	各乡	民国《重修广元县志稿》卷13
昭化县	不详	六甲	道光《重修昭化县志》卷19　仓储
巴州	6894	十一乡（各甲）	道光《巴州志》卷4　仓储
邻水县	1070	城乡	道光《邻水县志》卷2　积贮 光绪《邻水县续志》卷2　积贮
安岳县	11525	十乡	道光《安岳县志》卷14　贡赋
江津县	14549	三里十二都	光绪《江津县志》卷4　仓储
荣昌县	12699	各里	光绪《荣昌县志》卷7　仓储
铜梁县	13796	四里	光绪《铜梁县志》卷3　食货志　仓储
合州	24616	五里	民国《新修合川县志》卷16　仓储

续表

州县	储谷数额 （石）	分布地点	资料来源
大足县	14050	城内、四乡各庙	光绪《续修大足县志》卷5　仓储
璧山县	12380	福、登、依三里	同治《璧山县志》卷2　仓储
云阳县	1043	南乡23甲、北乡7甲	民国《云阳县志》卷19　仓储
万县	3418	四乡	民国《万县志》卷9　地理志　仓储
垫江县	5397	三里	光绪《垫江县志》卷3　食货志　仓储
梁山县	23790	东、西、南、北四路	光绪《梁山县志》卷4　食货志　仓储
达县	20285	各乡	民国《达县志》卷11　食货门　仓储
东乡县	30001	十五甲	光绪《东乡县志》卷5　赋役志　仓储
新宁县	7272	四乡	同治《新宁县志》卷3　仓储
渠县	11990	各场寺院	同治《渠县志》卷9　田赋
大竹县	294	六乡场市庵观	民国《大竹县志》卷4　赋税志
太平县	5113	十保46所、七乡2所、八乡2所	光绪《太平县志》卷3　食货志　仓储
城口厅	1205	七保二三四九甲、六甲、八甲、七甲、十甲、一甲，八保二甲、三甲、五甲、六甲、一甲，九保二甲、三甲、五六甲各1所	道光《城口厅志》卷9　公署
酉阳州	2000	四乡	同治《增修酉阳直隶州总志》卷6　食货志　积储
秀山县	不详	四乡	光绪《秀山县志》卷4　建置志
黔江县	5985	栅洛二里	光绪《重修黔江县志》卷3　食货　仓储
彭水县	6461	四乡	光绪《重修彭水县志》卷2　食货志　仓储

资料来源：《中国地方志集成·四川府县志辑》，巴蜀书社1992年版；《中国方志丛书·华中地方》，成文出版社1926年版。

二、仓储运营与保甲

清朝咸丰年间，云阳县知县赵德霖鉴于本县仓储存粮较少，劝谕绅耆粮户于各甲适中之地捐输社仓以备荒灾，并详定《社仓条例》。从云阳县《社仓条例》中可以看出仓储的设置、社首的选任、仓谷的粜卖、赈济，以及仓谷的查核等事宜都依托于保甲制度。

社仓设置于各甲，仓廒设置数量根据各甲面积大小而定。"各甲于适中庙宇内就便择空隙之处建修仓廒。各甲地方有狭宽不一，宽者路途八九十里，往返计需二日，应于适中之地设立社仓二三处以免贫民远涉，如甲分窄狭者，或二三甲公同建一社仓，藉省用费，仍于适中之地建设，勿令远近不一，务期酌量妥适，以昭平允。"

社谷的捐输及管理也由各甲承担。"劝捐社谷每甲选举公正绅耆士庶首事十二名，持簿沿户查核，善为开导，照产业之多寡，应输社谷若干，秉公酌议，不准徇私蒙混，如有情愿加倍捐输者，按其等杀给予奖赏，议叙。如劝捐首事，正直端方，不辞劳苦，始终奋勉出力，准甲内公禀保举，以便酌量给予奖赏，议叙。"且所输之谷，"每年公举甲内殷实正直之人八名，分四名为正管，四名为副管下手，正管四名交代，即以上年副管作正管，仍另举副管四名，以备来年充当正管，如此互相递接，藉资熟手，俾免茫无头绪，经管之人务须矢公矢勤，实心实力，交相劝勉"。

社谷的粜卖与赈济更是依靠保甲制度清查户口，作为抚恤济贫的依据。"发粜仓米，先期出告白，通知将谷粜出，一面逐户清查本甲内实系家无产业之贫民，方许买粜，将应食仓米之贫民造具清册，注明男妇大小，丁口若干，应买米若干，照清册填写合同串票，应领米若干，应缴钱若干，编列字号，将发票裁给领米之人，存票留局以便稽查。"而且"粜卖谷米止准本甲贫乏买食，不得兼及别甲，盖甲内储谷只有此数，殊难广行，而在彼甲自有储谷相济故也"。在灾荒发生时，社仓仓谷也是只赈济本甲饥民，"本甲丰岁赢余之谷腆本甲凶年饥馁之民"，因此"仓内所存谷石止有此数恐甲内贫民过多不能赈恤到底，必须统计甲内大小丁口人数若干，每日需米若干，约计仓内之谷可以赈发若干日，预先知会贫民，使伊早自会计，另行设法免致临时吵嚷"。

最后就是社仓仓谷的使用也是由各甲监督、核查。"各甲应设印簿二本，以便登记查核，一本存各甲公正殷实之家，一本交每年正副首事，每本一百页逐一号明钤盖县印，每年春夏间粜谷若干，得钱若干，费用若干，并市价若干，减价若干，逐一详细注明，至秋收后市价若干，买谷若干，去价若干，并费用若干，经理首事对众算明并无亏挪等弊，逐一载明。"①

第二节　仓储与绅士

绅士是中国封建社会中一个独特的社会团体(社会阶层)，他们往往通过科举考试或捐纳等途径获得功名、学品、学衔或官职，取得绅士身份，从而享有一定的政治、经济、社会特权。地方仓储管理，是绅士参与地方事务的重要活动领域，因此地方仓储管理也成为学者们研究官绅关系的重要窗口。陈春声通过考察清末广东义仓，认为在基层仓储管理中，"由政府承担的很大一部分社会责任正转移到士绅阶层身上，基层社会控制权逐渐下移，整个社会在一定程度上出现了多样化发展的倾向"。② 白丽萍在考察清代两湖地区社仓的基础上，认为"绅士的行为具有两面性，从表面上看，他们积极参与地方仓储事务，不求回报，将乡民的利益视为己任；实际上，和参与其他地方事务一样，绅士正是通过管理仓储这一途径提高自己的威望和社会影响，进一步巩固自己的领袖地位，从而加强对乡村社会的控制能力"。③

事实上，在以仓储建设为代表的地方事务中，绅士所起到的作用日益重要，这折射出绅权的扩大以及地方政府对绅士阶层的依赖，但是在地方事务管理中绅士并未取得独立的地位，反而处处受制于地方政府。因此，政府对基层

① （清）江锡麒纂修：咸丰《云阳县志》卷3，《仓储》，咸丰甲寅年镌板存学署，第9—18页。
② 陈春声：《论清末广东义仓的兴起——清代广东粮食仓储研究之三》，《中国经济史研究》1994年第1期，第57页。
③ 白丽萍：《清代两湖平原的社仓与农村社会》，《明清以来长江流域社会发展史研究》，武汉大学出版社2006年版，第379页。

社会并未放弃管理权,只是改变了管理方式。

一、四川省仓储发展过程中的"官退绅进"

四川常平仓始建于平定三藩之乱后,随着农村经济的恢复,从康熙二十一年(1682)各县开始陆续建置常平仓,至雍正年间全省常平仓储规模初备。常平仓为官办仓储,由政府拨帑银采买是其主要来源,顺治十二年(1655),"题准各衙门自理赎锾,春夏征银,秋冬积谷,悉入常平仓备赈"。① 雍正九年(1731),"议准川省除现存米谷四十二万石外,再买贮六十万石,有百万之蓄度足备用,请分作三年,约计每年买谷二十万石,每石约价三钱,需银六万两,于夔关及盐茶赢余银内动支"。② 乾隆四年(1739),由于常平仓谷为数甚少,开仓谷捐监之例,"听民纳谷入监储诸本县,名为监仓其实亦常平也"。③ 并在乾隆初年,停止各项捐纳,唯留监谷一条。

虽然政府在直隶各州县设立常平仓,但其未能惠及乡村百姓,为弥补常平仓之不足,康熙四十一年(1702),下令于各村庄设立社仓收贮谷石。雍正五年(1727),"议寻社仓之设,原以乡居之民离城窵远,不能仰给常平之粟,是以于乡村建立社仓以民间之蓄积济民间之缓急,出入收纳听民自便,是社仓所以补常平仓之不及也"。④ 四川省社仓设立于乾隆三年(1738),最初政府粜卖常平仓仓谷,除买补正项外,将余银买作社粮"以为民倡",此后政府动员地方官员设法劝谕民间捐输,并以此作为官员升迁的条件。康熙二十一年(1682),"寻议令州县卫所官员设法劝输,一年内劝输米二千石以上者,纪录一次;四千石以上者,纪录二次;六千石以上者,纪录三次;八千石以上者,纪录四次;万

---

①　(清)昆冈等纂:光绪《大清会典事例》卷189,《户部·积储》,光绪二十五年八月石印本。

②　杨芳灿等撰:嘉庆《四川通志》,清嘉庆二十一年重修本,台湾华文书局印行,第2394页。

③　庞麟炳、汪承烈等纂修:《四川宣汉县志》,成文出版社有限公司印行,1931年石印本,第879页。

④　清高宗敕撰:《清朝文献通考》卷35,《市粜四》,商务印书馆1935年版,考5181。

石以上者,加一级"。① 此外,为了鼓励士民量力捐助社谷,分别捐助多寡,采取免除差徭,赏赐花红,给匾及州县禀请顶戴荣身等奖励。康熙五十四年(1715),"议定直省社仓劝输之例,凡富民能捐谷五石,免本身一年杂项差徭,多捐一二倍者,照数按年递免;绅衿能捐谷四十石,令州县给匾,捐六十石,知府给匾,捐八十石,本道给匾,捐二百石,督抚给匾;其富民好义比绅衿多捐二十石者,亦照绅衿例次第给匾,捐至二百五十石,咨部给以顶戴荣身;凡给匾民家,永免差役"。②

社仓与常平仓相比,常平仓捐监者只有生员、俊秀,而社仓谷捐输者既可以是绅衿,也可以是富民。捐输社谷为许多未取得生员资格及一些低层绅士提供了一条上升到较高社会阶层的社会流动渠道。"若通过捐输得到顶戴,就可取得某种准官僚的资格,具有一定的司法豁免权,从而对地方社会拥有更大的控制权和影响力。对许多士绅来说,捐输社仓谷往往只是毕生谋求乡族社会控制权活动的一个部分。"③

嘉庆年间,由于四川爆发了白莲教起义,四川仓政由盛转衰,全省社仓名存实亡。为了扭转四川仓储衰败之势,自嘉庆二十二年(1817),四川省开始尝试建立新仓,川督常明以全省社仓名存实亡,"不足济民食",奏请设置义仓。光绪六年,丁宝桢督川,为重整荒政,通饬各属,劝办积谷。随着积谷仓等近代仓储的兴起,仓储管理主体、经营方式及仓储性质随之发生了变革。一是仓储管理主体的变化,绅士为主,官员监督。义仓与积谷仓的仓首一职一般由殷实端方的绅士充当。金堂县义仓规条规定,"议报换首事,务于公所凭众协议,必须公正殷实绅粮方许充当"。④ 二是经营方式的变化,

---

① 清高宗敕撰:《清朝文献通考》卷34,《市粜三》,商务印书馆1935年版,考5170。
② 清高宗敕撰:《清朝文献通考》卷34,《市粜三》,商务印书馆1935年版,考5175。
③ 陈春声:《清代广东社仓的组织与功能》,《学术研究》1990年第1期,第78页。
④ (清)王树桐、徐璨玉修,米绘裳等纂:同治《续金堂县志》卷8,《民赋》,《中国地方志集成·四川府县志辑》,巴蜀书社1992年版,第7—8页。

只积不换，不再强调推陈出新、春借秋还，而是强调积谷备荒。三是仓储性质从常平仓的官办、社仓的官绅合办转变为义仓、积谷仓的官督绅办。嘉道以来，四川省仓储体系发生了重大变化，伴随着新式仓储的兴起，绅士参与仓储日渐普遍，相比官办仓储，这一时期四川地方仓储呈现出官退绅进的显著特色。

二、绅士与地方仓储活动

四川地方仓储建设是绅士参与地方基层事务的主要领域之一。从近代四川民办仓储的运营来看，绅士不仅是仓谷捐输的主要力量，且在仓储具体事务的管理过程中也居主要地位。

在仓谷的捐输上，绅士是"当地的富室巨户，其生活较普通百姓富裕，在劝捐积谷中，他们总是身先士卒，并理所当然地成为了主力军"。[1] 四川绵竹县旧无义仓，"自嘉庆二十一年，知县沈瓖奉文劝民捐设义仓，预备饥荒赈济，旋集县内绅粮议捐共计捐钱五千三百三十余千，买南五甲两路口唐世珍、张端爵水田一百七十五亩零"。[2] 南川县义仓，建于嘉庆二十四年，"邑令彭履坦奉文集绅富劝捐买田收谷贮仓，以济凶年"。[3] 各县都有由地方官和绅士所购的义田，其所收谷称为"义谷"，当饥荒发生时用于救济穷人。宣统二年，四川长寿县绅士孙鸿猷"垫银一千两，买谷存储本场作为本场义仓，择殷实公正者经手，仿朱子社仓办法，每年冬借秋还，每石取谷利一斗五升"。[4] 清末，四川兴起的新式仓储——积谷仓，在四川总督丁宝桢创办之初，"札饬各州县选择场

① 白丽萍：《清代两湖平原的社仓与农村社会》，《明清以来长江流域社会发展史研究》，武汉大学出版社 2006 年版，第 377 页。
② 王佐、文显谟修，黄尚毅等纂：民国《绵竹县志》卷 2，《建置》，《中国地方志集成·四川府县志辑》，巴蜀书社 1992 年版，第 426 页。
③ 柳琅声等修，韦麟书等纂：民国《南川县志》卷 4，《食货志·仓储》，《中国方志丛书·华中地方》，成文出版社 1926 年版，第 292 页。
④ 《巡警道批长寿县详县绅孙鸿猷禀立义仓垫银买谷以备荒歉》，《四川官报》，宣统三年三月，第 9 号，参考类，第 2 页。

市乡村公正绅耆各办各地,妥为料理,就近存储,以备荒年。"①1754 年,巴县知县建议绅士在乡建积谷仓,当年即贮谷 5005 石。1858 年,由于李蓝义军进入四川,袭扰重庆,川东道王廷植"以重庆商务大埠,户众人稠,警耗一来,全城数十万人,坐困需食,常、监各仓,为数有限,不足以备食待援,至可虞也,禀详总督,筹备积谷"②。此项积谷主要由八省绅商筹办,"八省首事筹办官商民粮,议定商捐,是为八省积谷之始。劝集行店客商,于老厘应完正税之外,每货银一两另抽二分,白花一包,另抽二分,由行店总抽缴局,采买谷储仓,以备城闭阖城民食"。③ 当年共积谷 3 万余石之多,八省积谷及财产由八省留渝绅商执掌,因而称为"八省积谷"。

在仓谷的管理运营中,绅士更是起到重要的作用。由于义仓与积谷仓仓谷出自民间,政府规定"听民间自司出纳,不可令官吏主持"。④ 同治六年,上谕"各直省督抚即饬所属地方官,申明旧制,酌议章程,劝令绅民量力捐谷,于各乡村广设义仓,并择公正绅耆,妥为经理。"⑤光绪九年(1883),四川总督丁宝桢在《劝办积谷折》中规定,"所积谷石,均由该绅粮等自行经管,绝无弊混"。⑥ 如四川巴县"八省积谷"是由八省绅商负责筹办,并一直是在绅商的控制之下。1926 年,始由江南绅士朱叔痴,江西绅士曾吉芝、王蔺揖,福建绅士谢少穆及八省董事等负责整理,1927 年复更名八省积谷办事处……共有积谷 8700 余石(新制)概由八省积谷办事处保管。⑦

---

① (清)许曾荫、吴若枚监修:光绪《永川县志》卷 4,《赋役·仓储》,光绪甲午岁增修宝兴公局藏板,第 27 页。

② 向楚:《巴县志选注》,重庆出版社 1989 年版,第 238 页。

③ 朱之洪等修,向楚等纂:民国《巴县志》卷 21 下,《中国地方志集成·重庆府州县志辑》,巴蜀书社 1992 年版,第 47 页。

④ 刘锦藻撰:《清朝续文献通考》卷 60,《市籴考 5》,商务印书馆 1955 年版,考 8163。

⑤ 昆冈等修:《光绪大清会典事例》卷 189,《户部·积储》,光绪朝版本。

⑥ 沈云龙主编:《近代中国史料丛刊第八辑——丁文诚公(宝桢)遗集》,文海出版社 1967 年版,第 2628 页。

⑦ 《关于开会商讨积谷建仓事宜致重庆警察局的函》,重庆市档案馆,重庆市警察局档案,0061-15-3924。

　　绅士在仓储的经营管理中,担任仓首、负责修建仓厫、敛散仓谷等事宜。四川省清溪县积谷仓"在汉源、富林二场,各派殷实绅粮二人为首事,于附近庙宇内修建仓厫"。仓谷的采买由绅士负责,"遴选殷实公正绅粮二人,札饬买谷约若干。该绅按时市妥议,先将价值报官核定,即持札在三费局拨钱,该局将支过钱数,禀知买谷之绅,约会管仓首事,定于白露节后何日,同往归仓……收清后,由首事给予收单,买谷之绅,速将某局领钱若干,某户买谷若干,分晰开单禀县,照缮榜示,张贴该场"。① 仓谷粜卖后也是由绅士买补还仓,"如粜卖则照市酌减定价,由官张示,不得买以囤积,其钱另选妥实粮户商铺收存,官吏不得提挪分文,秋后派绅如前买补"。政府对担任仓首的绅士依据其经营好坏进行相应的奖惩,"经理妥协,禀请大宪给予匾额,以示优异。其不善者,随时改派。凡交换均须出具无亏切结,若有私卖及短收匿报等弊,禁迫严惩"。②

　　在利用仓谷赈济中,地方政府依靠绅士负责仓谷赈灾活动,如清查户口、发放赈济等事宜。"查户口必由官绅公举正士分任其役,书差等不令丝毫干预,至赈银及粮皆由牧令领交各绅公收公发,不得铢粒存储官廨,应赈几次及每赈数目之多寡,由绅等酌请官示,官不得有所掣肘。"③

　　在灾害发生时,由地方绅士设立筹赈公局商议筹赈事宜,"凡办赈州县牧令须访邀在城在乡之廉直仁明众所推服之绅士若干人,集议于公所,仍令各举所知,由官邀请,多须三五十人至少必二十余人,择公所或寺庙立筹赈公局,由众绅士公举德望素孚者二三人住局总理一邑之赈,即由总理之绅与集议众绅士商赈四乡"。④

　　清查户口是仓谷发放的前提,"作为惯例,社仓谷发放之前,需先确认贫

---

①　《清溪三费章程》,《四川财政史料》,四川省社会科学院出版社 1984 年版,第 758 页。
②　《清溪三费章程》,《四川财政史料》,四川省社会科学院出版社 1984 年版,第 758 页。
③　《附录官赈拟章》,《四川官报》,光绪三十年八月下旬,专件类,第 22 册,第 6 页。
④　《附录官赈拟章》,《四川官报》,光绪三十年八月下旬,专件类,第 22 册,第 6 页。

灾户所在地点、数量、资产及受灾情况,以公平发放,而且社仓救济多为'以一里之谷救一里之民',非本地居民不属于救济范围"。① 清查户口的工作具体由绅士负责,"每乡多或四五人,少或三四人,各分地段亲至各村各堡逐户清查,二人共查一路,由官及总理赈事之绅筹给川费,不得受乡民一丝一粒供应,亦不得携带仆从,尤不得令书差等同行干与。查户绅士各携赈票若干,册票由筹赈公局刊刻二联,赈票用坚白纸印刷编号,每百张为一册,骑缝用官印,票书某邑某乡某村某人大口若干小口若干执何业,末书年月日某某查。查户绅士挨户清查,逐一登注,分极贫次贫字样,亲手给票于饥民,票根缴至公局,由总绅饬人录榜,书某乡某村某某绅亲查,得极贫饥民某某,某人逐名登列大小各若干口共若干户,次贫饥民某某,某人大小若干口共若干户,一一详书,并根册同送官核校用印,仍发局雇人分路榜贴于所查之乡村,令人共见,如所查不实,准令该民至筹赈公局控告,由总绅更邀一二人覆查,查户既毕,由地方官核勘赈票根册"。②

清查户口后,绅士参与发放赈济各项事宜。首先,官吏与筹赈绅士会商,"共领币银若干,仓谷若干,本邑捐款若干,合计总数,须赈几次,议定日择开放,由官出示,交公局酌定日期"。在发赈之日,"官与绅黎明同集公局,务尽申酉时前将一日应放之村尽数发完……发赈时分派绅士于公局总门口据根册挨村点名,令饥民亲身持票入内"。最后,在赈务完成之后,"由局绅公同清厘,详开某乡某村各若干户,大小若干口,初赈发若干钱粮,再赈三赈发若干,仍榜示如前,由地方校勘造册详报上宪"。③

综上所述,绅士在仓储的运营中居于重要地位,他们实际掌握着仓储的日常管理权,地方官府依赖绅士来推行民间仓储。由于仓储管理的自身特性,"特别是谷耗的巨大压力,使得仓储管理本身是一件费力不讨好的事情"。④

---

① 白丽萍:《清代两湖平原的社仓与农村社会》,《明清以来长江流域社会发展史论》,武汉大学出版社 2006 年版,第 376 页。
② 《附录官赈拟章》,《四川官报》,光绪三十年八月下旬,专件类,第 22 册,第 6 页。
③ 《附录官赈拟章》,《四川官报》,光绪三十年八月下旬,专件类,第 22 册,第 6 页。
④ 吴四伍:《清代仓储基层管理与绅士权责新探》,《学术探索》2017 年第 4 期,第 110 页。

以至于官员与民间将经营仓储视为畏途,剑州李榕在《致阎丹初大司农》一文中记载:"敝邻邑向有社仓,承社首者每以酬应规费破家,富户畏如蛇蝎,一经乡里举报,百计求脱。舍妹婿往年曾以三十金贿县署吏役,始得免充社首"。①李榕在任东北乡董事时,"周张数月,积谷一百三十余石,耗材费力,废时旷业,在所不辞,而惴惴于谷坏责赔之一日"。因此,他感叹积谷虽然是天下功德之大事,但是"其疾首蹙额而不愿为之者,直以事事与官吏交涉,一日经手,终身莫由得脱,而尚德之心,不胜其避累之心故也"。② 在这种情况下,绅士担负起办理仓储的社会责任,将乡民的利益视为己任。这反映了"上层政权对基层各实体组织的次级统治的依赖"。③

三、基层仓储管理中的官绅关系

近代四川省社仓、义仓与积谷仓的性质是民办仓储,采取的是"执掌在民、稽查在官"的经营模式。在仓储管理过程中,绅士虽然居于主导地位,反映出绅士在基层事务管理中权力的扩大,但是在管理过程中绅士的权力受到官府的监督、制约,绅士并未取得独立地位,而是要受制于官府。从宣统二年(1910)四川布政司详定整顿仓谷章程中,我们可以看出从仓首的选举、更换、奖惩和稽察等方面面,官方权力对绅士权力的限制。

首先,仓首由地方官选任。"查川省各厅州县社、济、义、积等谷石分储四乡者十之九,存于城内者不过十分之一地方官鞭长莫及,历系本地绅衿管理,或一年一换,或两年一换……责成地方官慎选本地殷实公正绅士充当。"④

其次,地方官员根据绅士经营仓谷的好坏给予奖惩。"查绅管谷石,多系

---

① （清）李榕撰:《十三峰书屋书札》,《蜀报》1910 年第 3 期,第 4 页。
② （清）李榕撰:《十三峰书屋书札》,《蜀报》1910 年第 3 期,第 5 页。
③ 张研、牛贯杰:《19 世纪中期中国双重统治格局的演变》,中国人民大学出版社 2002 年版,第 10 页。
④ 《四川布政司详定整顿仓谷章程》,《四川官报》,宣统二年五月上旬,专件类,第 11 册,第 1 页。

担任义务,如果三年期满,经理得宜,并无颗粒亏短,准地方官禀请酌给功牌匾额,以示奖励。倘或经理不善,窦弊丛生,并有霉变亏挪情事,定当着落照赔,仍予以应得之咎,不能因担任义务宽其责成。"① 如光绪三十年(1904)五、六月,川东北六府二州大旱,办赈结束后督宪上奏"应将出力员绅,照章请奖以示劝励"。② 西充县奖励办赈出力士绅,"殷绍卿等三名各给宣劝闾里匾额一道,把总王建寅、绅士何燮荣等三十三名各给予五品功照,胡晋培等三十七名各给予六品功照,仰筹赈总局转发给领,李清藩等五十二名由县给匾,毋庸悉数均请功照,致多而近滥"。③

再次,地方官在仓董交接时,负责监督盘查仓谷。"查绅管谷石,遇有交替,多未盘量接收,遂得彼此规避。兹拟仿照官办谷石办法,凡遇更换仓董,由地方官监督前后仓董跟同逐一盘查。果无亏缺,由后董出具交盘无亏切结,交由前董呈官立案。倘有短少霉变,即饬前董填换足额,不准互相蒙蔽,颗粒通融,违即责令出结者认赔。"

最后,地方官员负责稽察仓谷的经营管理。"查仓董未必一一皆当,应责成地方官不时巡查……管理得法者,存记给奖,奉行怠忽者,立予责斥。督察既属认真,典守自宜严密,不得谓绅管而官无其责。"④ 如宣统二年,四川隆昌县"议事会以该会提议,范嗣椿等经管仓谷八年余,并无报销,呈由县令札委局绅郑选等,查出侵款,严饬填还"。⑤

近代四川仓储在以官办为主的旧体制向以民办为主的新体制转变进程

---

① 《四川布政司详定整顿仓谷章程》,《四川官报》,宣统二年五月上旬,专件类,第 11 册,第 2 页。

② 《督宪奏甲辰赈案请奖折》,《四川官报》,光绪三十年腊月上旬,奏议类,第 32 册,第 8 页。

③ 《督宪批西充县褒奖办赈出力员绅禀》,《四川官报》,光绪三十一年六月上旬,公牍类,第 14 册,第 1 页。

④ 《四川布政司详定整顿仓谷章程》,《四川官报》,宣统二年五月上旬,专件类,第 11 册,第 1—2 页。

⑤ 《护督宪批谘议局呈隆昌县绅范嗣椿等侵蚀仓谷等情文》,《四川官报》,宣统三年六月,第 28 号,参考类,第 3 页。

中,呈现出"官退绅进"的显著趋势,在此过程中政府并非是简单地放弃对仓储公共事业的权力,而是政府对其控制方式的转变。在仓储基层管理中,绅士角色日益重要,社会地位也获得提高,但是绅士无法获得彻底的独立地位,处处受制于地方官员;他们通过参与地方事务获得对地方社会的控制权,同时也承担了更多的社会责任。

第三节　仓储社会功能的历史困境

仓储的社会功能并非一成不变,随政府统治力度的强弱,历代仓政办法和仓储功能也是不一样的。传统仓储大致为常平仓、义仓、社仓诸制并用。清末以还,仓政废弛,各地仓储,名存而实已亡矣,四川仓储,自民元以来,兵燹频仍,各地原有仓储,以种种原因,大都消耗殆尽。[①] 1928 年,国民政府内政部颁行义仓管理规定,将各地旧有之常平仓、储备仓、社仓及其他各仓,一律改为义仓,以备荒恤贫之用。1936 年《各地方建仓积谷办法大纲》公布实行后,仓储新政除备荒恤贫调剂农产外,并含有军事准备之作用,其于国计民生之关系,良非浅鲜也。[②] 在四川仓储兴衰交替的历史进程中,其社会功能的实现受到诸多历史因素的影响。

一、买补还仓不足

买补还仓不足主要是由于谷价高昂,无力买补还仓,以及买补还仓行动执行不力所造成的。

首先,谷价高昂,无力买补还仓。按清政府平粜平籴规定,仓谷每年春夏出粜,秋冬入籴,平价生息,然按规定时间购谷,不一定为丰收季,谷价甚高,出现仓谷还填困难,影响储谷备荒。丰都常平仓原额贮仓斗谷二万八千二百七

---

① 　四川省民政厅:《切实整顿仓储一案》,《县政周刊》1931 年第 12 期,第 46 页。
② 　内政部统计处编:《仓储统计》,《仓储统计·序》,内政部统计处 1938 年版。

十石,但因谷价昂贵,实存储谷数远未达到原来计划的仓储数,"咸丰九年(1859)填谷五千八百十五石五斗,后岁贫歉,谷价倍昂,历任知县详请俟谷价稍平买足原额。同治初年,填谷二千二百九十四石,连原储共一万三千一百一十七石五斗"①。光绪四年,四川黔江县"因谷价高昂,尚未买补还仓,现实存县仓谷五百九十八石四斗九升七合四勺,分存各乡谷一千三百一十七石二斗七升七合八勺,折银尚未采买谷四百四十四石五斗二升三合三勺,实共存社谷二千三百六十石零二斗九升八合五勺"。②光绪二十五年(1899)五月,川督奎俊奏称:"奴才到任后,细加体察,川中山多田少,生齿过繁,稍有歉收,即虑乏食,整顿储谷,尤为切要。当即分咨各厅州县,将常平、社、济各仓原额积谷若干?因公动用若干?曾否照数筹填?彻底清查,验堪虚实。先后据各该属禀报,有积存仓米二万余石及万余石者,至少亦数千石,间有因川东上年被灾,开仓平粜后,谷价昂贵,一时尚未筹还,亦经饬令速行买办,实存在仓,偶遇偏灾,足资救济。"③光绪三十一年(1905),四川东乡县称"先今动用社济仓谷现在填买维艰",督宪在批示中写道:"谷价昂贵,本境又罹灾患,自属难于买还。惟官绅均知,粮价日增,恐来年较此更甚,且虞买食维艰,赈粜将开,岂有县此万四五千之谷价而任听绅商握用。该令及应拣择妥绅设法采运回县,或米或谷,宁可明岁春夏仍将出粜,以增粮源而裕民食,又存其价,明岁再买归仓,但须切实钩稽,勿许稍涉虚报,仰筹赈总局迅将此批交专差带回遵办,仍移司行府知照缴。"④

其次,买补还仓执行不力,以致不足。宣统元年(1909)十月十八日,四川省咨议局提议整顿全川公有仓谷,并清厘富、乐、射三厂康济仓谷。在议案中提到:"川省各厅州县旧办常监、社、义、积、济各项公有仓谷,原为备荒而设,

---

① (清)徐昌绪编纂:光绪《丰都县志》卷2,《赋役志·仓储》,光绪十九年续纂,第31页。
② (清)张九章主修:光绪《黔江县志》卷3,《食货·仓储》,光绪二十年修,第2页。
③ 鲁子健:《清代四川财政史料》,四川省社会科学院出版社1984年版,第749—750页。
④ 《督宪批东乡县先今动用社济仓谷现在填买维艰》,《四川官报》,光绪三十一年正月下旬,公牍类,第1册,第3页。

乃日久玩生,颇形废弛;兼上年饥馑频膺,各属动拨仓谷不少,虽经前督部堂锡暨护督部堂赵先后札饬各地方买补填还,并以谨出纳、严交盘、追通欠,审定规则十条通行在案。而访问各属,已经收买存储者固多,空虚未填者亦复不少,其存储之谷,又或任其霉湿啮伤。"①

二、仓储之谷充作军需,社会保障不足

(一) 粜卖仓谷筹备军饷

晚清时期,外有列强入侵,内有农民起义,其中咸丰元年至同治三年(1851—1864),发生了席卷大半个中国的太平天国运动。为了战事之需,清政府粜卖仓谷筹集军饷。丰都县,咸丰三年(1853)奉文粜谷一万二千石,解济江南军饷;六年奉文粜谷七千五百十二石,解济京饷。② 涪州常平仓,"咸丰三年粜谷二万一千石零,筹拨军饷。咸丰七年,奉文粜谷一万二千六百八十五石零,筹拨军饷,以上除动粜外实存仓斗谷八千四百五十七石零"。③ 永川县常监仓,"咸丰三年,粜济军饷,七年,粜济京仓三次,奉文卖谷五千七百一十四石,获价批解,余存仓斗谷八百七十六石"。④ 定远县常平仓,"又咸丰三年内,奉文筹拨军饷动粜仓斗谷壹万六千石,又七年五月,奉文解京接济出粜仓斗谷九千陆百石,实存常监仓斗谷陆千肆百石,实存在仓"。⑤ 仪陇县,"邑常平仓实贮仓斗谷七百四十四石(按常平仓旧贮仓谷三千三百六十石),咸丰三年,知县王济洪奉行粜卖仓斗谷一千五百石;七年,知县邓清淦奉行粜卖仓斗谷一千一百一十六石,共卖仓斗谷二千六百一十六石,协济军饷所粜谷价解赴藩

① 鲁子健:《清代四川财政史料》,四川省社会科学院出版社1984年版,第750—751页。

② (清)徐昌绪编纂:光绪《丰都县志》卷二,《赋役志·仓储》,光绪十九年续纂,第31页。

③ (清)谭孝达、周元龙修纂:同治《重修涪州志》卷3,《建置志·仓储》,同治八年修,第14页。

④ (清)许曾荫、吴若枚监修:光绪《永川县志》卷4,《赋役·仓储》,光绪甲午岁增修,宝兴公局藏板,第26页。

⑤ (清)王锚等修:光绪《续修定远县志》卷2,《仓庾志》,光绪元年修,第4页。

库,未经买补"。① 彭水县,"咸丰三年,奉文变粜仓谷二千五百石,七年奉文变粜一千八百一十二石,均系解济兵饷,现在实储常平、监仓谷一千二百零八石"。②

民国时期,战事不断,依旧有卖仓谷筹饷。巴县,"民国十年三月四川陆军第一军军长但懋辛因巴县欠粮过多,需饷孔急,令饬县署借卖两仓存谷以应急需。准于是年粮税开征后摊加付还,绅董古绥之等迫于威令不能拒绝,遂以两仓存贮悉行出粜,共售银二万六千二百三十五圆七角九仙三星,全数交付抬粮事务所转交第一军司令部。从此常监两仓之谷遂一粒无存矣"。③

(二)动碾仓谷供给军食

咸丰十一年(1861)及同治元年(1862),石达开率太平军围涪州城,勇丁乏食,动碾社谷四千七百九十七石零。④ 同治元年(1862)绥宁饷绌,秀山县知县吴森请动常平仓谷二千石给左右邑梅三营,即于三营饷内准价扣存藩库银二千七百五十两;二年(1863)森复移用谷三千八百七十五石有奇以养防兵;三年(1864)知县吴学曾移用谷八百六十四石,并准价扣银二千六百两有奇存布政司库。⑤

1916年,南溪县驻军在县,饥窘无饷,乃动粜常监仓谷以给军食,于是庚廪全空,颗粒无存,而仓廒八十间今亦夷为蔬圃矣;倾社仓仓谷以济军食,谷遂无存。⑥ 古宋县常平仓、常监仓,"民国五年,护国之役,蔡总司令锷于大洲驿

---

① (清)曹绍樾、胡晋熙修,胡辑瑞等纂:同治《仪陇县志》卷2,《仓储》,光绪丁未秋重镌,板存勤学所,第55页。

② (清)庄定域主修:光绪《彭水县志》卷2,《食货·仓储》,光绪元年刊本,板藏摩云书院,第7页。

③ 朱之洪等修,向楚等纂:民国《巴县志》卷4下,《中国地方志集成·四川府县志辑》,巴蜀书社1992年版,第41页。

④ (清)谭孝达、周元龙修纂:同治《重修涪州志》卷3,《建置志·仓储》,同治八年修,第14页。

⑤ (清)王寿松等修,李稽勋等纂:光绪《秀山县志》卷4,《建置志》,《中国方志丛书》,成文出版社有限公司印行1976年版,第5页。

⑥ 李凌宵等修,钟朝煦等纂:民国《南溪县志》卷2,《食货》,《中国地方志集成·四川府县志辑》,巴蜀书社1992年版,第28—29页。

防次饬运仓米一百石暨川军总司令刘存厚退驻古宋又以仓谷接济军食,民国七年,股匪先后据城肆行消耗及军团克复县城仍系动用仓谷,此仓罄尽无存,至今不及填补"。① 1917 年,西昌县社仓尚存谷四千五百硕,1920 年滇军入境,知事以军粮不济,完全动碾,现只存谷二百一十四硕。② 1923 年,川战复起,剑阁县当孔道,各军往来乏米,支给官绅零议开县仓接济,常、监、社、济各仓遂用尽无余。③

（三）军队强夺仓谷

长寿县,"民国初年邑人创议售谷千石购备枪支,亦未能覆实,至后两年驻军横加夺取,不数年而一空如洗,甚至仓厫亦折毁作薪矣。"④北川县积平、社仓两处所贮之谷,"已于民国七年遭暴军营长庞其猷率队来县,尽数发卖,颗粒未留"。⑤

仓储有维持军食充实国防之作用,然清末民初,军务繁兴而恣意侵挪仓谷、军队横加夺取仓谷,以致出现有的地方仓储谷荡然无遗、颗粒未留,战乱频仍下"只顾军食罔计民"的局面造成仓储社会保障困难。

三、监管者的贪污挪用和民欠

按照仓储管理规定,官绅、社仓之社首、义仓之仓首、积谷仓之领首作为仓储的监管者,充任资格严格,对仓储负有完全的责任,有贪污挪用者,追赔治

---

① 佚名纂:民国《古宋县志初稿》卷 4,《中国地方志集成·四川府县志辑》,巴蜀书社 1992 年版,第 6 页。

② 郑少成等修,杨肇基等纂:民国《西昌县志》卷 3,《食货志》,《中国地方志集成·四川府县志辑》,巴蜀书社 1992 年版,第 7 页。

③ 张政等纂修:《剑阁县续志》卷 2,台湾学生书局 1967 年版,第 8—9 页。

④ 陈毅夫等修,刘君锡、张名振纂:民国《长寿县志》卷 3,《中国方志丛书》,成文出版社有限公司印行 1976 年版,第 26 页。

⑤ 杨均衡等修,黄尚毅等纂:民国《北川县志》,《中国地方志集成·四川府县志辑》,巴蜀书社 1992 年版,第 421 页。

罪。社仓之社首、义仓仓首充任资格：年在二十五岁以上者、品行端方者、家道殷实有田产百亩以上者、确无嗜好者，社首、仓首三年一更换，以杜欺弊。① 地方官对常监仓负有完全责任；②经管积谷领首，"倘有亏挪侵蚀情事，一经查出，即依法严惩，仍勒令照数赔偿"。③ 但仓储监管者挪用、营私舞弊、变卖肥己等贪污挪用行为还是时有出现，使仓谷损失以致无存。

社首贪污挪用。道光二十八年（1848），四川省布政使派人检查社仓的弊端。检查的结果，发现"社仓一亏于社首，二亏于顽户，三亏于衙门。社首营私舞弊自行，是以一人累众人；社首善良，而借粮户中的奸顽之辈只借不还，则以众人累一人。至于衙门之弊，更为多端：推陈换新有费，呈请放借有费，收纳出结又有费，一年之中，别无事故，也须费钱数串，不十年而大仓亏、小仓空矣"。④ 同治元年（1862）正月，新宁县县城失守，社仓谷石全数被贼耗毁，其存四乡社谷七千六百零六石四斗零四合，既因贼扰耗缺又以社首不得其人，私自亏挪借贷致多无著。⑤

官绅贪污挪用。官绅变卖仓谷肥己是造成四川仓储衰落的主要原因，正如光绪六年，川省督丁宝桢在《筹办积谷札》中所言，"川省义、社各仓向来积谷甚多，只因不肖官绅变卖肥己，遂致荡然而无存。"⑥官绅挪用主要有以下情况：一是价银存当商生息，州县官勒提借用。光绪二十八年（1902）六月，福建道监察御史王乃征在"川省乱象日炽请简派大员"奏折中写道："常平仓谷，为备荒要政。自旧任督臣鹿传霖时，因川东奇灾，楚督张之洞已购米备粜，而鹿

---

① 王佐、文显谟修，黄尚毅等纂：民国《绵竹县志》卷2，建置，《中国地方志集成·四川府县志辑》，巴蜀书社1992年版，第16页。

② 王佐、文显谟修，黄尚毅等纂：民国《绵竹县志》卷2，建置，《中国地方志集成·四川府县志辑》，巴蜀书社1992年版，第14页。

③ 《关于检送巴县县政府筹设乡仓及分期募积谷情形的呈、指令》，重庆市档案馆，四川省第三行政区督察专员公署档案，00550002004710000002000。

④ 许宗仁主编：《中国近代粮食经济史》，中国商业出版社1996年版，第89页。

⑤ （清）周绍銮修：同治《新宁县志》卷3，《仓储》，同治己巳秋镌县署藏板，第5页。

⑥ 朱之洪等修，向楚等纂：民国《巴县志》卷4下，巴蜀书社1992年版，第38页。

传霖却之不受。令川西北州县各提仓谷运往办赈,所发官价,数又亏短,不敷买谷填还,往往将价银存当商生息,并有州县官因他事勒提借用,于是数十州县之仓,至今五六年,空虚者十居八九。今全省荒旱,欲赈无米,害始大见。……至于积谷一事,虽屡经谕旨严饬,而州县因循疲玩,有名无实,又且百弊丛生,但习习不始自今日……"①二是绅士挪用槖本。1918 年,夹江县平槖义谷,"是年秋后尽数买谷填仓,当时谷价七千余文,除二三区依期如数买谷外,其他各区槖本均被地方绅士握用,既不买谷又不生息,此项损失约在二百石左右。"②三是保正侵吞赈粮。光绪三十年(1904),四川省督宪在"委张道督办南部等处赈务札"中称:"各属乡场辽阔,居户零星,核报户口势不能不委任各乡保正访闻,各保正等大半以虚管户口侵吞赈粮为惯技,值此赈捐久成弩末。"③

有关民欠的情况。内江县,社仓原储谷"万二千余石",但至光绪年间川督丁宝桢调查时,"多属子虚"、"县令罗度希逢宪意按现领名籍一一追老之,而各借户皆以贫窘,空领稍得升斗延生,话突遭暴比至买妻鬻子,犹填不足,涕泣号呼,人不忽见,既而仅追得钱万余千文,而民之破家死亡者,不下二百人矣。"④1912 年,夹江县出借之义谷,除收回不计外,尚欠谷八百二十一石六斗六升六合,此项借欠人亡产绝,无力填还。⑤ 1917 年,彭山县民欠共谷市斗四百三十五石三斗;迨 1920 年、1921 年两年间,奉令筹填仓谷,经绅集议,设局清理并一面由官委绅清查民欠,按粮摊填;1921 年又奉令征收门牌税

① 鲁子健:《清代四川财政史料》,四川省社会科学院出版社 1984 年版,第 790 页。

② 罗国均修,刘作铭、薛志清等纂:民国《夹江县志》卷 3,《仓储》,《中国地方志集成·四川府县志辑》,巴蜀书社 1992 年版,第 30 页。

③ 《督宪委张道督办南部等处赈务札》,《四川官报》,光绪三十年冬月下旬,公牍类,第 31 册,第 8 页。

④ (清)彭泰士修,朱襄虞纂:光绪《内江县志》卷 2,《时事》,光绪三十一年重修四祠藏板,第 2 页。

⑤ 罗国均修,刘作铭、薛志清等纂:民国《夹江县志》卷 3,《仓储》,《中国地方志集成·四川府县志辑》,巴蜀书社 1992 年版,第 30 页。

一次,为地方填仓之用,然皆空言也。①

四、各仓制本身存在弊端

近代的仓储制度,主要有平粜、赈济、借贷、社会优抚和基层控制等社会功能,但各仓制本身在运行中存在弊端。

(一) 常平仓的弊端

常平仓主要通过平粜来稳定物价,是调剂食粮较为妥善的组织,其功能可使丰年之时谷虽贱,而农不伤,增加储藏,以备荒歉之需;遇到灾荒时,平粜赈济,米虽贵而人无害,起到赈济作用。但常平仓制亦有不足:第一,常平仓需用基金甚大,由于资金失之过小,是以收买米谷之时,其实力并不能提高物价;而发卖之时又不能减低价格,以致徒有常平之名而无常平之实。第二,常平仓由政府管理,为管理方便,其仓厫设于通都大邑,且仓数颇少,散发只及于附近人民,而道途遥远者皆莫之及。② 第三,常平仓大权操于中央,办理委诸州郡,州郡有司对于岁收如何,常漠不关心,纵人民饥馑相闻,彼等亦多逢迎上意,不言水旱,坐视流散,无矜恤心。纵有良有司,以饥馑上闻,然文移反复,牵延岁月,比及报可,而饿殍载道,为时已晚。第四,常平仓以平粜为主,故受其惠者,限于力能备籴价之人,若夫赤穷之人,囊中长空,谷价虽减,彼等亦惟有叹息,故愈贫之人,愈不能沾其恩。第五,常平仓置于州郡,司其事者,上脱中央之掌握,下脱人民之监督,故侵蚀仓本之事,无代无之。③ 第六,官吏籴买时,须由县呈州,由州呈提点后,由司转呈大司农。如是公文往还,徒费时日,以致购买

---

① 刘锡纯纂:民国《重修彭山县志》卷3,《中国地方志集成·四川府县志辑》,巴蜀书社1992年版,第18页。

② 章柏雨、汪荫元:《常平仓与民食调节》,《新经济半月刊》1941年第4卷第9期,第207页。

③ 杨树贤:《粮食问题下仓储制度之研究》,《国民经济建设月刊》1937年第2卷第2期,第62页。

失时,不能籴入较贱谷类。①

到清后期,由于常平仓的各种弊端日益严重以及仓谷缺乏,各地常平仓平抑粮价的作用很有限。② 民国初年各地常平仓制度名存而实亡,常平仓的积谷,于荒歉之年或作单纯的赈济,或作暂时的借贷,亦有以仓贮之米办理施粥厂。至于仓米之来源则多出之于田亩的附捐,而非政府抬价的收买。③

(二) 社仓的弊端

社仓侧重于借贷,其优势:1. 社仓置于乡村,遇有饥馑,贫民之受其赈贷,近便有如家窖,既无转移之劳,自可仍安其业。2. 社仓之管理,操在一乡之耆老,彼等对于桑梓民瘼,关怀急切,丰歉状况,尤为熟习,一遇饥馑,即可以自由之决定,开仓赈贷。救济及时,则功效自大。3. 社仓以借贷及赈济为主,故贫穷愈甚,则受惠愈深。

然社仓有所不足:1. 社仓向由民营,仓本几全赖义民之捐助,故须捐助者踊跃,然后方可发达,否则,仓本不广,遇有凶年,势必因不能应付而归于消灭。2. 社仓主要在赈济与借贷,故仅能于凶年谷价腾贵之时,以赈贷之法,增加粮食数量,以抑低谷价,而不能于丰年谷价跌落之时,吸收过剩之粮食,以提高粮价。④

(三) 义仓的弊端

官吏坐视民殍而不肯发谷救济。义仓由官府监管,手续不得不严,以防猾

---

① 徐渊若:《农业仓库论》,商务印书馆 1937 年版,第 133 页。
② 康沛竹:《清代仓储制度的衰败与饥荒》,《社会科学战线》1996 年第 3 期,第 189—191 页。
③ 章柏雨、汪荫元:《常平仓与民食调节》,《新经济半月刊》1941 年第 4 卷第 9 期,第 207 页。
④ 杨树贤:《粮食问题下仓储制度之研究》,《国民经济建设月刊》1937 年第 2 卷第 2 期,第 62—63 页。

吏之侵蚀,"但为法太严,使僻事畏法之吏,坐视民殍而不肯发,往往全其封镭,递相传授;或数十年不一发视,迨至甚不获已,然后发之,则已化为浮埃聚壤,不可食矣"。①

(四) 农仓的弊端

农仓之目的是活泼农村金融、调剂农产价格、便利运销,其设立由政府批准、经营由政府监督,但若用之不善,会出现种种弊端,如地主的垄断、投机收买及贩卖等等。农仓弊端主要因地主垄断和商贩、富豪的投机所造成。

从地主垄断方面来看,农仓设立之初,中小农家,尚不能理解,贮仓米粮,为数很少,当此之时,地主或以佃租托农仓代收,或自己仓储,转移保管,尽先示以利用农仓的表率,此固在所必需,但中小农家,渐知农仓之必要,则存储数量,也就次第增加,由此地主的佃租,论理应被其屏逐,但此时仓库利用者,依然仍是只为地主,仓库所满贮的,也属佃租的米谷,中小农家遂无存仓的余地。②

商贩的投机收买和贩卖的情况在民国时期十分突出。国民政府举办的农仓业务本身有储押、加工、运销、贷款等业务,但业务偏重于储押。储押中出现豪劣剥削农民。储押的最大弊病,就是有时为农产商贩、富豪、囤户所利用。他们以低价收买农产品,押与仓库,待善价而后沽之,更借低利资金的周转,拿抵押所得的款项,作为重复低价收买农产品的资金。这种办法失去兴办农业仓库的原来主旨,匪特不能救济农民,反而有帮助豪劣来剥削农民之嫌。③ 据农本局 1938 年业务报告中第二八表所载,四川农仓储押户分析情形,每户的

① 徐渊若:《农业仓库论》,商务印书馆 1937 年版,第 137—138 页。
② 余生:《农仓的利弊》,《新良乡月刊》1939 年第 2 卷第 2 期,第 34 页。
③ 章柏雨、汪荫元:《常平仓与民食调节》,《新经济半月刊》1941 年第 4 卷第 9 期,第 211—212 页。

平均放款额以赵家渡农仓的 897.7 元为最高,中江农仓的 29.53 元为最低,各仓的总平均放款额为 156.3 元,由此可见储押户数并非真正一般中小农民,农仓业务并未裨利于一般小农,因为农家耕地太少,出产不多,除自给销售外,可以说没有余谷可供储押。①

---

①　章柏雨、汪荫元:《常平仓与民食调节》,《新经济半月刊》1941 年第 4 卷第 9 期,第 212 页。

结　　语

在对川康地区的仓储制度、仓储布局、仓储功能、仓储与地方社会四个方面作了详细阐述之后,本章将依次对它们的发展变迁给予总结。

第一节　川康地区仓储制度的近代发展

清朝时期,四川省仓储制度达到了古代仓储制度的顶峰,仓储制度完备,各厅、州、县遍设常平仓、监仓,市镇设立义仓,乡村设立社仓。常平仓、社仓、义仓各司其职,互为表里,构成了封建社会完善的社会救济网络。民国时期,国民政府承袭古制,恢复传统社会保障仓储,改名为积谷仓。此外,随着社会经济发展的需要,近代仓储开始兴起,为实现粮食征购、转运及消费所需的田赋征实仓,以及发展农村经济的农仓得以发展。百余年间,随着中国社会政治制度的演变,川康地区仓储制度也实现了近代化的变迁并呈现出明显的演变特征。

一、仓储制度的发展变迁

1840—1949 年,川康地区仓储制度的发展经历了从鼎盛到衰落、复兴、兴盛、继续发展四个时期。

（一）从鼎盛走向衰落（1840—1911 年）

四川仓储始于三藩乱事平定以后,随着农村经济恢复和粮食贸易一定程度的发展,至清末嘉庆年间,四川仓储发展到鼎盛时期。这一时期四川仓储体制完备,"省城于满城建八旗永济仓,府有丰裕仓,州县设常平监仓、籍田仓,乡村立社仓,边远地区置营、屯仓,等等。此外,嘉庆、道光年间,因社仓名存实亡,复于乡镇重建义仓,或称济仓;光绪六年,丁宝桢督川,又筹建积谷。"①此外,仓储谷额也达到了历史最高峰,储谷数居全国之首,常平监仓、社仓储谷数达到4488590 石。其中常平监仓储谷达到 290 万石,社仓储谷达到 155 万。从全省平均仓粮水平来看,全省人口数为20699499,平均每人占有仓粮为0.217 仓石,与全国人均仓粮相比,所反映出来的民食水平还是很高的。嘉庆末年,四川仓储在达到鼎盛后,至咸丰、光绪年间逐步走向衰落。从仓储谷额来看,嘉庆时期四川常平监仓、社仓的储谷数为 4488590 仓石,咸丰七年(1857)下降到 1297662 仓石,光绪三十一年(1905)下降到 436690 仓石;从人均仓粮水平来看,嘉庆时期为 0.217 仓石,咸丰七年(1857)下降到 0.026 仓石,光绪三十一年(1905)骤降到 0.006 仓石。② 时至晚清,随着封建社会的日趋没落,仓储制度也窦弊丛生、积重难返,日趋走向衰落。从鼎盛走向衰落的原因有如下几点:

第一,人地矛盾尖锐。嘉庆中期以后,四川耕地开发停滞在 4600 余万亩的水平上,人口却增加了四倍多,每人平均占有耕地从 2.27 亩下降到 0.5 亩,耕地与人口矛盾十分尖锐。咸丰至光绪年间,四川农户广植罂粟,据重庆海关税务司麦凯隆于光绪三十四年收集的资料,全省罂粟栽种面积为 700 余万亩,占全省耕地总面积的 15%,粮食种植面积缩小,商品粮供应比重相对增加,民

---

① 鲁子健:《清代四川财政史料》,四川省社会科学院出版社 1984 年版,第 81 页。
② 鲁子健:《清代四川财政史料》,四川省社会科学院出版社 1984 年版,第 82 页。

食基础已极其脆弱,仓贮空虚。①

第二,清朝末年,封建社会日益衰落,政府为了弥补财政赤字,遂大规模地肆意提占仓谷来弥补国家与地方财政所需。其中军事支出不仅次数频繁,而且数量较大,如咸丰年间为支援太平天国战争,碾运广西军米163万余石。此外咸丰七年(1857),筹拨京饷及接济京仓,粜卖120余万石。由此可以看出,清末川省常平仓社会功能发生了重大转变,军事功能及补充中央财政成为主要,而其赈济功能尽失。

第三,清末川省战争破坏及仓政废弛,使民间仓储遭到破坏。"川省仓储常监籍三项谷石向由官管,遇有交代必须盘查结报尚不致大有亏短,惟间有从前因兵燹焚掠,水灾漂失,全数无存,迄今尚未填补者,其余绅管之社济义积四项谷石或办赈粜或经借贷,储蓄之虚,十常四五,至于积谷近年因办新政率皆出陈易新分其余息以作经费,鲜有不动之处,稽之册报谷石大都非实存数目,有仓廪之名无积储之实。"②

(二) 复兴时期(1911—1936年)

1911年至1935年"川政统一"这二十几年时间里,四川政治经济状况至为混乱。辛亥革命后,川省又经历讨袁、护国、护法战争,至1918年"防区制"逐渐形成后,军阀割据纷争,画地为牢,四川局势更是混乱不堪。这一时期川省仓储彻底走向毁灭,仓储制度废弃,仓谷被军队随意提卖,甚至仓廒被毁,或改作他用。

南京国民政府成立后,设立内政部,积谷归内政部主办。内政部一经成立即颁行"义仓管理规则",令恢复各地旧制。1930年1月,内政部将"义仓管理规则"修正后,定名为"各地方仓储管理规则",并呈准在全国通行,1936年又

---

① 鲁子健:《清代四川财政史料》,四川省社会科学院出版社1984年版,第84—85页。
② 《藩司王再行札催各属填报积谷文》,《四川官报》,宣统元年闰二月中旬,公牍类,第6册,第10页。

修正为"各地方建仓积谷办法大纲"。1935 年,南京国民政府统一四川,省政府改组后开始清理旧有仓储,大力发展积谷仓建设。从 1935 年至抗战全面爆发,四川省仓储得以重新恢复。1935 年四川共有积谷仓 860 个,积谷仅为49852 石,①1936 年四川省开始募集积谷,该年 82 县区共募积谷 403663. 922石,积谷数量增加 8 倍。

（三）兴盛时期(1937—1945 年)

1937 年,南京国民政府迁都重庆,四川成为抗战大后方,为川省仓储发展带来了新的契机。南京国民政府对于四川仓储建设更为重视,不仅恢复了传统的积谷仓,而且还建立了旨在发展农村经济的现代农仓。另外抗战时期为了保障后方的粮食供给及抗战前线的军需粮食,国民党政府实施了田赋征实制度,为此专门兴建了用于粮食储运与调拨的仓储——田赋征实仓。从 1937年至 1945 年,四川仓储建设进入到了兴盛时期。

第一,大力修建仓库,仓库数量及储量为全国第一。国民政府实行田赋征实后,四川田赋征实额 1941 年为 1200 万市石,1942 年为 1700 万市石,四川省仓储面临严重的不足,截至 1941 年 6 月"四川粮食机关可利用之仓库容量约为二百万市石,时全国粮食管理局用'新建'、'修建'和'租用'三方法,增筹仓库,惟增筹之容量亦仅约 200 万市石,两共估以 400 万市石容量计,与实际需要相差甚远。"②1942 年,全国粮食管理局特设修建仓库工程处,大力兴建四川仓库。"第一期新建仓库,已有重庆合川内江泸县等,其容量约为三十万,另四千市石,其余利用旧有仓库已由该处修葺完成者,截至九月底止计有永川、彭水、万县、宜宾、大竹、成都、新都、新津、乐山、内江、南充、达县、绵阳、

① 中国第二历史档案馆编:《中华民国史档案资料汇编》第 5 辑,第 2 编,财政经济 9,江苏古籍出版社 1997 年版,第 591 页。

② 张梁任:《四川粮食管理之回顾与前瞻》,《西南实业通讯》1941 年第 4 卷第 5、6 期合刊,第 14 页。

太和等七十三县市,其容量约为六十余万市石,此外尚有粮食部接管,各方之原有仓库遍布四十九市县,计共容量六十三万余市石。"①从1941年至1945年,"全川共建新仓容148万石,培修旧仓容252万石,加上租用的民仓民房和祠堂庙宇,最高时仓容达到1679万市石,基本上解决了征收入库的需要"。②1945年全国共建仓库容量6601万市石,四川一省约占1/4,居全国第一位。

第二,积极发展积谷仓,以积谷备荒,支持抗战。积谷仓不仅沿袭了传统仓储的积储备荒的功能,而且用于拨充军属优待谷及转售军粮,支持抗战,因此抗战时期积谷仓得到了积极的建设和发展,四川积谷数量逐渐增加,募集积谷数与日俱增。1937年计有70县市区,共募337901.928石;1938年计有142县市区,共募1544523.558石;1939年计有104县市区,共募1954224.22石;③至1942年以前川省积谷数达9240171.66石,仓数1962所,积谷数为抗战前的22倍,在全国来讲,全国积谷数19965978.07石,川省约占1/2,是积谷最高的省份。此后,1943年,积谷989886.16石;1944年,积谷1417338.18石;1945年,积谷2167718.41石。全面抗战时期,川省积谷数达1381万石,全国积谷总计4990万石,约占全国总数的1/3。④

第三,在抗战时期,建立了农业仓库网。1937年,南京国民政府西迁,农本局在西南各省力求发展,并以四川为中心推动农仓建设。对四川农业仓库网的建设分三期完成,"第一期在川西各县建农仓五所,第二期完成成渝路沿线仓库网,在沿线各县各建仓库一所,第三期完成岷江嘉陵江及川境长江流域农仓网。"⑤截至1938年底,所设农业仓库有26所,四川占22所,湖南3所,

① 中国第二历史档案馆编:《中华民国史档案资料汇编》第5辑,第2编,财政经济9,江苏古籍出版社1997年版,第342页。
② 四川省地方志编纂委员会编纂:《四川省志·粮食志》,四川科学技术出版社1995年版,第161页。
③ 何南陔:《四川省仓储概况》,四川省政府印1947年版,第2页。
④ 汪元:《五年来粮食仓储设施与推进积谷概述》,《粮政季刊》1945年第4期,第65—71页。
⑤ 《省合作金库分期完成农业仓库》,《四川月报》1937年第11卷第2期,第131页。

贵州 1 所,总容量为 303630 市石,其中四川容量为 201530 市石。至 1939 年底,已成立农仓增至 77 所,四川有 40 所。① 1940 年四川省农仓增至 44 所,西康省也有 2 所农仓正式营业。

(四)　继续发展时期(1946—1949 年)

全面内战爆发后,四川省成为西南设防的重点地区,省内军队骤增。川省的粮食不仅用于本省屯粮及省内军队供给,而且还外调出省,东运北京、上海及湖北等地供战争之需。为了满足粮食调运的需要,南京国民政府加紧对省内聚点仓、集中仓仓容的扩充,因此,这一时期川省仓储得到继续发展。

综上所述,近代川康地区仓储发展变迁经历了四个时期:清末衰落期、民国初年恢复期、抗战时的兴盛期、解放战争时期的继续发展时期。清末随着中国封建社会的衰落,四川省仓政也随之由盛转衰,直至民国初年,由于四川省政局动荡,战乱不断,仓储失去了稳定的政治环境而基本毁灭。南京国民政府建立后,开始颁布仓储法规,整顿仓政。1935 年川政统一后,四川仓储开始恢复。1937 年,随着南京国民政府西迁,四川成为抗战的大后方,川康地区的仓储进入大建设、大发展时期,仓储发展位居全国之首。抗战胜利后,四川省仓储发展非但没有停滞,而是随着解放战争的爆发,国民政府出于部署西南的军事需要,四川省仓储建设继续发展。

二、仓储制度变迁的特征

近代川康地区社会保障仓储,历经清朝及民国两个历史时期,从传统的积储备荒的古代仓储,发展到了近代意义上的仓储,在仓储制度近代化进程中,突出呈现出以下两方面特征:

---

① 　业一科:《本局农仓业务述概》,《农本》1940 年第 35—36 期,第 2 页。

（一）近代川康地区社会保障仓储的发展变迁有其内在的关联性

近代川康地区社会保障仓储,从清末的常平仓、社仓、义仓,发展到近代的积谷仓、农仓、田赋征实仓,在其历史演进中,传统仓储与新式仓储在本质上并非截然不同,二者间存在着继承与创新的关系,从仓储的社会功能上看,新式仓储是对传统仓储的延续与革新。

我国传统常平、义、社等仓,其主要功能为防止灾荒、调节粮价、充实国防。而积谷仓、农仓、田赋征实仓均具备了这些功能,且更好地发挥了这些作用。

第一,防止灾荒。"过去中国粮仓实以救灾防荒为主,义仓社仓无论矣,即常平仓本以调剂粮价为目的,但其副作用,仍在防荒。"[1]近代仓储积谷仓和农仓也以救灾为其主要职能。《各地方建仓积谷办法大纲》规定,"各地方积谷仓除备荒恤贫外必要时并应运用于辅助农村生产事业之发展"。[2] 且积谷使用仅限于贷谷、平粜、散放三种,"不得挪作别用"[3]。农业仓库虽为,"为调剂粮价,活泼金融"而设,但"民粮存仓,政府得随时控制,一有缓急,可资应用。故防止灾荒,确为粮仓之重要作用"。[4]

第二,调剂粮价。"古代常平仓,视岁之丰歉,为粮食之聚散,实具有调剂异年度粮价之作用。近代农仓,在粮食上市拥挤时,可暂为存储,存储之品,又可用作抵押贷款之凭藉,农民得此救济,自可不必急售其产品,一方面达资金融通之目的,同时对一年内之粮价,亦可得使均平。积谷仓之目的,虽不以调剂粮价为主,但积之在丰年或收获之初,散之则在歉年,或青黄不接之时,准以需要调和之原则,自有调剂粮价,惠农利民之作用。"[5]

---

① 于佑虞:《中国仓储制度考》,正中书局1948年版,第112页。
② 内政部统计处编:《仓储统计》,战时内务行政应用统计专刊第3种1938年印,第51页。
③ 内政部统计处编:《仓储统计》,战时内务行政应用统计专刊第3种1938年印,第53页。
④ 于佑虞:《中国仓储制度考》,正中书局1948年版,第112页。
⑤ 于佑虞:《中国仓储制度考》,正中书局1948年版,第112页。

第三,充实国防。传统仓储,"以常平、义、社等仓而言,自以调节盈虚,救免灾荒为主,但遇外侮侵凌时,亦可征用,实不失为国防之助力也"。[①] 抗战时期,为保障前后方军粮供应,国民政府专门设立田赋征实仓,实现了战争时期粮食的征收、征购及调拨、配运,使得四川省田赋征实为抗战作出重要贡献。

新式仓储对传统仓储的创新主要表现在,传统仓储重在积储备荒,而农仓与田赋征实仓重在粮食流通。旧式仓储建立在小农经济基础之上,以丰年之所余补灾年之不足,通过粮食储藏,维护简单的农业再生产。但是鸦片战争后,随着中国社会殖民化程度的加深,自给自足的经济遭到破坏,农民深受高利贷和苛捐杂税之盘剥,已无农业剩余产品以储藏,传统仓储失去了稳定的来源,因此随之崩溃。民国时期,随着交通状况的改善,市场经济的兴起,农产品日趋商品化,因此新式农业仓库应运而生。农仓主要经营农作物的储押与流通,"使农民遇有急需,不用贱价出售产品,而得到急需资金,一面使农民遇到粮食高涨之时,得以低利赎回自用,且以调剂粮食之均衡"。[②] 同时,农仓还"协助产销",为农产品之改良、堆存、保管,为受寄物之调制、改装、运送,或代为售卖,或介绍借款。农仓"协助产销"即促进农产品流通。抗战时期设立的田赋征实仓,就是为了适应征实、征购粮食的收购、集中、转运而设,其主要作用即为实现粮食的流通。新式仓储已具备现代物流意义上的仓储特征。

(二) 近代川康地区社会保障仓储经历了由政府官办、民办到社会各方参与的多元化发展过程

清代四川仓政最初以官办为主,四川省作为粮食生产大省,仓储建设在清朝建立之初就备受重视,早在顺治年间就设立了常平仓,此后康熙年间又推行社仓,社仓虽然设立于乡村,是民间仓储的代表,但社仓最初仓谷来源于官方

---

①　于佑虞:《中国仓储制度考》,正中书局 1948 年版,第 111—112 页。

②　乡村工作讨论会编:《乡村建设实验》第 2 集,《民国丛书》第 4 编,第 15 辑,上海书店 1992 年影印版,第 347 页。

财政拨款,以及此后嘉庆年间受战乱影响,部分地区社仓被移至县城,由官府管理,因此社仓也成官办仓储。清朝末年,官办仓储随着社会制度的腐败,开始走向衰败。嘉道两朝,虽然政府致力于仓储改革,但未能改变官办仓储颓废之势。嘉庆年间,四川开始尝试建立新仓,四川义仓得以重建。但是至道光年间,"追捕仓储亏空仍是仓储管理的首要问题,至道光十四年清查,全国仓储亏空高达一半以上,仓储管理之窘境可见一斑"。①

随着清代政治走向衰落,仓储制度呈现出"官退民进"之趋势。光绪年间,随着全国积谷运动的发展,四川总督丁宝桢大力兴办积谷仓,以丰民间仓储。积谷仓采取按粮摊捐的方式,仓谷来源于民间,由民间自行管理,仓谷不再用于春借秋还,而强调积谷备荒。此后积谷仓发展成为主要的民间储谷形式。据光绪三十二年(1906),四川省筹赈局统计全省各类仓储:常平仓、监仓、籍仓、义仓、济仓、社仓、积谷仓,"通省共存京仓各斗谷三百二十八万四千五百余石,仓斗谷二百一十箩,积谷一百零九万五千余石即在其内"②,其中积谷仓储谷占各类仓储总额的1/3。

民国时期,四川仓储发展呈现多元化发展趋势。抗战时期,南京国民政府设立的田赋征实仓是官办仓储,旨在把握粮源、控制物价。积谷仓,承袭古制,旨在积储备荒,从积谷来源及管理来看,属于官民合办仓储。积谷仓的仓谷来源采取募捐方式,如重庆市1938年度积谷来源标准四项:"1. 田赋项下按征实额募集百分之十(如征实不变估计约可得实物一千市石);2. 地价税项下按地价总额募集千分之三(估计约可得四十亿元);3. 营业税项下募集百分之十(估计约可得二十亿元);4. 房捐项下募集百分之五(估计约可得十亿元)。"③积谷仓的管理,根据四川省政府1937年制订的《四川省各县市区乡镇仓保管

---

① 吴四伍:《清代仓储基层管理与绅士权责新探》,《学术探索》2017年第4期,第105页。

② 《筹赈局详汇造各属仓谷分道列册呈核文》,《四川官报》,光绪三十二年六月中旬,公牍类,第18册,第5页。

③ 《关于募集重庆市积谷来源标准致重庆市参议会的公函》,重庆市档案馆,重庆市参议会档案,0054-1-638。

委员会组织规程》规定,各县市积谷仓由各仓保管委员会管理,在仓首选任方面,县市区乡镇仓保委员会由县长、区长、乡镇长为主任委员,各地殷实士绅为委员。① 如始建于咸丰年间的重庆市八省积谷,一直由八省绅董管理,1939年正式改名市仓,并依照四川省各县市区乡镇仓保管委员会组织规程之规定,"组织重庆市市仓保管委员会,由市长兼任主任委员,社会局长兼任副主任委员,复聘请地方士绅温少鹤、陈志君、李奎安、朱叔痴、王蔺揖五人为委员"。② 民国时期创办的新式仓储农业仓库,其经营主体多元化,不仅限于政府,银行、合作社、商业机构都可以设立农仓,1935年颁布的《农仓业法》规定经营农仓事业者为:"一、合作社或合作社联合会;二、县乡镇区农会;三、乡镇区公所;四、以发展农业经济之法人;四、经营农业生产事业或与农业生产有直接关系之事业者十二人以上。"③

　　四川仓政在近代化演进中,经历了由官办、民办到多元化社会办理发展演变,这与近代中国社会制度演变密切相关,同时也折射出社会权力逐渐下移及社会多元化的发展趋势。

第二节　川康地区仓储社会保障功能的近代发展

　　近代中国时跨百余年,仓储制度历经晚清、民国初年、抗战、解放战争时期,在多个时期中,近代川康地区的仓储顺应各个时期的需要而不断发展变化,在政府、民间合力的作用下,其保障功能得到一定的发挥,对民生和社会稳定发挥了一定的积极作用。近代川康地区仓储的社会保障功能主要有平衡谷

---

① 何南陔:《四川省仓储概况》,四川省政府印1947年版,第18—19页。
② 《关于开会商讨积谷建仓事宜致重庆警察局的函》,重庆市档案馆,重庆市警察局档案,0061-15-3924。
③ 《农仓业法》,《中国农民银行月刊》1936年第1卷第4期,第18页。

价、救济灾荒和贫穷以及社会优抚等方面,它既有继承传统仓储社会保障功能的一面,又有其自身独特的发展。但由于仓储建设滞后以及管理不善,导致仓储保障功能的发挥受到限制。

一、仓储平衡粮价方式的多样性

传统仓储通过平籴平粜实现粮价平衡,最典型的就是常平仓。它以官府的财力买卖米谷,以平均市场上米谷的价格为其主旨,"前汉宣帝五凤年间,京畿大穰,谷价惨落,农民颇以为苦;大司农中丞耿寿昌奏请筑仓于边郡以贮谷,贱籴贵粜,以平物价,此为常平仓名义之所由来"。[①] 隋唐、宋、元、明、清时期,都设有常平仓。到了近代,除了传统仓储履行平衡谷价功能,新兴的农仓、田赋征实仓也承担有粮价平价功能,仓储平价方式走向多样性。

南京国民政府 1935 年 5 月 9 日公布《农仓业法》,1937 年 9 月 1 日施行。农仓通过储押、运销调剂粮价,稳定农产品价格。农仓储押,"农仓的经营确是为了大多数人的利益,它在丰年秋收谷价跌落的时候,收押农民米谷并对农民放款,农民才不至于因急于用钱很便宜的将米谷卖出去,这样可以免除'谷贱伤农'了。再说一般贫苦米谷不够吃的农民,也可以在秋收谷贱的时期,和农仓商借一点款子,购买一些米谷,储存在仓库里供一年食用,这样又可以免除'谷贵病民'的毛病"[②]。在农产物收获季节,农仓收集大量农产品,使价格不致骤跌;当市场农产品供不应求时,农产品运销于市场,以维持市价,"盖农业仓库对于农产品之运销,乃有一定秩序,即应需要情形而渐于提出,务使分配消费之比例大致适合,从而农产品价格,自不致剧涨骤落,而能趋于稳定"。[③]

川省各地粮价,自 1939 年 10 月起,已渐开始上涨,及至 1940 年 10 月后

---

① 徐渊若:《农业仓库论》,商务印书馆 1937 年版,第 128 页。
② 孟受曾:《战时的农仓》,中华平民教育促进会 1938 年版,第 2 页。
③ 石桦:《农仓经营纲要》,第 3 页。

则更形暴涨。① 川省各地粮价自 1940 年 9 月起加速上涨,致各大消费市场,多呈米荒现象,间有发生抢米风潮者,此时人心惶惶,颇有岌岌不可终日之状。② 情势演变至此,为解决粮食问题起见,田赋改征实物并随赋带购军粮,实为应时救急之重要方案。③ 1941 年 6 月间第三次全国财政会议之周详讨论,政府决定自 1941 年下半年起,将各省田赋改征实物,川省府令饬各县自 1941 年 9 月 16 日起一律开征。④ 重庆财政部于《田赋征收实物宣传大纲》罗列五项:充实军粮、调整民食、安定物价、平均负担、平衡预算;其中指出,安定物价——食粮乃一切生产费之要素,粮价为一切物价之领导,政府集粮,可以定安一切物价。⑤ 田赋征实的执行,政府控制了粮源,田赋征实仓仓谷的储存、发放、调拨,起到了稳定粮价和人心的作用。

二、社会保障功能范围扩大

社会保障功能的变化表现在仓储功能从传统的平衡粮价、赈济、借贷发展到辅助农村事业、发放优待谷方面。古代仓储的社会职能主要是为维护封建社会小农经济简单再生产的需要,民国时期的仓储除了具备古代仓储救荒备赈、稳定粮价的社会保障功能外,还兼具了发展农村经济、支持抗战等社会职能。

传统仓储主要有常平仓、义仓、社仓,其功能在于平衡粮价、赈济、借贷。常平仓的主要作用是平衡谷价,至清朝时,亦有借贷功能。⑥ 义仓为民间自组之慈善机关,大抵的作用在于赈济,"若时或不熟,当社有饥谨者,即以此谷

---

① 彭新雨等:《川省田赋征实负担研究》,商务印书馆 1943 年版,第 35 页。
② 彭新雨等:《川省田赋征实负担研究》,商务印书馆 1943 年版,第 39 页。
③ 彭新雨等:《川省田赋征实负担研究》,商务印书馆 1943 年版,第 39 页。
④ 彭新雨等:《川省田赋征实负担研究》,商务印书馆 1943 年版,第 39 页。
⑤ 江苏省立经济研究所:《田赋征实研究》,江苏省立经济研究所 1944 年版,第 27—28 页。
⑥ 章柏雨、汪荫元:《常平仓与民食调节》,《新经济半月刊》1941 年第 4 卷第 9 期,第 207 页。

赈给"。① 义仓除赈济之外,也有贷谷。宋朝义仓,备荒年赈济之用,贫民缺乏食粮及种谷时,也可计口贷与。到了元初,义仓设于乡村,主要作用在于赈济饥荒。② 社仓设在乡村甲里,预备凶荒时或青黄不接时,贷给邻里乡党,以互相救济。③ 清代初年及隆盛时期,对于社仓的推行,颇为尽力,社仓设于乡村,以赈济饥馑为主,但降及清季,社仓义仓,亦与政治俱呈衰势,或被官吏侵吞,或被豪绅中饱,名存实亡,渐至废弃。④

到了民国时期,仓储得以重新恢复后,其社会功能除了传统的平衡粮价、赈济、借贷外,辅助农村事业及优抚军人和军属的功能明显增强。

(一) 辅助农村事业功能增强

清末,内政腐化,仓储制度多已废弛。"民国初建,干戈扰攘,一切庶政,徒具虚文,并无远大之图。因之仓储整顿,亦鲜注意。国民政府奠都南京,庶政刷新,遂开始注意仓政。"⑤1935 年,南京国民政府统一川政后,四川仓储得以恢复和发展,传统仓储常、社、义仓一律改为积谷仓,并从 1936 年开始募集积谷。1936 年 9 月,南京国民政府内政部制定了《各地方建仓积谷办法大纲》,规定积谷使用仅限于贷谷、平粜及散放三种,但"认为有辅助农村生产事业发展之必要时,得以存谷向金融机关抵押借款,办理农村贷款"。⑥

不仅积谷仓助农,农仓更是助农。农仓起源于 1929 年江苏省农民银行开始经营的农业仓库业务,南京国民政府于 1937 年 9 月 1 日起施行《农仓业法施行条例》。农仓以经营农产品之保管、加工、包装、运销及储押贷款等业务。

---

① (唐)魏征等撰:《隋书》卷 24,《食货志》,北京图书馆出版社 2006 年版,第 684 页。
② 陈醉云:《救灾政策与公仓制度》,《文化建设月刊》1936 年第 2 卷第 6 期,第 61 页。
③ 于树德:《我国古代之农荒预防策——常平仓义仓和设仓》,《东方杂志》1921 年第 18 卷第 14 号,第 24 页。
④ 陈醉云:《救灾政策与公仓制度》,《文化建设月刊》1936 年第 2 卷第 6 期,第 62 页。
⑤ 于佑虞:《中国仓储制度考》,正中书局 1948 年版,第 23 页。
⑥ 内政部统计处编:《仓储统计》,战时内务行政应用统计专刊第 3 种 1938 年印,第 58 页。

一是保管,保管农业经营者所收获之农产品:凡经营农业者,无论其为自耕农或佃农,均可加入,农仓之组织,将其产品送交仓库代为保管;二是加工和包装:管理委托农产品之加工,改制及包装,如储户为节省开支及设备费用起见,可委托农仓代办农产品加工,改制及包装等工作;三是运销:经理介绍农产品之运输及销售,储户向农仓储押之农产品,如系自用,当然不致发生销售问题,如系待价而沽,或多余出卖者,可由仓库代为介绍售主或受储户委托全权处理运销事宜;四是储押贷款,以农业仓库所发行之仓库证券为押品而放款,此项业务为农仓经营中主要业务之一,任何农仓皆可依据所收存之农产品,发行仓单或仓库证券,具有流通票据之形势,可以向金融机构商请贴现或折成贷款,如此则农民可享受低利贷款,免受乡间高利贷之盘剥。① 如农仓储押放款,1939年度共放出2193054元6角8分,川省最多,计1092555元1角4分;储押户数1938年底为1882户,1939年度骤增至10101户,四川一省占9578户,占总储押户数95%。②

农仓给予农业生产者的利益:可以节省仓库设备费之开支,可以免除鼠啮、虫伤、雨淋、盗窃、火灾等损失,可享受加工调制、包装之利益,可以节省农产品检查费(因入仓出仓均须检查),依照等级混合保管大量出卖可以取得高价,可以享受低利贷款之利益,可以养成农民之合作精神,可以使农民明白市场情形;给予消费者的利益:可以直接向农仓购入质美价廉之农产品,可以免除中间商人之剥削,可以享受农仓平抑物价之利益。③ 因此,农仓不仅避免"谷贱伤农,谷贵伤民",而且对促进农业生产、发展农村和造福农民发挥了积极作用。

(二) 对军人及军属发放优待谷

军人的优待抚恤始于先秦时期,古代军人的优抚待遇主要是:伤亡者给予

---

① 王一蛟:《农仓经营概要》,国防书店1942年版,第8—9页。
② 王一蛟:《农仓经营概要》,国防书店1942年版,第59—60页。
③ 王一蛟:《农仓经营概要》,国防书店1942年版,第9—10页。

重医、善葬和银两赏赐。① 在清代,八旗、绿营官兵阵亡(含因战受伤不治殒命)、出征病故、立功后病故者、伤残及曾国藩湘军和李鸿章北洋海军伤残都规定了恤银标准。民国初期政府对军人的社会优抚主要是抚恤金。

抗战时期,通货膨胀严重。1948 年 8 月,南京国民政府发行金元券,金元券比法币通货膨胀更厉害,面额 500 万元一张的金元券等于 15 万亿元法币,恶性通货膨胀骇人听闻。② 面对通货膨胀,南京国民政府对军人和军属社会优抚的主要措施之一是实物优抚——发放优待谷。

南京国民政府重视优待谷的发放,把它与抗日的民族战争紧密联系在一起。如重庆市"出征抗敌军人家属优待谷款不得中断案":尚有少数县份,因本省优待出征抗敌军人家属施行细则第十七条有发足四季为限一语,遂意存观望,未能切实遵行等情,查长期抗战期间,对于出征抗敌军人家属优待谷款之发放,决不可中断,上项四季为限之规定,应变通办理,诚以各将士浴血前方,为国家民族争生存,必使无后顾之忧,始足以安其心而励士气。③ 抗战胜利后,仍照常办理优待谷。行政院通令关于征属优待谷筹集办法:"(一)遵照行政院通令为纪念征人八年抗战之辛劳,所有入伍壮丁在未退伍以前其家属优待应仍照常办理。(二)各县(市)过去原在积谷项下拨充征属优待谷者,关于今后优待谷之发给仍照旧办理。(三)各县(市)仅有积谷标准而无积谷存储,可资提拨者,以筹款代替发给之,其筹款数额按每口赤贫征属与每户征属年给黄谷(麦)二市石之标准折价办理。"④1948 年,四川泸县优委会依照法令规定补发了还乡军官 1944 年、1945 年和 1946 年三年的优待谷。⑤

---

① 王孝贵、龚泽琪:《中国近代军人待遇史》,海潮出版社 2006 年版,第 124 页。

② 成圣树、金祖钧:《从民国时期的三次币制变革看当时的通货膨胀》,《江西财经大学学报》2011 年第 4 期,第 83 页。

③ 《社会:出征抗敌军人家属优待谷款不得中断案》,《重庆市政府公报》1940 年第 6—7 期,第 83 页。

④ 《行政院通令关于征属优待谷筹集办法》,《赣南兵役》1947 年第 1 卷第 3 期,第 13—14 页。

⑤ 《还乡军官优待谷已补发千余市石》,《平泸通讯》1948 年创刊号,第 8 页。

三、社会保障功能由衰落转向恢复和发展

清末民初,仓政衰落,仓储毁坏严重,仓谷锐减,传统仓储的社会保障功能下降。川省常平仓贮额,"雍正九年旧额,通共应贮谷一百二万九千八百石"。① 乾隆至嘉庆年间,常平仓储谷发展至顶峰,达2928662石。而光绪十八年(1892)十二月,四川总督刘秉璋在《请留川东土税银两买还仓谷疏》中称:"常平监仓谷二百九十数万石:道光年间奉文动粜六十四万四千余石;咸丰年间三次奉文碾运广西军米,并粜借军饷及粜济京仓,共动用谷一百六十三万一千余石;川省军兴,又被逆匪焚掠数万石;现在通省存谷无几。"②宣统元年,度支部奏清理财政章程,赶造表册,略称:四川省[自光绪三十一年起至三十三年止]实在谷数共四十三万六千六百八十九石五斗四升六合二勺七抄。③ 实存数与仓谷储额相距甚大。民国初期,战乱频仍,仓储破坏严重,仓谷被兵提匪掠。如简阳县城"旧存常平仓京斗谷八千七百二十六石四斗五升,乡仓常存市斗谷九千零六十六石九斗六升五合,连年军耗,颗粒无存"。④

南京国民政府成立后,开始恢复和发展仓储,农仓、积谷仓、田赋征实仓得以兴起发展,社会保障功能得以推进。四川省亦重视仓储建设和社会保障。1931年,四川省民政厅训令(民字第237号)"切实整顿仓储一案":"查各地仓储,原为备荒而设,关系灾赈,至为重要,川中自民元以来,兵燹频仍,各地原有仓储,以种种原因,大都消耗殆尽,遂致年来各地,遇有荒歉,庚癸徒呼,束手无策,似此情形,若不急谋整顿及预算储谷防灾之道,再罹饥馑,何以为谋? 本厅民政专司情殷蓄艾,值此生寡食众之际,频年旱歉之余,于民食一端,尤首当

① (清)王梦庚修,寇宗纂:《道光重庆府志》卷3,《食货志·仓储》,《中国地方志集成·四川府县志辑》,巴蜀书社1992年版,第111页。
② 刘秉璋:《刘文庄公奏议》卷8,清末铅印本,第2—3页。
③ 刘锦藻:《清朝续文献通考》卷61,《市籴考6》,商务印书馆1955年版,考8172。
④ 林志茂等修,汪金相、胡忠阀等纂:《民国简阳县志》卷19,《食货篇·仓储》,第59页。

注意。现秋成瞬近,自应及早绸缪。"①1937年,刘湘在"四川省抗战时期中心工作"之"储备粮食"中要求:"充实仓储"和"实施农贷救济农村"。充实仓储,第一,迅速筹募乡镇仓谷。查建仓积谷,关系备荒要政,现值全面抗战,非常时期,后方军粮之供应,民食之储备,尤为重要,本府拟分期募集乡镇仓谷办法,本年度亟应遵照原订办法,上紧募积,除边远贫瘠灾情特重实无能力举办县份外,一律不准展缓,各市县政府务须排除困难,认真举办,俟年终各县将募储数量呈报后,即派员抽查是否足额,办理有无流弊。第二,切实清理旧有积谷。除确系年代湮久,人事变迁,无法清追者外,一律限于1937年内追缴归仓,以免长久散佚,妨碍储政。第三,限期建修仓廒及组织保管委员会。查各县仓廒,多数已毁损,限于1938年5月以前建修完竣,本府派员分县逐查。②实施农贷救济农村,一是扩充各县合作社组织。希望1938年度有二百万户加入为社员,然后农村贷款如生产贷款、运销贷款、储押贷款、储供放款等项,始能收伟大之实效。二是调整省合作金库。三是实行社仓制贷谷与农民:每年农忙缺粮时,将积谷贷与农民,作耕种之给养,秋后观年成之丰歉,或照原额,或加利收还。③ 面对灾情,积极动用仓谷救济。1940年,四川77县发生旱灾,"以川北乐至等十六县受灾较重,除准缓募积谷,以资补救外,复经商由省赈济会,拟配赈款数目,分别办理急赈,春赈及农贷并由省府饬令受灾各县,准其动用积谷,办理平粜,或贷放,以资救济。"④

四、存在的不足

(一) 仓储建设跟不上形势发展

自抗战以来,川省仓储发展较快,到1940年,四川仓储总数有6422个,居

---

① 《切实整顿仓储一案》,《县政周刊》1931年第12期,第46页。
② 刘湘:《四川省抗战时期中心工作》,1937年版,第4—7页。
③ 刘湘:《四川省抗战时期中心工作》,1937年版,第7—8页。
④ 刘笃庵:《四川省救济概况》,四川省政府印1941年版,第2页。

全国各省前列,其中:县仓 1071 个、区仓 1071 个、乡镇仓 1071 个、义仓 1070
个、社仓 1070 个、其他 1070 个,容量 150 万石。① 但仓储建设依然不能满足形
势发展需要,1941 年度田赋改征实物,修建仓储,"除国仓、省仓设备较好者不
计外,其余发给各县建仓费,多系临时急建竹篾屯之简易仓,仅利用祠庙,因陋
就简,以应急需,设备上是谈不到的,所储的粮谷,兹届春令,潮湿较重,霉烂
堪虞。"②

(二) 仓储管理不善

1940 年,农本局调查四川各县仓库,川省筹建农仓,为时未久,急于求量
上之扩充,不免于因陋就简,管理上亦不无困难,各仓管理情形,"谷物入仓
后,不复检视,尘秽满积,不加清洁,包堆零乱,不事整理,稻谷发热,不勤车晒,
虫霉繁殖,听其为害者,比比皆是。至各县之积谷仓,均由积谷委员会负责保管,
各保管员大都系义务职,因责任关系,故对于有形之窃盗,尚知注意,而于虫鼠无
形之侵蚀,则毫不过问,偶有少数保管员尚知将积谷翻晒、推陈易新外,余均抱不
闻不问主义"。③ 1940 年 4 月至 7 月,四川省各县积谷虫害损失调查显示:总平
均受损达 10%以上,其中涪陵县县仓平均受害 35.22%、忠县县仓 3.46%、云阳县
县仓 61.50%、宜宾县县仓 8.77%、南溪县外西乡仓 3.77%、南溪县外北乡仓
6.12%和纳溪太平乡仓 19.35%④,足见,管理不善,因虫害受损严重。

(三) 仓储积谷数量有限,不能满足社会保障之需

按照内政部 1936 年 11 月 18 日公布的积谷数量规定:"各地方积谷数量,

①　《财政部钱币司函请内政部民政司检送川湘等省区县仓库统计材料(内有全国各省市
积谷仓数量统计表)》,中国第二历史档案馆,内政部档案,一二(6)-17121。
②　高见龙:《储运加工之我见》,《督导通讯》1942 年第 1 卷第 4 期,第 28 页。
③　姚康、冯敦棠、阎又学:《四川仓储概况调查》,《农仓》1941 年第 6 卷第 1—3 期,第
41 页。
④　姚康、冯敦棠、阎又学:《四川仓储概况调查》,《农仓》1941 年第 6 卷第 1—3 期,第 45—
46 页。

应比照县市区域内人口总数,积足三个月食粮为最高额数",按照人口计,全川三月食粮,当为 3906 万余石。① 而根据四川省民政厅统计,1938 年 12 月四川省各县市积谷数量总计 84 万余石②;根据内政部统计,1939 年底四川省仓储积谷数有 405 万余斗。③ 1938 年积谷量约占三月食粮定额的 2.16%,1939 年有 40.5 万余石(1 石 = 10 斗),约占三月定额 1%。1938 年、1939 年是川谷丰收之年,积谷数量都难以达到储额要求,其他年份就更难了。

仓储平衡粮价作用下降。全面抗战初期,粮食丰收,政府利用农仓储押,垫款收购农民稻谷,稳住了粮价。而到 1940 年,四川大旱,稻谷产量下降,同时湘米济川困难,平价供应民食的粮米来源缺乏;南京国民政府现有的储谷数量不足,而军粮供应又占较大比重,因此,靠政府开仓放谷平抑粮价的作用就有限。1940 年,重庆的大米价格指数从 5 月间的 213 上升到 12 月间的 1004④;粮价上涨,伴随的是整个物价迅速上扬,从 1940 年到 1941 年,重庆的食品价格几乎攀升了 1400%。⑤ 该年成都粮价猛涨,几乎一日一价,1940 年 7 月 8 日,成都每石米的售价为 100 元,9 日涨到 108 元,10 日涨到 115 元,到 10 月 1 日,竟然涨到 200 元。⑥ 1941 年,政府实行田赋征实政策,控制粮源,平抑粮价,大力建设田赋征实仓积谷。1942 年,四川全省粮食市场颇为平稳、粮价趋向下跌。⑦ 然从 1937 年开始,南京国民政府开始滥发法币,物价暴涨,引发恶性通货膨胀,1937 年至 1945 年的物价总指数:1937 年 103、1938 年 131、

① 王嗣鸿:《四川仓储问题》,《建设周讯》1938 年第 5 卷第 1 期,第 17 页。
② 四川省政府民政厅编:《四川省各县市积谷数量统计表》,《四川统计月刊》1939 年第 1 卷第 2 期,第 19 页。
③ 《内政部一九三七年至一九三九年全国各省市仓储统计报告总表》,中国第二历史档案馆,内政部档案,一二(6)-17143。
④ 张公权:《中国通货膨胀史 1937—1949 年》,杨志信摘译,文史资料出版社 1986 年版,第 17 页。
⑤ 费正清主编:《剑桥中华民国史》(第二部),上海人民出版社 1992 年版,第 641 页。
⑥ 张燕萍:《抗战时期国民政府军粮供应评析》,《江苏社会科学》2007 年第 4 期,第 232—233 页。
⑦ 秦孝仪主编:《革命文献》第 110 辑,第 252 页。

1939 年 220、1940 年 513、1941 年 1296、1942 年 3900、1943 年 1.2936 万、1944 年 4.3197 万、1945 年 16.316 万①,1937 年初法币 103 元与 1945 年 16.316 万 的购买力等同,因此,仓储平衡粮价的功能难以为继。

仓储积谷不足,优抚工作难以完全实现。全面抗战时期,四川先后有 302.5 万余人参与抗日,数量为全国各省之冠②,阵亡官兵 26.3991 万人,负伤 35.6267 万人,失踪 2.6025 万人,伤亡人数约占全国 20%。③ 四川所需优待谷 数量巨大,现有积谷无法满足需求。广汉县督导员叶敬对该县 1936 年至 1940 年 12 月 20 日征募积谷调查,其存量除侵蚀与损失者外,拨作 1940 年优 待谷之用固称不足。④ 由于积谷数量不足,有的县市将全部积谷用于优待支 出,如 1944 年的自贡、西充、北川,1945 年的成都市、荣县、蒲江、大邑、丹棱、 乐山、珙县、万县、北川、绵阳和阆中⑤,其他救济也就成了无米之炊。1945 年, 全川优待谷共 74.576 万石,征属约 150 万家,相差极为悬殊,通令依照优待标 准,然来源枯竭,募集无从,大多数地方的抗属优待谷物,多未照发。⑥

(四) 农仓储押弊病使一般小农难以受益

储押的最大弊病,就是有时为农产商贩、富豪、囤户所利用。他们不仅以 低价收买农产品,押与仓库,待善价而后沽之,还借低利资金的周转,与抵押所 得的款项,作为重复低价收买农产品的资金。1938 年,放款额在 100 元以下

---

① 成圣树、金祖钧:《从民国时期的三次币制变革看当时的通货膨胀》,《江西财经大学学 报》2011 年第 4 期,第 83 页。

② 《民国川事纪原》,《档案史料与研究》1994 年第 4 期。

③ 王斌:《四川现代史》,西南师范大学出版社 1988 年版,第 300 页。

④ 《四川省动员委员会:各市县调查积谷卷》,四川省档案馆,四川省动员委员会档案, 50-326。

⑤ 《粮食部、四川省府、田粮处关于各县积谷收数、优待、清查的训令、指令,造具各县积谷 收数旬报表、收支数量表、征募数目表、已交欠交数量表》,四川省档案馆,四川田赋粮食管理处 档案,93-992。

⑥ 沈阳:《国民政府抗战时期军事优抚评析——以四川地区为中心的考察》,《抗日战争研 究》2008 年第 2 期,第 133 页。

的有 481 户,占总押户数的 30.5%,大约有 70% 的户数放款额在 100 元以上,按 1938 年秋收时谷价每石 2 元来计算,要想获得储押贷款百元,就需储押谷子 143 石①;而四川农家耕地太少,耕地在 10 亩以下的佃农占 70%,此多数之佃农,欲维持其水平线下的困苦生活,不得不"二月卖新丝,五月粜新谷,补却眼前疮,剜去心头肉",待至秋收之时,田中谷物,偿债纳租,犹患不足,何有余量,以为贮藏。② 因此,农仓业务并未裨利于一般小农。农仓的任务是调剂农产供需、调节农业金融、平衡农产价格,然由于商人操纵、地主囤积,使供需不调、价格不一,出现 1939 年谷价太贱,农民吃亏,1940 年米价高涨,市民忧惧。③

总之,近代中国,晚清政府、北洋政府、南京国民政府,吏治腐败,加之军阀混战、外敌入侵,在这样一种灾难深重的社会环境中,川康地区的仓储艰难曲折地向前发展,其社会保障功能的实现遇到了历史困境,社会保障有一定的历史局限性,但它发挥的时代作用是应该肯定的。

---

① 章柏雨、汪荫元:《常平仓与民食调节》,《中农月刊》1941 年第 2 卷第 2 期,第 18 页。
② 汤枕琴:《民族抗战与四川农仓制度》,《建设周讯》1938 年第 6 卷第 8 期,第 24 页。
③ 黄泽梁:《扩充农仓与统制粮食》,《农本半月刊》1940 年第 46—47 期,第 10 页。

参考文献

一、历史文献

（一）著作类

（汉）班固撰：《前汉书》，光绪癸卯冬十月五洲同文局石印。

（唐）魏征等撰：《隋书》，北京图书馆出版社 2006 年版。

（清）张廷玉等撰：《皇朝文献通考卷》，乾隆五十二年。

（清）惠祥等纂：《同治户部则例》，清同治十三年。

（清）杨芳灿等撰：嘉庆《四川通志》，清嘉庆二十一年重修本，台湾华文书局印行。

徐栋编：《牧令书》，道光戊申秋刻本。

（清）昆冈等纂：光绪《钦定大清会典事例》，光绪二十五年八月石印本。

《皇朝道咸同光奏议》，光绪壬寅秋，上海久敬斋石印。

（清）刘秉璋撰：《刘文庄公奏议》，民国 1912—1949 年，铅印本。

（清）刘锦藻撰：《清朝续文献通考》，商务印书馆 1955 年版。

赵尔巽：《清史稿》，中华书局 1977 年版。

（清）朱寿朋：《光绪朝东华录》，中华书局 1984 年版。

（清）陈梦雷编纂：《古今图书集成》，巴蜀书社 1985 年版。

（清）孙毓汶等纂修：《清实录·文宗实录》，中华书局 1986 年版。

《清实录·高宗实录》，中华书局影印 1987 年版。

《清实录·德宗实录》，中华书局影印 1987 年版。

（清）丁宝桢：《丁文诚公奏稿》，贵州历史文献研究会 2000 年版。

（清）王先谦撰：《东华续录》，上海古籍出版社 2008 年版。

冯柳堂：《中国历代民食政策史》，商务印书馆 1934 年版。

吕平登编：《四川农村经济》，商务印书馆 1936 年版。

《中华民国法规大全》（1），商务印书馆 1936 年版。

邓云特：《中国救荒史》，商务印书馆 1937 年版。

徐渊若：《农业仓库论》，商务印书馆 1937 年版。

交通部邮政总局编辑：《中国通邮地方物产志》，商务印书馆 1937 年版。

《中国仓储问题》，庐山暑期训练团印 1937 年版。

益坚：《四川旱荒特辑》，重庆中国银行 1937 年版。

胡焕庸编：《四川地理》，正中书局 1938 年版。

孟受曾：《战时的农仓》，中华平民教育促进会 1938 年版。

石桦：《农仓经营纲要》。

刘湘：《四川省抗战时期中心工作》。

内政部统计处编：《仓储统计》，战时内务行政应用统计专刊第 3 种 1938 年印。

沈曾侃、夏文华：《抗战期中四川农业仓库实施之研究》，1938 年版。

四川省政府编辑：《四川省概况》，四川省政府秘书处发行 1939 年版。

何南陔：《办理仓储须知》，四川省政府民政厅编 1939 年版。

张肖梅编：《四川经济参考资料》，中国国民经济研究所 1939 年版。

《中华民国二十七年农本局业务报告》，农本局研究室编印 1939 年版。

《中华民国二十八年农本局业务报告》，农本局研究室编印 1940 年版。

《中华民国二十九年农本局业务报告》，农本局研究室编印 1940 年版。

《仓储行政》，江西省地方政治讲习院编印 1940 年版。

《仓储行政纲要》，四川省训练团编印 1940 年版。

徐志廉：《仓储与救恤》，民国出版社 1940 年版。

西南经济调查合作委员会：《四川经济考察团考察报告》，独立出版社印行 1940 年版。

《粮食管理法规》第一辑，四川粮食管理局印行 1940 年版。

潘鸿声：《四川省主要粮食之运销》，重庆中农印刷所 1941 年版。

章任堪：《优待出征抗敌军人家属法规浅释》，正中书局 1941 年版。

中国农民银行经济研究处：《农村经济金融资料》，1941 年 4 月出版。

王一蛟：《农仓经营概要》，国防书店 1942 年版。

彭新雨等:《川省田赋征实负担研究》,商务印书馆 1943 年版。

江苏省立经济研究所:《田赋征实研究》,江苏省立经济研究所 1944 年版。

四川省第五区行政督察专员公署编:《四川第五区风土政情》,1944 年版。

《粮政法规:征集类、调查类》,粮食部印行 1944 年版。

蒋君章:《西南经济地理》,商务印书馆 1945 年版。

郑励俭:《四川新地志》,正中书局 1946 年版。

周立三、侯学焘、陈泗桥:《四川经济地图集说明》,中国地理研究所 1946 年版。

李亦人:《西康综览》,正中书局 1946 年版。

何南陔:《四川省仓储概况》,四川省政府印 1947 年版。

于佑虞:《中国仓储制度考》,正中书局 1948 年版。

西康省政府秘书处编:《西康概况》,1939 年。

《徐可亭先生文存》,四川文献社 1960 年版。

李至刚、张克林合编:《四川地理》,中央陆军军官学校成都分校印。

(二)清末报刊

《四川官报》,《清末官报汇编》,全国图书馆文献缩微复制中心 2006 年版。

(三)民国期刊

(清)李榕撰:《十三峰书屋书札》,《蜀报》1910 年第 3 期。

《内务部官制》,《政府公报》1912 年第 101 期。

《陆军部规定陆军官佐士兵恤赏表》,《临时政府公报》1912 年第 43 期。

于树德:《我国古代之农荒预防策——常平仓义仓和设仓》,《东方杂志》1921 年第 18 卷第 14 号。

《各地方救济院规则》,《无锡县政公报》1929 年第 15 期。

《中央法规:各地方仓储管理规则(十九年一月十五日内政部公布)》,《湖南民政刊要》1930 年第 9 期。

《法规:各地方仓储管理规则》,《江苏财政公报》1930 年第 1 期。

《切实整顿仓储一案》,《县政周刊》1931 年第 12 期。

四川省民政厅:《切实整顿仓储一案》,《县政周刊》1931 年第 12 期。

《修正内政部各司分科规则》,《内政公报》1931 年第 4 卷第 30 期。

易先:《近年之四川交通概况》,《四川月报》1933 年第 3 卷第 1 期。

《四川之米业》,《四川月报》1934 年第 4 卷第 5 期。

《四川棉业概况》,《四川经济月刊》1934 年第 1 卷第 5 期。

孙建之:《农业仓库》,《教育新路》1934 年第 46 期。

《各省市举办平粜暂行办法大纲(内政部公布)(附表)》,《天津市政府公报》1935 年第 72 期。

《省府通令各县募集仓谷》,《四川月报》1935 年第 7 卷第 6 期。

陈醉云:《救灾政策与公仓制度》,《文化建设月刊》1936 年第 2 卷第 6 期。

李培基:《仓储制度与农民金融》,《河南政治》1936 年第 6 卷第 1 期。

《各地方建仓积谷办法大纲(二十五年十一月十日行政院会议通过)》,《中央周报》1936 年第 441 期。

《农仓业法》,《中国农民银行月刊》1936 年第 1 卷第 4 期。

《应战的全国农仓分布网》,《江西合作》1937 年第 1 卷第 9 期。

刘仲痴、甘伯厚:《灾荒中的四川》,《中国农村》1937 年第 3 卷第 6 期。

穆深思:《农业仓库之机能》,《江西合作》1937 年第 2 卷第 3 期。

《川省农业仓库初步工作纲要》,《四川经济季刊》1937 年第 7 卷第 2 期。

《各县积谷概况》,《四川经济月刊》1937 年第 8 卷第 5 期。

记者:《合川县农村社会调查》,《建设周讯》1937 年第 1 卷第 5 期。

《省合作金库分期完成农业仓库》,《四川月报》1937 年第 11 卷第 2 期。

罗青山:《抗战动员与农仓业务》,《江西合作》1937 年第 1 卷第 9 期。

《川康军设军粮处》,《四川月报》1937 年第 10 卷第 1 期。

杨树贤:《粮食问题下仓储制度之研究》,《国民经济建设月刊》1937 年第 2 卷第 2 期。

王嗣鸿:《四川仓储问题》,《建设周讯》1938 年第 5 卷第 1 期。

汤枕琴:《民族抗战与四川农仓制度》,《建设周讯》1938 年第 6 卷第 8 期。

四川省粮食管理委员会:《四川粮食市况通讯》,《建设周讯》1938 年第 7 卷第 10 期。

《宜宾县米粮运销概况》,《建设周讯》1938 年第 7 卷第 14 期。

稻麦改进所:《江安县米粮运销概况》,《建设周讯》1938 年第 7 卷第 15 期。

稻麦改进所:《泸县米粮运销概况》,《建设周讯》1938 年第 7 卷第 16 期。

林熙春:《本局农业仓库网之意义及其实施》(下),《农本》1938 年第 6 期。

稻麦改进所:《江津县米粮运销概况》,《建设周讯》1939 年第 7 卷第 20 期。

李秀义:《重庆市的碾米业》,《建设周讯》1939 年第 8 卷第 7 期。

哈承恩、崔鼎、陈家瑶：《成都市粮食运销概况调查》，《建设周讯》1939 年第 8 卷第 10 期。

稻麦改进所：《内江县米粮运销概括》，《建设周讯》1939 年第 8 卷第 21、22 期合刊。

《农仓业务近况》，《农本》1939 年第 8 期。

《法规：赈济委员会组织法(二十七年十二月八日修正公布)》，《立法院公报》1939 年第 99 期。

余生：《农仓的利弊》，《新良乡月刊》1939 年第 2 卷第 2 期。

黄泽梁：《扩充农产与统制粮食》，《农本》1940 年第 46、47 期。

牛执玺：《中国仓库制度之演变及其进展》，《农本半月刊》1940 年第 35、36 期合刊。

林熙春：《以合作为中心之农业仓库网》，《合作事业》1940 年第 1、2 期。

叶宗高：《四川农村经济问题》，《经济汇报》1940 年第 1 卷第 11 期。

业一科：《本局农仓业务述概》，《农本》1940 年第 35、36 期。

沈宗瀚：《四川粮食之供给与米价》，《重庆大公报》1940 年 11 月 17 日。

《社会：出征抗敌军人家属优待谷款不得中断案》，《重庆市政府公报》1940 年第 6、7 期。

刘笃庵：《四川省救济概况》，四川省政府印 1941 年版。

杨蔚、陈敬先：《成都之米市与米价》，《物价问题丛刊》，1941 年。

张梁任：《四川粮食管理之回顾与前瞻》，《西南实业通讯》1941 年第 4 卷第 5、6 期合刊。

徐堪：《粮食部施政方针》，《四川财政季刊》1941 年第 3 期。

姚康、冯敦棠、阎又学：《四川仓储概况调查》，《农报》1941 年第 6 卷第 1、3 期。

章柏雨、汪荫元：《常平仓与民食调节》，《中农月刊》1941 年第 2 卷第 2 期。

张华宁：《粮食仓库之重要及全国所需容量》，《中农月刊》1942 年第 3 卷第 8 期。

中国农民银行四川省农村经济调查委员会：《乐山县农村经济调查初步报告》，《中农月刊》1942 年第 3 卷第 1 期。

张光旭：《川省粮食仓储问题》，《督导通讯》1942 年第 1 卷第 4 期。

陈彩章：《战时四川粮食管理概况》，《经济周报》1942 年第 5 卷第 6 期。

《西康省三十年度田赋征实业务检讨》，《田赋通讯》1942 年第 14、15 期。

赵鳌、郭良夫：《四川粮食储运局仓储运输机构》，《督导通讯》1942 年创刊号。

洪瑞涛：《本年度四川征实征购粮食之配运计划》，《粮政月刊》1943 年第 1 卷第

1 期。

徐建:《一年来之西康田粮管理》,《康导月刊》1943 年第 5 卷第 11、12 期。

《中央法规:社会救济法(卅二年九月二十日公布)》,《云南省政府公报》1943 年第 15 卷第 50 期。

金龙灵:《三十二年四川之交通》,《四川经济季刊》1944 年第 1 卷第 2 期。

《民国川事纪原》,《档案史料与研究》1994 年第 4 期。

许廷星:《四川粮食管理机构合理化问题》,《四川经济季刊》1944 年第 1 卷第 2 期。

君默:《中国食粮问题与农仓制度》,《中联银行月刊》1944 年第 8 卷第 3 期。

汪元:《中国粮食仓储设施概况》,《粮食问题》1944 年第 1 卷第 3 期。

《各省田赋征收实物收纳仓库统计表》,《田赋通讯》1944 年第 36、37 期。

石坚白:《农仓经营简论》,《农场经营指导通讯》1944 年第 2 卷第 1、2 期。

洪瑞涛:《三年余来之四川粮食配运业务》,《粮政季刊》1945 年第 1 期。

《四川川东区田粮会议特辑》,《粮政季刊》1945 年第 1 期。

徐堪:《四年来之我国粮政》,《粮政季刊》1945 年第 2、3 期合刊。

汪元:《五年来粮食仓储设施与推进积谷概述》,《粮政季刊》1945 年第 4 期。

《冬令救济实施办法》,《上海市政府公报》1946 年第 5 卷第 14 期。

杨嘉和:《成都区经济概况》,《海光》1946 年第 10 卷第 4、5 期合刊。

杨颖光:《目前农仓事业推进办法》,《中农月刊》1946 年第 7 卷第 3 期。

叶德盛:《吾国金融界投资农仓事业之回顾与前瞻》,《中农月刊》1946 年第 7 卷第 3 期。

《行政院通令关于征属优待谷筹集办法》,《赣南兵役》1947 年第 1 卷第 3 期。

《粮食配拨:军粮(民国三十六年一月)》,《经济动向统计》1947 年 1 月。

《我国粮仓之沿革及其将来》,《粮政季刊》1947 年第 5、6 期合刊。

楼作舟:《粮食贮藏问题概论》,《粮政季刊》1947 年第 5、6 期合刊。

曲直生:《中国粮仓制度之演进》,《中农月刊》1947 年第 8 卷第 11 期。

中国农民银行农业金融设计委员会:《农业仓库问题》,《中农月刊》1947 年第 8 卷第 10 期。

刘广成:《农仓贷款的效果》,《中农月刊》1947 年第 8 卷第 8 期。

喻国泰:《我国米谷运销区域概述》,《粮政季刊》1947 年第 7 期。

《还乡军官优待谷已补发千余市石》,《平泸通讯》1948 年创刊号。

俞飞鹏:《一年来之粮政》,《中农月刊》1948 年第 9 卷第 4 期。

张伟勋:《我国固有仓储制度与合作农仓》,《福建省合作通讯》1938年第1卷第10期。

（四）方志类

（清）沅昭兴纂修:嘉庆《三台县志》,嘉庆甲戌春仲镌刻,县署藏板。

（清）徐双桂修:道光《保宁府志》,道光元年修。

（清）甘家斌纂修:道光《邻水县志》,道光乙未增修。

（清）蔡以修纂:道光《大竹县志》,道光二年修。

（清）王梦庚修,寇宗纂:《道光重庆府志》,道光癸卯年纂修。

（清）福珠朗阿监修:道光《江北厅志》,道光甲辰年纂修,阖厅新镌。

（清）吴章祁、徐杨文保总纂:道光《蓬溪县志》,道光甲辰年重修,县署藏板。

（清）宋灏修:道光《綦江县志》,道光五年乙酉年修。

（清）洪锡畴编辑:道光《城口厅志》,道光甲辰年修。

（清）李宗传修:道光《巴州志》,道光壬辰年修。

（清）张绍龄撰:道光《重修昭化县志》,道光乙巳年镌,本衙藏板。

（清）王培荀纂:道光《荣县志》,道光乙巳年镌,本衙藏板。

（清）熊履清总纂:道光《忠县直隶州志》,道光丙戌年修。

（清）刘德铨纂修:道光《夔州府志》,道光七年修。

（清）蒋策撰:道光《江安县志》,道光九年修。

（清）姚令仪撰:道光《仁寿县新志》,道光十七年修,本衙藏板。

（清）杨需修、李福源纂:道光《中江县新志》,道光十九年刊本,县衙藏板。

（清）古桂星撰:道光《江油县志》,道光二十年修。

（清）王槐龄纂修:道光《补辑石柱厅志》,道光二十二年补辑。

（清）刘庆远修:道光《绵竹县志》,道光二十九年刊本。

（清）王瑞庆修:道光《南部县志》,道光二十九年修。

（清）徐继镛修:咸丰《阆中县志》,咸丰元年修。

（清）魏崧、萧鹿苹主修:道光《南川县志》,咸丰辛亥年刊本。

（清）陈崑编纂:咸丰《开县志》,咸丰三年修,板存本署内。

（清）江锡麒纂修:咸丰《云阳县志》,咸丰甲寅年镌,板存学署。

（清）张澍拜撰:咸丰《冕宁县志》,咸丰七年镌,板存学署。

（清）陈松龄、黄焯修:咸丰《天全州志》,咸丰八年修。

（清）何华元编辑:咸丰《资阳县志》,咸丰十年新镌,本邑文昌宫藏板。

（清）陈治安、黄樸纂：咸丰《重修简州志》，咸丰癸丑年新镌，版存凤山书院。

（清）冯世瀛总纂：同治《增修酉阳直隶州总志》，同治二年修。

（清）文良、史致康、朱庆镛修：同治《重修嘉定府志》，同治三年镌，府署藏板。

（清）何庆恩纂：同治《渠县志》，同治三年修。

（清）伍肇龄、何天祥纂修：同治《直隶绵州志》，同治辛未年重镌。

（清）张兆辰等修：同治《剑州志》，同治癸酉重修，板藏学宫。

（清）陈嘉肃、刘炳纂辑：同治《安县志》，同治岁次甲子己巳月刻，板存衙署。

（清）锡珮拜撰：同治《璧山县志》，同治四年镌，明伦堂藏板。

（清）李元太撰：同治《仁寿县志》，同治五年修。

（清）熊家彦修纂：同治《巴县志》，同治六年丁卯年修。

（清）谭孝达、周元龙修纂：同治《涪州志》，同治八年修。

（清）李朝栋、吴士坛纂修：同治《彰明县志》，同治八年修。

（清）罗增垣、莫钦涛纂修：同治《合江县志》，同治十年修。

（清）柳福培纂修：同治《忠县直隶州志》，同治十二年修。

（清）衷兴监纂修：同治《重修成都县志》，同治十二年重修，节孝祠藏板。

（清）程熙春修：同治《重修筠连县志》，同治十二年修。

（清）何庆恩修：同治《德阳县志》，同治十三年镌，本衙藏板。

（清）晏棨纂修：同治《隆昌县志》，同治甲戌春镌，衙署藏板。

（清）翁道均纂：同治《营山县志》，同治庚午秋新镌，板存经费公局。

（清）胡元翔、唐毓彤纂修：同治《南溪县志》，同治甲戌秋新镌，板藏校士馆。

（清）周绍銮修：同治《新宁县志》，同治己巳秋镌，县署藏板。

（清）黄芳馨、陈超然监修：光绪《南川县志》，光绪元年修。

（清）张永熙修：光绪《长寿县志》，光绪元年乙亥东镌，凤城藏版。

（清）许曾荫、吴若枚监修：光绪《永川县志》，光绪甲午岁增修，宝兴公局藏板。

（清）王德嘉修：光绪《大足县志》，光绪乙亥续修，本衙藏版。

（清）韩清桂、邵坤监修：光绪《铜梁县志》，光绪乙亥镌，版藏学署。

（清）罗廷权撰：光绪《资州直隶州志》，光绪丙子增修，本衙藏版。

（清）王煌修、袁方城纂：光绪《江津县志》，光绪元年修。

（清）庄定域主修：光绪《彭水县志》，光绪元年刊本，板藏摩云书院。

（清）何其泰、范懋修：光绪《岳池县志》，光绪纪元年修。

（清）王镛等修：光绪《续修定远县志》，光绪元年修。

（清）胡寿昌纂：光绪《庆符县志》，光绪二年修。

（清）刘藻纂修：光绪《南充县志》，光绪二年修。

（清）江怀廷、彭琬纂修：光绪《双流县志》，光绪三年新镌，板藏考棚。

（清）李星根纂修：光绪《遂宁县志》，光绪三年修。

（清）文笔超撰：光绪《青神县志》，光绪三年重刊，板存县署礼房。

（清）胡书云等修：光绪《续修乐至县志》，光绪七年修。

（清）施学煌、鸣谦、袁杰、王德溥撰：光绪《荣昌县志》，光绪十年甲申修，阖邑公镌，板存学宫。

（清）郭世棻纂修：光绪《洪雅县续志》，光绪十年夏新镌，县署藏板。

（清）魏远猷、向志尹纂修：光绪《大宁县志》，光绪十一年修。

（清）江亦显、赵焕纂修：光绪《兴文县志》，光绪十三年修。

（清）周克堃修：光绪《广安州志》，光绪十三年修。

（清）叶大可撰：光绪《东乡县志》，光绪十三年修。

（清）王寿松等修：光绪《秀山县志》，光绪十七年刊本。

（清）吴郡云修：光绪《盐源县志》，光绪十七年修。

（清）颜汝萼修：光绪《丹棱县志》，光绪十八年春月重修，板藏洪崖书院。

（清）徐昌绪编纂：光绪《丰都县志》，光绪十九年续纂。

（清）李友梁纂修：光绪《巫山县志》，光绪十九年刊本，板存县署。

（清）焦懋熙、邓璋等纂修：光绪《奉节县志》，光绪十九年刊本。

（清）杨汝偕撰：光绪《太平县志》，光绪十九年修。

（清）张九章主修：光绪《黔江县志》，光绪二十年修。

（清）王麟祥总纂：光绪《叙州府志》，光绪二十一年新镌，版存公局。

（清）周学铭总纂：光绪《蓬溪县续志》，光绪二十三年刊本。

（清）谢世珍等编纂：光绪《安岳续志》，光绪二十三年增修，板藏公局。

（清）方旭修：光绪《蓬州志》，光绪二十三年岁次丁酉十月既望新镌。

（清）张华奎修：光绪《名山县志》，光绪二十二年丙申重校本。

（清）李炳灵纂修：光绪《垫江县志》，光绪二十六年修。

（清）高承瀛修：光绪《井研县志》，光绪二十六年修。

（清）武丕文等修：光绪《江油县志》，光绪癸卯重修。

（清）彭泰士修，朱襄虞纂：光绪《内江县志》，光绪三十一年重修，四祠藏板。

（清）易家霖、张铎等撰：光绪《简州续志》，光绪丁酉年续刊，版存凤山书院。

（清）曹绍樾、胡晋熙修：同治《仪陇县志》，光绪丁未秋重镌，板存勤学所。

（清）杨作霖纂：光绪《仁寿县志》，光绪辛巳补纂，邑城公局藏书。

（清）李锦成撰：宣统《峨眉县续志》，宣统辛亥年刊本，丹棱少筠署板。

（清）秦云龙纂：光绪《雷波厅志》，光绪癸巳年孟秋月镌，板存锦屏书院。

程德音撰：民国《江津县志》，1924 年续修。

（清）王梦庚修，寇宗纂：道光《重庆府志》，《中国地方志集成·四川府县志辑》，巴蜀书社 1992 年版。

（清）杨迦怿等修，刘辅廷等纂：道光《茂州志》，《中国地方志集成·四川府县志辑》，巴蜀书社 1992 年版。

（清）陈齐学修，叶方模、童宗沛纂：道光《新津县志》，《中国地方志集成·四川府县志辑》，巴蜀书社 1992 年版。

（清）何东铭纂：咸丰《邛嶲野录》，《中国地方志集成·四川府县志辑》，巴蜀书社 1992 年版。

（清）王树桐、徐璞玉修，米绘裳等纂：同治《续金堂县志》，《中国地方志集成·四川府县志辑》，巴蜀书社 1992 年版。

（清）吴增辉修，吴容纂：光绪《威远县志》，《中国地方志集成·四川府县志辑》，巴蜀书社 1992 年版。

（清）黄允钦等修，罗锦城等纂：光绪《射洪县志》，《中国地方志集成·四川府县志辑》，巴蜀书社 1992 年版。

（清）谢必铿修，李炳灵纂：光绪《垫江县志》，《中国地方志集成·四川府县志辑》，巴蜀书社 1992 年版。

（清）刘廷恕纂：光绪《打箭炉厅志》，《中国地方志集成·四川府县志辑》，巴蜀书社 1992 年版。

（清）文康原本，施学煌续修，敖册贤续纂：光绪《荣昌县志》，《中国地方志集成·四川府县志辑》，巴蜀书社 1992 年版。

（清）刑锡晋修，赵宗藩等纂：光绪《盐亭县志续编》，《中国地方志集成·四川府县志辑》，巴蜀书社 1992 年版。

（清）张龙甲修，吕调阳等纂：光绪《重修彭县志》，《中国地方志集成·四川府县志辑》，巴蜀书社 1992 年版。

（清）郭世菜修，邓敏等纂：光绪《洪雅县志》，《中国地方志集成·四川府县志辑》，巴蜀书社 1992 年版。

王佐、文显谟修，黄尚毅等纂：民国《绵竹县志》，《中国地方志集成·四川府县志辑》，巴蜀书社 1992 年版。

王玉璋修，刘天锡等纂：民国《合江县志》，《中国地方志集成·四川府县志辑》，巴蜀书社1992年版。

李良俊修,王荃善等纂:《新修南充县志》,《中国地方志集成·四川府县志辑》,巴蜀书社1992年版。

陈谦、陈世虞修,罗绶香、印焕门等纂:民国《犍为县志》,《中国地方志集成·四川府县志辑》,巴蜀书社1992年版。

杨维中等修,钟正懋等纂,郭奎铨续纂:民国《渠县志》,《中国地方志集成·四川府县志辑》,巴蜀书社1992年版。

张典等修,徐湘等纂:《松潘县志》,《中国地方志集成·四川府县志辑》,巴蜀书社1992年版。

李凌霄等修,钟朝煦纂:同治《南溪县志》,《中国地方志集成·四川府县志辑》,巴蜀书社1992年版。

王铭新等修,杨卫星、郭庆琳纂:民国《眉山县志》,《中国地方志集成·四川府县志辑》,巴蜀书社1992年版。

贺泽等修,张赵才等纂:民国《荥经县志》,《中国地方志集成·四川府县志辑》,巴蜀书社1992年版。

赖佐唐等修,宋曙等纂:民国《叙永县志》,《中国地方志集成·四川府县志辑》,巴蜀书社1992年版。

郑贤书等修,张森楷纂:民国《新修合川县志》,《中国地方志集成·四川府县志辑》,巴蜀书社1992年版。

刘夐等修,宁相等纂:民国《邛崃县志》,《中国地方志集成·四川府县志辑》,巴蜀书社1992年版。

吴鸿仁等修,黄清亮等纂:民国《资中县续修资州志》,《中国地方志集成·四川府县志辑》,巴蜀书社1992年版。

罗国均修,刘作铭、薛志清等纂:民国《夹江县志》,《中国地方志集成·四川府县志辑》,巴蜀书社1992年版。

唐受潘修,黄镕、谢世瑄等纂:民国《乐山县志》,《中国地方志集成·四川府县志辑》,巴蜀书社1995年版。

李之清等修,戴朝纪等纂:民国《郫县志》,《中国地方志集成·四川府县志辑》,巴蜀书社1992年版。

谢汝霖等修,罗元黼等纂:民国《崇庆县志》,《中国地方志集成·四川府县志辑》,巴蜀书社1992年版。

陈羽鹏等修,闵昌术等纂:民国《新都县志》,《中国地方志集成·四川府县志辑》,

巴蜀书社 1992 年版。

张骥等修,曾学傅等纂:民国《温江县志》,《中国地方志集成·四川府县志辑》,巴蜀书社 1992 年版。

王暨英等修,曾茂林等纂:民国《金堂县续志》,《中国地方志集成·四川府县志辑》,巴蜀书社 1992 年版。

陈法驾、叶大锵等修,曾鉴、林思进等纂:民国《华阳县志》,《中国地方志集成·四川府县志辑》,巴蜀书社 1992 年版。

祝世德纂修:民国《汶川县志》,《中国地方志集成·四川府县志辑》,巴蜀书社 1992 年版。

熊卿云、汪仲夔等修,洪烈森等纂:民国《德阳县志》,《中国地方志集成·四川府县志辑》,巴蜀书社 1992 年版。

刘裕常修,王琢纂:民国《汉源县志》,《中国地方志集成·四川府县志辑》,巴蜀书社 1992 年版。

郑少成等修,杨肇基等纂:民国《西昌县志》,《中国地方志集成·四川府县志辑》,巴蜀书社 1992 年版。

佚名:《民国资阳县志稿》,《中国地方志集成·四川府县志辑》,巴蜀书社 1992 年版。

(清)张香海等修,杨曦等纂:咸丰《梓潼县志》,《中国方志丛书·华中地方》,成文出版社有限公司印行 1976 年版。

(清)马传业纂修:同治《罗江县志》,《中国方志丛书·华中地方》,成文出版社有限公司印行 1976 年版。

(清)杨昶等修,王继会等纂:同治《会理州志》,《中国方志丛书·华中地方》,成文出版社有限公司印行 1976 年版。

(清)张琴修,范泰衡纂:同治《万县志》,《中国方志丛书·华中地方》,成文出版社有限公司印行 1976 年版。

(清)朱言诗等纂修:光绪《梁山县志》,《中国方志丛书·华中地方》,成文出版社有限公司印行 1976 年版。

(清)王寿松等修,李稽勋等纂:光绪《秀山县志》,《中国方志丛书·华中地方》,成文出版社有限公司印行 1976 年版。

(清)未著纂修人姓氏:光绪《庆符县志》,《中国方志丛书·华中地方》,成文出版社有限公司印行 1976 年版。

(清)马忠良原纂,孙锵增修:光绪《越嶲厅志》,《中国方志丛书·西部地区》,成文出版社有限公司印行 1968 年版。

卢起勋等修,刘君锡等纂:民国《长寿县志》,《中国方志丛书》,成文出版社有限公司印行 1976 年版。

柳琅声等修,韦麟书等纂:民国《南川县志》,《中国方志丛书》,成文出版社有限公司印行 1926 年版。

郭鸿厚、陈习珊等纂修:民国《大足县志》,《中国方志丛书·华中地方》,成文出版社有限公司印行 1976 年版。

殷鲁等修:民国《双流县志》,《中国方志丛书·华中地方》,成文出版社有限公司印行 1976 年版。

陈步武、江三乘纂:民国《大竹县志》,《中国方志丛书·华中地方》,成文出版社有限公司印行 1928 年版。

庞麟炳、汪承烈等纂修:民国《四川宣汉县志》,《中国方志丛书·华中地方》,成文出版社有限公司印行 1930 年版。

严希慎等修,陈天锡等纂:民国《江安县志》,《中国方志丛书·华中地方》,成文出版社有限公司印行 1976 年版。

祝世德纂修:民国《筠连县志》,《中国方志丛书·华中地方》,成文出版社有限公司印行 1976 年版。

刘子敬等修,贺维汉等纂:民国《万源县志》,《中国方志丛书·华中地方》,成文出版社有限公司印行 1976 年版。

陈铭勋修:民国《渠县志》,《中国方志丛书·华中地方》,成文出版社有限公司印行 1976 年版。

张赵才等纂修:民国《荥经县志》,《中国方志丛书·华中地方》,成文出版社有限公司印行 1976 年版。

二、现代文献

(一)著作类

孙敬之:《西南地区经济地理》,科学出版社 1960 年版。

沈云龙主编:《近代中国史料丛刊第八辑——丁文诚公(宝桢)遗集》,文海出版社 1967 年版。

崇实:《惕庵年谱》,广文书局 1971 年版。

沈云龙主编:《近代中国史料丛刊续编》第 95 辑,(台湾)文海出版社 1983 年版。

四川省交通厅地方交通史志编纂委员会:《四川内河航运史料汇集》,1984 年版。

鲁子健:《清代四川财政史料》,四川省社会科学院出版社 1984 年版。

何金文:《四川方志考》,吉林省地方志编纂委员会,吉林省图书馆学会 1985 年版。

巫宝山主编:《中国经济思想史资料选集(先秦部分)》下册,中国社会科学文献出版社 1985 年版。

荣梦源:《中国国民党历次代表大会及中央全会资料》下册,光明日报出版社 1985 年版。

袁亚愚、詹一之主编:《社会学——历史·理论·方法》,四川大学出版社 1986 年版。

《革命文献》第 110 辑,中央文物供应社 1987 年版。

贾大泉:《四川历史研究文集》,四川省社会科学院出版社 1987 年版。

四川大学历史系、四川省档案馆主编:《清代乾嘉道巴县档案选编》,四川大学出版社 1989 年版。

王立显:《四川公路交通史》,四川人民出版社 1989 年版。

向楚:《巴县志选注》,重庆出版社 1989 年版。

隗瀛涛:《四川近代史稿》,四川人民出版社 1990 年版。

隗瀛涛:《近代重庆城市史》,四川大学出版社 1991 年版。

四川省档案馆编:《清代巴县档案汇编乾隆卷》,档案出版社 1991 年版。

[法]魏丕信、[美]王国斌著:《养民:1659—1850 年中国之仓储制度》,美国密歇根大学中国研究中心 1991 年版。

乡村工作讨论会编:《乡村建设实验》第 2 集,《民国丛书》第 4 编,第 15 辑,上海书店 1992 年影印版。

江天凤:《长江航运史(近代部分)》,人民交通出版社 1992 年版。

闻均天:《中国保甲制度》,上海书店出版社 1992 年版。

瞿韶华:《粮政史料》第 6 册,台北"国史"馆 1992 年版。

杨实:《抗战时期西南的交通》,云南人民出版社 1992 年版

郭声波:《四川历史农业地理》,四川人民出版社 1993 年版。

张弓、牟之先主编:《国民政府重庆陪都史》,西南师范大学出版社 1993 年版。

李世平、程贤敏主编:《近代四川人口》,成都出版社 1993 年版。

李文海等著:《近代中国灾荒纪年续编 1919—1949》,湖南教育出版社 1993 年版。

李明:《四川粮食调运》,四川大学出版社 1994 年版。

颜昌峣:《管子校释》,岳麓书社1996年版。

中国第一历史档案馆编:《光绪朝朱批奏折》,第91辑,财政,中华书局1996年版。

徐唐龄:《中国农村金融史略》,中国金融出版社1996年版。

许宗仁主编:《中国近代粮食经济史》,中国商业出版社1996年版。

蒲孝荣:《四川政区沿革与治地今释》,四川人民出版社1996年版。

中国第二历史档案馆编:《中华民国史档案资料汇编》,第5辑,第2编,财政经济,江苏古籍出版社1997年版。

[美]张仲礼:《中国绅士——关于其在19实际中国社会中作用的研究》,李荣昌译,上海社会科学院出版社1998年版。

张研:《清代社会的慢变量——从清代基层社会组织看中国封建社会结构与经济结构的演变趋势》,山西人民出版社2000年版。

李汾阳:《清代仓储研究》,(台湾)文海文艺出版社2001年版。

王笛:《跨出封闭的世界——长江上游区域社会研究1644—1911》,中华书局2001年版。

彭朝贵、王炎主编:《清代四川农村社会经济史》,天地出版社2001年版。

张研、牛贯杰:《19世纪中期中国双重统治格局的演变》,中国人民大学出版社2002年版。

施坚雅:《中华帝国晚期的城市》,中华书局2002年版。

郑功成:《社会保障概论》,复旦大学出版社2005年版。

王孝贵、龚泽琪:《中国近代军人待遇史》,海潮出版社2006年版。

陈锋主编:《明清以来长江流域社会发展史论》,武汉大学出版社2006年版。

蓝勇:《中国历史地理》,高等教育出版社2010年版。

张研:《清代县级政权控制乡村的具体考察:以同治年间广宁知县杜凤治日记为中心》,大象出版社2011年版。

王绿萍:《四川报刊五十年集成1897—1949》,四川大学出版社2011年版。

梁勇:《移民、国家与地方权势》,中华书局2014年版。

周勇主编:《重庆通史》,重庆出版社2014年版。

吴四伍:《清代仓储的制度困境与救灾实践》,社会科学文献出版社2018年版。

中国社会科学院近代史研究所编:《民国文献类编续编》,国家图书出版社2018年版。

(二)方志类

井研县粮食局:《井研县粮食志》,井研县印刷厂承印,1985年。

大竹县粮食志编写小组：《大竹县粮食志》，1986年。

四川省蓬溪县粮食局编：《蓬溪县粮食志》，1986年。

四川省隆昌县粮食局编：《隆昌县粮油志》，1986年。

开县粮食局局志编写组：《开县粮食局志》，1986年。

四川省合川县粮食局：《合川县粮油志》，1986年。

《富顺县农业志》，富顺县农业局编印，1987年。

四川省《丹棱县粮食志》编辑领导小组：《丹棱县粮食志》，1987年。

四川省达县粮食局编：《达县粮食志》，1988年。

四川省绵阳市粮食局：《绵阳市粮食志》，绵阳市新华印刷，1988年。

南溪县粮食局编：《四川省南溪县粮油志》，1988年。

万县市粮食局：《万县市粮食志》，1989年。

四川省阆中县粮食局编：《阆中粮食志》，1989年。

四川省郫县志编纂委员会编纂：《郫县志》，四川人民出版社1989年版。

四川省宣汉县粮食局编：《宣汉县粮油志(1912—1988)》，四川省宣汉县印刷厂印制，1990年。

威远县粮食局编：《威远县粮食志》，1990年。

四川省理县粮食局编印：《四川省理县粮油志》，1990年。

四川省射洪县县志编纂委员会编：《射洪县志》，四川大学出版社1990年版。

四川省渠县地方志编纂委员会：《渠县志》，四川科学技术出版社1991年版。

铜梁县志编修委员会：《铜梁县志》，重庆大学出版社1991年版。

梓潼县粮食局编：《梓潼县粮食志》，1992年。

自贡市粮食局编：《自贡市粮食志》，四川辞书出版社1992年版。

南江县志编委会编：《南江县志》，成都出版社1992年版。

通江县志编纂委员会监修，通江县粮油志领导小组编：《通江县粮油志》，云南大学出版社1993年版。

四川省内江市粮食局编：《内江地区粮食志》，巴蜀书社1993年版。

四川省荣县志编纂委员会编纂：《荣县志》，四川大学出版社1993年版。

四川省西充县县志编纂委员会编：《西充县志》，重庆出版社1993年版。

四川省巴县志编纂委员会：《巴县志》，重庆出版社1994年版。

四川省涪陵市志编纂委员会：《涪陵市志》，四川人民出版社1995年版。

四川省地方志编纂委员会编纂：《四川省志·粮食志》，四川科学技术出版社1995年版。

成都市地方志编纂委员会编纂:《成都市志·粮食志》,成都出版社 1995 年版。

四川省珙县志编纂委员会编纂:《珙县志》,四川人民出版社 1995 年版。

四川省地方志编撰委员会:《四川省志·民政志》,四川人民出版社 1996 年版。

四川省万源县志编纂委员会:《万源县志》,四川人民出版社 1996 年版。

重庆市渝北区地方志编纂委员会:《江北县志》,重庆出版社 1996 年版。

四川省资中县志编纂委员会编纂:《资中县志》,巴蜀书社 1997 年版。

四川省洪雅县地方志编纂委员会编纂:《洪雅县志》,成都电子科技大学出版社 1997 年版。

四川省荥经县地方志编纂委员会:《荥经县志》,西南师范大学出版社 1998 年版。

乐山市地方志编纂委员会编纂:《乐山市志》,巴蜀书社 2001 年版。

《遂宁市志》编纂委员会编纂:《遂宁市志》,方志出版社 2006 年版。

《南充市志》编纂委员会编:《南充市志》,方志出版社 2010 年版。

四川省宜宾县志编纂委员会:《宜宾县志》,中华书局 2011 年版。

(三) 论文类

朱睿根:《隋唐时期的义仓及其演变》,《中国社会经济史研究》1984 年第 2 期。

潘孝伟:《唐代义仓研究》,《中国农史》1984 年第 4 期。

侯寿昌:《清代仓储制度》,《明清档案与历史研究论文选》,1985 年。

林化:《清代仓贮制度概述》,《清史研究通讯》1987 年第 3 期。

鲁子健:《清代四川的仓政与民食问题》,《四川历史研究文集》1987 年。

徐建青:《从仓储看中国封建社会的积累及其对社会再生产的作用》,《中国经济史研究》1987 年第 3 期。

华立:《清代保甲制度简论》,《清史研究集》第 6 集,光明日报出版社 1988 年版。

郭声波:《元明清时代四川盆地的农田垦殖》,《中国历史地理论丛》1988 年第 4 期。

王笛:《清代四川人口、耕地及粮食问题(下)》,《四川大学学报》1989 年第 4 期。

陈春声:《论清代广东的常平仓》,《中国史研究》1989 年第 3 期。

陈春声:《清代广东社仓的组织与功能》,《学术研究》1990 年第 1 期。

陈春声:《清代广东的社仓——清代广东粮食储备研究之二》,《纪念梁方仲教授学术讨论会文集》,中山大学出版社 1990 年版。

牛敬忠:《清代常平仓、社仓的社会功能》,《内蒙古大学学报》1991 年第 1 期。

陈春声:《清代广东常平仓谷来源考》,《清代区域社会经济史研究》,中华书局

1992 年版。

陈春声:《士绅与清末基层社会控制权的下移——咸丰以后广东义仓研究》,《中山大学史学集刊》第一辑,广东人民出版社 1992 年版。

夏明方:《清季"丁戊奇荒"的赈济及善后问题初探》,《近代史研究》1993 年第 2 期。

蓝勇:《中国西南历史气候初步研究》,《中国历史地理论丛》1993 年第 2 期。

张岩:《试论清代的常平仓制度》,《清史研究》1993 年第 4 期。

陈春声:《论清末广东义仓的兴起》,《中国经济史研究》1994 年第 1 期。

张岩:《论清代常平仓与相关类仓之关系》,《中国社会经济史研究》1994 年第 4 期。

陈春声:《论清末广东义仓的兴起——清代广东粮食仓储研究之三》,《中国社会经济史研究》1994 年第 1 期。

吴忠起:《秦汉仓储思想综述》,《物流技术》1994 年第 2 期。

吴忠起:《魏晋南北朝仓储思想综述》,《物流技术》1994 年第 4 期。

吴忠起:《宋元仓储思想综述》,《物流技术》1995 年第 1 期。

吴忠起:《明清仓储思想综述》,《物流技术》1995 年第 5 期。

吴忠起:《隋唐仓储思想综述》,《物流技术》1996 年第 6 期。

金普森、李分建:《论抗日战争时期国民政府的粮食管理政策》,《抗日战争研究》1996 年第 2 期。

康沛竹:《清代仓储制度的衰败与饥荒》,《社会科学战线》1996 年第 3 期。

吴滔:《明代苏松地区仓储制度初探》,《中国农史》1996 年第 3 期。

李映发:《清代州县储粮》,《中国农史》1997 年第 1 期。

吴滔:《论清前期苏松地区的仓储制度》,《中国农史》1997 年第 2 期。

吴滔:《明清苏松仓储的经济、社会职能探析》,《古今农业》1998 年第 3 期。

潘孝伟:《唐代义仓制度补议》,《中国农史》1998 年第 3 期。

吴滔:《明清时苏松地区的乡村救济事业》,《中国农史》1998 年第 4 期。

王友平:《四川军阀割据中防区制的特点》,《天府新论》1999 年第 2 期。

吴滔:《清代嘉定宝山地区的乡镇赈济与社区发展模式》,《家庭·社区·大众心态变迁国际学术研讨会论文集》,黄山书社 1999 年版。

吴滔:《宗族与义仓:清代宜兴荆溪社区赈济实态》,《清史研究》2001 年第 2 期。

姚建平:《清代两湖地区常平仓制度研究》,江西师范大学 2001 年硕士论文。

施峰:《中国古代仓储制度的作用与弊端及其对当前粮食储备管理的启示》,《经济研究参考》2001年第28期。

陈朝云：《唐代河南的仓储体系与粮食运输》，《郑州大学学报》2001年第 期。

吴滔：《清代江南社区赈济与地方社会》，《中国社会科学》2001年第4期。

池子华、李红英：《晚清直隶灾荒及减灾措施的探讨》，《清史研究》2002年第2期。

孙海泉：《清代地方基层组织研究》，中国社会科学院研究生院2002年博士论文。

王军：《古代粮食仓储制度考析及启示》，《人民日报》2002年7月13日。

侯立军：《我国粮食物流科学化运作研究》，《财贸经济》2002年第11期。

马学春：《清王朝的粮食仓储官员》，《池州师专学报》2003年第2期。

杨琪：《二三十年代国民政府的仓储与农业仓库建设》，《中国农史》2003年第2期。

姚建平：《清代两湖地区社仓的管理及其与常平仓的关系》，《社会科学辑刊》2003年第4期。

汪火根：《明代社仓制度研究——以江浙为例》，中南民族大学2003年硕士论文。

汪火根：《明代仓政与基层社会控制——以预备仓和社仓为例》，《龙岩师专学报》2004年第1期。

刘念：《关于物流地理学的研究》，《中国水运》2004年第4期。

黄鸿山、王卫平：《清代社仓的兴废及其原因——以江南地区为中心的考察》，《学海》2004年第1期。

黄鸿山、王卫平：《传统仓储制度社会保障功能的近代发展——以晚清苏州府长元吴丰备义仓为例》，《中国农史》2005年第2期。

顾琳：《六朝时期建康的仓库》，《中国历史地理论丛》2005年第4期。

杨海民：《唐代粮食物流活动中的仓廪系统》，《贵州民族学院学报》2005年第5期。

王遐见：《粮食流通业的现代化路径选择——江苏粮食物流现代化能力建设研探》，《税务与经济》2006年第1期。

李汾阳：《清代仓储研究》，《近代中国史料丛刊三编》第96辑，2006年版。

李庆奎：《明代备荒政策变化与基层社会变迁》，《天中学刊》2006年第6期。

岳现超：《清代广西社仓研究》，广西师范大学2006年硕士论文。

白丽萍：《试论清代社仓制度的演变》，《中南民族大学学报》2007年第1期。

［澳］邓海伦：《乾隆十三年再检讨——常平仓政策改革和国家利益权衡》，《清史研究》2007年第2期。

姚顺东：《试论1920—1930年代江苏省农业仓库建设》，《南京农业大学学报》2007

年第 4 期。

　　鹿应荣:《粮食物流系统化研究》,吉林大学 2007 年博士论文。

　　张益刚:《民国社会救济法律制度研究》,华东政法大学 2007 年博士论文。

　　穆奎臣:《试论乾隆朝社仓的管理与运行制度》,《满族研究》2008 年第 4 期。

　　周全霞、徐兴海:《中国古代的赈济标准与民食安全》,《江西社会科学》2008 年第
2 期。

　　梁勇:《清代州县财政与仓政关系之演变》,《中国社会经济史研究》2008 年第
4 期。

　　吴四伍:《晚清江南仓储制度变迁研究》,中国人民大学 2008 年博士论文。

　　张艳梅:《清代四川旱灾时空分布研究》,西南大学 2008 年硕士论文。

　　管恩贵:《晚晴灾荒与荒政研究》,山东大学 2008 年硕士论文。

　　廖武振:《民国时期江西灾荒救济研究》,南昌大学 2008 年硕士论文。

　　罗玉明、李勇:《抗日战争时期国民党粮食仓储制度述论》,《怀化学院学报》2008
年第 10 期。

　　白丽萍:《清代长江中游地区义仓的设置、运营及与社仓的关系》,《江汉论坛》
2008 年第 12 期。

　　白丽萍:《清代长江中游地区义仓的设置、运营及其与社仓的关系》,《中国地方
志》2009 年第 4 期。

　　廖利明:《清代福建仓储制度初探》,《福建论坛》2009 年第 1 期。

　　秦升阳:《民国初期吉林仓储概况》,《通化师范学院学报》2009 年第 5 期。

　　马丽、方修琦:《清代常平仓粮食储额的空间格局》,《中国历史地理论丛》2009 年
第 7 期。

　　吴霞成:《清代山东仓储探究》,曲阜师范大学 2009 年硕士论文。

　　陈都学:《民国时期江苏省农业仓库建设研究》,南京师范大学 2009 年硕士论文。

　　张晓东:《秦汉漕运的军事功能研究》,《社会科学》2009 年第 9 期。

　　傅亮、池子华:《国民政府时期农本局与现代农业金融》,《中国农史》2010 年第
1 期。

　　王金艳:《康熙朝地方仓储研究——以常平仓、社仓、义仓为主》,曲阜师范大学
2010 年硕士论文。

　　柴英昆:《明代预备仓政若干问题研究》,河北大学 2010 年硕士论文。

　　黄福开:《民国时期的农业仓库建设与农村金融——以江苏省为中心》,中国社会
科学院 2010 年硕士论文。

高岩:《明清时期四川地区水灾及社会救济》,西南大学 2010 年硕士论文。

姚荣:《中国古代粮食储备制度及启示》,《军事经济研究》2010 年第 9 期。

苏有全:《民国初年北洋政府救灾举措述评》,《防灾科技学院学报》2010 年第 12 期。

成圣树、金祖钧:《从民国时期的三次币制变革看当时的通货膨胀》,《江西财经大学学报》2011 年第 4 期。

王非:《物流地理学研究内容与趋势评述》,《人文地理》2011 年第 1 期。

葛志文:《民国时期湖南积谷仓述论》,《当代教育理论与实践》2011 年第 3 期。

葛志文:《民国初期湖南仓储制度探析》,《东京文学》2011 年第 8 期。

胡忆红:《晚清湘潭县的官绅关系与义仓建设》,《学海》2012 年第 6 期。

赵思渊:《丰备义仓的成立及其与赋税问题的关系》,《清史研究》2013 年第 2 期。

陈兰霞:《晚清辰州府义仓与地方社会研究》,湖南师范大学 2013 年硕士论文。

黄均霞、苏寒莎:《论清代湖南社仓的地理分布》,《湖南工业大学学报》2013 年第 4 期。

马幸子:《养民的地方实践——国家视角下的清代广东备荒仓储》,《清史研究》2015 年第 2 期。

吴四伍:《清代仓储基层管理与绅士权责新探》,《学术探索》2017 年第 4 期。

唐琴:《清代四川地方志中的养济院事业初探》,《卷宗》2020 年第 6 期。

三、档 案 类

重庆市档案馆,粮食部四川粮食储运局档案。

重庆市档案馆,重庆市警察局档案。

重庆市档案馆,四川田赋粮食管理处储运处档案。

重庆市档案馆,农本局档案。

重庆市档案馆,四川田赋粮食管理处储运处重庆总仓库档案。

重庆市档案馆,四川省政府档案。

四川省档案馆,四川省动员委员会档案。

四川省档案馆,四川省政府粮政局档案。

四川省档案馆,四川省田赋粮食管理处档案。

四川省档案馆,四川粮食储运局档案。

四川省档案馆,四川省合作金库档案。

四川省档案馆,四川省政府人事处档案。

四川省档案馆,四川省稻麦改进所档案。

四川省档案馆,西康省粮政局档案。

四川省档案馆,西康省粮食局档案。

四川省档案馆,西康田赋粮食管理处档案。

中国第二历史档案馆,四川粮食储运局档案。

中国第二历史档案馆,内政部档案。

中国第二历史档案馆,农本局档案。

责任编辑:陈建萍
封面设计:石笑梦
版式设计:胡欣欣

图书在版编目(CIP)数据

近代川康地区仓储制度演变及其社会保障功能/李丽杰 著. —北京:
　人民出版社,2022.6
ISBN 978 - 7 - 01 - 024824 - 0

Ⅰ.①近…　Ⅱ.①李…　Ⅲ.①粮食储备-社会保障制度-研究-四川-近代
　Ⅳ.①F329.06

中国版本图书馆 CIP 数据核字(2022)第 102302 号

近代川康地区仓储制度演变及其社会保障功能
JINDAI CHUANKANG DIQU CANGCHU ZHIDU YANBIAN
JI QI SHEHUI BAOZHANG GONGNENG

李丽杰　著

人民出版社 出版发行
(100706　北京市东城区隆福寺街 99 号)

北京九州迅驰传媒文化有限公司印刷　新华书店经销

2022 年 6 月第 1 版　2022 年 6 月北京第 1 次印刷
开本:710 毫米×1000 毫米 1/16　印张:15.75
字数:217 千字

ISBN 978 - 7 - 01 - 024824 - 0　定价:65.00 元

邮购地址 100706　北京市东城区隆福寺街 99 号
人民东方图书销售中心　电话 (010)65250042　65289539